2018年国家自然科学基金面上项目：
多重不确定环境下创业网络混合治理机制与创新战略研究（71772019）

企业家精神、社会网络与中国经济增长路径

ENTREPRENEURSHIP, SOCIAL NETWORK AND
CHINESE ECONOMY GROWTH PATH

陈逢文◎著

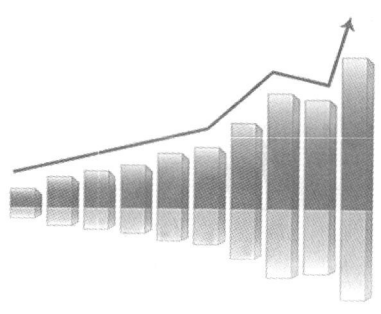

经济管理出版社
ECONOMY & MANAGEMENT PUBLISHING HOUSE

图书在版编目（CIP）数据

企业家精神、社会网络与中国经济增长路径/陈逢文著.—北京：经济管理出版社，2019.6
ISBN 978-7-5096-6612-8

Ⅰ.①企… Ⅱ.①陈… Ⅲ.①企业家—企业精神—影响—中国经济—经济增长—研究 ②社会网络—影响—中国经济—经济增长—研究 Ⅳ.①F279.23 ②F124.1

中国版本图书馆 CIP 数据核字（2019）第 097794 号

组稿编辑：申桂萍
责任编辑：刘　宏
责任印制：黄章平
责任校对：王淑卿

出版发行：经济管理出版社
（北京市海淀区北蜂窝 8 号中雅大厦 A 座 11 层　100038）
网　　址：www.E-mp.com.cn
电　　话：(010) 51915602
印　　刷：三河市延风印装有限公司
经　　销：新华书店
开　　本：720mm×1000mm/16
印　　张：14
字　　数：236 千字
版　　次：2019 年 7 月第 1 版　2019 年 7 月第 1 次印刷
书　　号：ISBN 978-7-5096-6612-8
定　　价：49.00 元

·版权所有　翻印必究·
凡购本社图书，如有印装错误，由本社读者服务部负责调换。
联系地址：北京阜外月坛北小街 2 号
电话：(010) 68022974　邮编：100836

前　言

党的十九大以来，习近平总书记多次强调："企业家是经济活动的重要主体。要推动经济持续健康发展，就必须激发和保护企业家精神，鼓励更多社会主体投身创新创业。"在党和习近平总书记的号召下，"大众创业，万众创新"的创业型经济不断发展，为建设社会主义现代化强国，推动经济持续健康发展提供了活力和保障。

在创业型经济的背景下，社会网络作为企业获取资源、信息和技术的媒介，在创业活动中扮演着重要的角色。同时，企业家精神作为经济发展模式转型的动力和源泉，在当前的经济社会转型进程中发挥着重要作用。本课题基于中国创业型经济的背景下，从社会网络和企业家精神的双重视角切入，综合运用理论构建、案例研究及实证研究的分析思路，深入探究转型经济时期，中国创业氛围浓厚的经济发展路径。本书开展了四个专题的研究，探讨中国社会网络的内涵及其对中国创业型经济的影响，企业家精神在人力资本、对外开放等因素影响下对于中国经济增长的影响以及两者共同作用于中国经济增长路径的机理。

第二章通过构建结构方程，探究不同社会网络对创业型企业经营绩效的影响；运用层级回归模型，验证风险承担在社会网络与企业绩效之间的中介效应，采用配置方法进一步探讨不确定性环境下新创企业社会网络影响风险承担的作用机制；基于规范化的单案例研究方法，从网络联结与资源的互动视角出发，探究创业企业如何构建适宜的联结组合使创业者从关系组合带来的资源组合效应中获益并收获成长；基于供应链视角，依据嵌入式单案例研究思路，构建了创业企业在各层次各阶段的网络发展模式及路径；基于不确定情景，引入社会网络分析理论与方法，探索创业网络可持续资源获取路径以及从博弈论及努力互补视角切入，对创业企业家与创业投资者之间的关系进行探索。研究表明：①一方面，社会网络对企业的经营绩效有显著的正向影响；另一方面，社会网络通过影响企业的资源获取对企业的经营绩效产生显著的正向影响。②新创企业风险承担在社会网络与企业绩效影响关系中的中介效应显著,在技术不确定性环境下,社会网络正向影响风险承担的效应显著增强;市场不确定性对两者关系的调节效应不显著。③面对初创期较弱的联合依赖和较高的非对称依赖,创业企业建立追加式资源组合以增强联合依赖而进入青春期,创业企业绩效较低;面对青春期较高的非对称依赖,创业企业建立互补式与追加式并举的资源组合以降低非对称依赖而进入成长期,创业企业绩效较高;面对成长期较高的联合依赖,创业企业建立大范围的互补式资源组合替代追加式资源组合以降低联合依赖与非对称依赖,带动企业进入发展期,创业企业绩效最高。④受政策因素影响的创业企业在创立初期需集中资源以获取市场准入许可;发展期注重上、中、下游整体供应链业务模式的协同发展,网络构建将根据所处环境的不同特点逐步进行;调整期将根据企业现实情况实施,比如"目标市场转移""纵向一体化"等调整和应对策略。⑤建立基于 EM 算法的朴素贝叶斯模型,通过数理建模和赋值计算,推导创业网络维度对企业的资源获取路径,研究为创业网络作用于资源获取提供了一些新的思路和方法论。⑥在一次性博弈或有限次重复博弈中,创业企业家和投资者都会基于分配系数进行策略选择,而在无限次重复博弈中,创业企业家和投资者则基于贴现因子和分配系数的值做出策略挑选。

第三章探讨了企业家职能对经济增长方式转变的影响,企业家精神如何通过人力资本及外资依存度影响经济增长。为探究企业家精神对创业型经济的影响,利用我国 2005~2014 年 31 个省(市、自治区)的面板数据,分别建立回归模型,实证检验我国全国及区域样本企业家精神、人力资本与经济增长的关系以及企业家精神、外资依存度与经济增长的关系。研究表明:①企业家精神对于中西部地区影响显著,中部强于西部,而对东部地区不显著。这说明东部地区在具有较好经济发展基础的前提下应该致力于摆脱人口推动式的粗放型经济发展模式,而西部地区则更应该从提升私营企业雇用率方面入手,扩大劳动力的有效覆盖范围,刺激产业多样化以及人口就业率入手,以进一步提高地区企业家精神对企业所联结的资源的利用效率。②从全国范围来看,人均受教育年限所代表的人力资本水平对于经济发展的影响效应存在着显著的地区差异,呈现出明显的阶梯状特性。③外资依存度对经济增长的影响呈现出不同的结果,其中外资依存度对东部地区经济发展的推动作用不明显,对中部地区经济发展产生的积极作用较为显著，而对西部地区的经济增长的阻碍作用不显著，伴随外商直接投资而来的技术和资金在一定程度上有助于我国经济发展，但由于我国区域发展基础的差异，导致外资依存度呈现不同的影响效果。

第四章从社会网络与企业家精神共同作用于中国经济增长的视角切入，通过建立个体固定效应模型进行实证分析，探讨转型经济背景下经济发展的新路径。研究表明：①在全国样本中，企业家精神、社会网络都会对经济增长产生显著的促进作用；随着企业家精神或社会网络的不断增长，经济增长的速度逐渐减缓，当超过特定值时，地区经济出现负增长现象，说明在适当范围内，企业家精神或社会网络能够促进经济增长，但是超出范围后，企业家精神或社会网络会阻碍经济增长；相对于企业家精神，社会网络与经济增长之间具有更为明显的倒U型关系。②在东部、中部和西部地区的分组回归结果中，东部地区企业家精神、社会网络对经济增长的影响力度最弱，而中部和西部地区企业家精神、社会网络对经济增长的影响力度较强，这说明在经济较为发达的东部地区，企业家精神、社会网络对经济发展所发挥的作用较为有限，而在中部、西部地区，企业家精神、社会网络对经济发展能够发挥重要的推动作用。

第五章内容为响应国家"大众创业，万众创新"（以下简称"双创"），将当代大学生创新创业教育视为重点研究内容，探究"双创"背景下，大学生如何提升其创新创业水平与创新创业成功率，同时重点关注西部欠发达地区高校大学生创业能力培养，以期完善高校创业教育体系，提升高校创业能力教育水平。研究表明：①我国大学生成功创新创业的五大关键因素为影响创新创业初心与决心的历史使命感、影响创新创业价值的时代需求、影响创新创业奋斗方向的目标导向、能够在创新创业过程中运筹帷幄的企业家精神以及系缚创新创业社会价值观的企业社会责任感；②学校创业教育课程要有针对性，与学生需求同步，营造大学生创业的氛围，鼓励大学生自主创业。

本书的主要内容将对网络理论、经济增长理论的发展具有一定贡献，并对当代高校大学生的创业教育体系有一定的借鉴意义，同时对于产业政策调整及未来战略制定都将具有较高的理论与实践意义。

目 录

第一章 导论 … 1
第一节 社会网络与企业家精神研究背景 … 1
第二节 社会网络与企业家精神研究价值 … 2
一、理论价值 … 2
二、实际应用价值 … 3

第二章 社会网络对我国创业型经济的影响效应与机理 … 4
第一节 社会资本与社会网络 … 5
一、社会资本研究的背景与意义 … 5
二、社会资本内涵界定 … 6
三、社会资本测量维度 … 15
四、社会资本的影响因素 … 17
五、社会资本的作用和风险 … 18
六、社会资本的实证研究及测量 … 22

第二节 社会网络与创业型企业经营绩效的关系 … 27
一、社会网络影响创业型企业经营绩效的背景 … 27
二、社会网络影响创业型企业经营绩效的理论演变和假设 … 28
三、社会网络与企业经营绩效的问卷设计与指标度量 … 30
四、社会网络影响创业型企业经营绩效的假设检验和结果 … 31

第三节 创业网络构建的案例研究：基于供应链视角 … 37
一、创业网络构建研究的兴起 … 38
二、创业网络形成过程理论回顾 … 39

三、供应链视角创业网络的构建过程的案例设计 …………………… 42
四、供应链视角创业网络的构建过程的案例描述 …………………… 46
五、供应链视角创业网络的构建过程的案例发现与分析 …………… 59
六、附录：访谈纪要摘录 ……………………………………………… 62

第四节 可持续资源获取路径：基于不确定性情景下嵌入式创业
网络治理的动态模型 ……………………………………………… 68
一、创业资源获取研究概述 …………………………………………… 69
二、创业不确定性、资源获取与社会网络链接预测的理论回顾 …… 71
三、创业决策的关键因素：相关理论和运算 ………………………… 74
四、创业资源获取的模型构建 ………………………………………… 79
五、实验设计、样本收集与实证评估 ………………………………… 84
六、附录 ………………………………………………………………… 88

第五节 努力互补效应、非合作博弈与创业努力策略选择 …………… 91
一、努力互补效应、非合作博弈与创业努力策略概述 ……………… 91
二、创业企业家和创业投资者不同努力的模型设定 ………………… 93

第六节 本章小结 …………………………………………………………… 102
一、社会资本与社会网络的结论及讨论 ……………………………… 102
二、社会网络对企业经营绩效的影响总结 …………………………… 104
三、供应链视角下创业网络构建的结论与讨论 ……………………… 105
四、不确定情境下创业网络获取资源的路径总结 …………………… 107
五、努力互补效应、非合作博弈对创业努力策略影响总结 ………… 108

第三章 企业家精神对经济增长的影响效应与实现机理 …………………… 110

第一节 企业家精神、人力资本与经济增长 ……………………………… 110
一、企业家精神研究概述 ……………………………………………… 111
二、企业家精神、人力资本与经济增长理论回顾与问题 …………… 112
三、企业家精神、人力资本与经济增长的模型构建 ………………… 115
四、企业家精神、人力资本与经济增长的实证分析 ………………… 118

第二节 企业家精神、外资依存度与经济增长 …………………………… 127
一、企业家精神、外资依存度对经济增长的影响概述 ……………… 128

二、企业家精神、外资依存度和经济增长理论回顾·················· 129
三、企业家精神、外资依存度和经济增长的变量测度与数据········· 132
四、企业家精神、外资依存度和经济增长的模型构建··············· 136
五、企业家精神、外资依存度和经济增长的实证分析··············· 137

第三节　本章小结··· 146
一、企业家精神、人力资本对经济增长的影响总结··················· 146
二、企业家精神、外资依存度对经济增长的影响总结················· 148

第四章　社会网络、企业家精神影响经济增长的实现机理··············· 150

第一节　社会网络、企业家精神影响经济增长的背景和理论回顾········· 150
一、社会网络、企业家精神影响经济增长的背景······················ 150
二、企业家精神与经济增长的理论演变·································· 151
三、社会网络与经济增长的理论演变····································· 152

第二节　企业家精神与社会网络的衡量·· 154
一、企业家精神的衡量··· 154
二、社会网络的衡量·· 154

第三节　社会网络、企业家精神影响经济增长的模型构建··················· 155
一、模型构建··· 155
二、变量选择与描述性统计··· 156

第四节　社会网络、企业家精神影响经济增长的实证分析··················· 157
一、面板数据单位根检验·· 157
二、面板数据协整检验··· 157
三、全国样本的回归结果·· 159
四、东部、中部、西部分组的回归结果·································· 162

第五节　本章小结··· 164

第五章　创业型经济背景下大学生创业能力的培养······················· 166

第一节　"双创"背景下的大学生企业家精神与创新创业·················· 166
一、大学生创业能力培养的政策支持····································· 167
二、大学生创新创业成功因素分析·· 167

第二节　西部欠发达地区高校大学生创业能力培养对策 …………… 172
　　　一、西部高校大学生创业能力培养现状分析 …………………… 172
　　　二、大学生创业能力的内涵 ……………………………………… 173
　　　三、国内外大学生创业能力培养的理论回顾 …………………… 174
　　　四、西部地区高校大学生创业教育的特点 ……………………… 177
　　　五、提高西部高校大学生创业能力培养的对策 ………………… 179
　　第三节　本章小结 …………………………………………………… 181
　　　一、大学生创业能力与企业家精神的培养 ……………………… 181
　　　二、西部欠发达地区大学生创业能力培养的重要意义 ………… 181

第六章　结论与展望 ……………………………………………………… 182
　　第一节　结论 ………………………………………………………… 182
　　第二节　未来展望 …………………………………………………… 185

参考文献 …………………………………………………………………… 186

第一章　导论

第一节　社会网络与企业家精神研究背景

随着社会网络在各个研究领域中的不断扩展与深化，其对于国民收入及经济发展的作用也越来越受到重视。而当前全球创业活动日趋活跃、市场环境日趋复杂和不确定，社会网络作为一种有效的资源及媒介将在创业研究中扮演更为重要的角色。具体而言，创业网络是创业者的社会网络在创业活动中的嵌入，是创业者（或新创企业）所拥有的各种社会关系的总和（Butler & Hansen，1991），在不确定性环境下的创业活动中扮演着重要的角色（Engel，Kaandorp & Elfring，2017）。创业企业发展之初，创业网络能够有效弥补其资源和技术能力等方面的劣势，并在推动企业快速成长的过程中发挥重要作用（杨隽萍等，2013）。此外，从制度经济视角看，网络的核心作用是取代外部市场，转型经济的战略要素市场不发达，促使网络成为产品开发、资本融资、创业和管理技术诀窍等不发达外部市场的替代（Zhang，2010）。基于此，考察社会网络对我国创业型经济的影响机制将具有深远意义。

企业家精神是近十年来的研究热点，它并不是一个新鲜的话题，但在中国当前特定的经济社会转型进程中却至关重要。Miller（1983）首次提出了企业家精神这一概念，并把之定义为"冒险、预见性和剧烈的产品创新活动"，之后关于企业家精神的理论研究呈现出多方位、多视角的特征。Burgelman（1984）把企业家精神定义为通过新的资源组合来拓展公司竞争领域和发掘相应机会的过程。Sharma（1999）将企业家精神定义为与某一现有组织相关的个人或者一群个人创建新的组织者在该组织内更新或者创新的过程。在企业家精神与创业型经济的研究中，主流观点认为创立企业是企业家精神的延伸，企业家精神是研究的起点（Chandler & Jansen，1992）。庄子银（2005）建立了一个包括企业家精神的内生化经济发展模型，认为企业家精神是经济发展模式转型的动力和源泉。焦斌龙等（2007）指出企业家是资源的最终配置者，是经济增长方式转变的微观推动力量，张晖明等（2011）也认为企业家精神是经济增长方式从传统的粗放型向以创业型经济为代表的集约化方向发展的重要推动力量。值得注意的是，已有文献很少将企业内部的企业家精神与外部的社会网络结合起来，系统考察社会网络、企业家精神及其交互作用对创业型经济的影响效应。

综上所述，从社会网络和企业家精神的双重视角切入，综合运用理论构建、案例研究及实证研究的分析思路，深入探究转型经济时期，我国创业氛围浓厚的经济发展路径，这对于当前网络理论、经济增长理论的发展具有一定贡献，同时对于产业政策调整及未来战略制定都将具有较高的理论与实践意义。

第二节 社会网络与企业家精神研究价值

一、理论价值

资源基础理论强调有价值的、稀缺的、不可模仿的和不可替代的资源是企业取得卓越绩效的基础。近年来，社会资本尤其是社会网络对收入和经济发展的作用越来越受到重视。新创企业依托社会网络以低成本获取外部资源克服新生性劣势，推动新创企业的成功和成长。而对于转型经济下的企业创业活动和创业型经济的发展，社会网络更成为不健全的正式制度的一种重要补充，有效缓解和改善了低水平的制度信任和高成本的市场交易，对创业型经济的发展具有积极的推动作用。而企业家精神在经济运行和发展中的作用越来越大，对企业家精神的研究也从个体层面扩展到企业层面和宏观层面，即研究企业家精神与经济增长间的关系已成为一个重要的课题。近年来，社会网络和企业家精神被认为是新兴企业取得竞争优势的关键因素，在推动创业型经济的发展进程中起着举足轻重的作用。

虽然很多学者认为社会网络和企业家精神与经济增长之间存在着很强的因果关系，但在转型经济中类似的研究缺乏有效的实证结果。基于以上现实与理论背景，本研究希望关注经济社会转型期我国创业型经济的问题，着重从社会网络和企业家精神两方面揭示创业型经济的关键影响因素、产生机理及其经济后果。本研究从宏观的视角，在理论研究的基础上利用省级数据进行实证检验，试图回答如下三个关键问题：①社会网络与创业型经济之间存在着怎样的交互关系？②企业家精神是如何促进创业型经济的兴起？③社会网络、企业家精神及其交互作用对创业型经济产生影响的内在机理是什么？本研究既有利于深刻揭示我国创业型经济的潜在制度诱因、产生机理及其经济后果，为学术界在创业型经济研究领域贡献新的知识，也能够为社会网络、企业家精神等企业管理实践提供必要的理论借鉴和经验证据。

二、实际应用价值

在中国经济与社会转型的背景下，创业型经济的现实意义越发强烈，也成为了学术界的研究热点（张茉楠，2009；李政，2010）。一系列实证研究表明，大企业在经济发展中的重要性趋于下降，小企业由大企业的追随者变为经济增长动力的趋势并非仅发生在个别国家，而是发生在大多数领先的工业国家中，中国也不例外（Audretsch 等，2004）。发展创业经济是推动技术创新的实现方式，是转变经济发展方式的内在要求。对于中国当前而言，转变经济增长方式是重中之重。在创业型经济中，由于生产耗费的知识、信息和创业家禀赋等生产要素是无污染、可持续的绿色生产要素，可实现低能耗、高技术、低污染的内涵式经济增长。据不完全统计，2013年中国新创企业数量增长率达到56%，提供了70%的新增就业岗位，而且中国70%以上的发明专利、80%以上的企业技术创新、80%以上的新产品开发都是由新创中小企业完成的。对于中国的实际而言，大企业在经济增长中的重要性趋于下降，小企业由大企业的追随者变为经济增长动力的趋势是与国际一致的，创业型经济正在逐渐形成。

第二章　社会网络对我国创业型经济的影响效应与机理

在我国经济转型升级的过程中，创业型经济以其高效、灵活及可持续的特点成为支撑中国经济发展的重要力量。在这一转型时期，民营企业或初创企业倾向于利用社会网络取代正式制度，以实现资源的获取。因此，社会网络被学术界和实业界视为影响我国创业型企业发展的重要因素。本章将从网络视角切入，探究社会网络对中国创业型经济的影响机制。研究一方面考虑社会网络对于解决中国民营企业发展困境的重要作用，并以此为切入点，通过构建结构方程，探究不同社会网络对创业型企业经营绩效的影响；此外，基于风险承担的中介效应，基于新创企业样本数据、运用层级回归模型，探索新创企业社会网络与企业绩效的关系。另一方面基于规范化的多案例研究方法，从网络联结与资源的互动视角出发，探究创业企业如何构建适宜的联结组合使创业者从关系组合带来的资源组合效应中获益并收获成长，进一步揭示了社会网络在创业领域的内涵；基于供应链的视角，关注政策因素影响下，创业企业如何在区域市场中通过整合上、中、下游供应链网络中的关键要素以实现创业网络的构建，从而突破"新进入者缺陷"；引入基于社会网络分析（SNA）理论的EM算法的朴素贝叶斯分类的探索性模型设计，填补缺失数据的不确定性，以描述企业网络资源获取的路径，建立从网络结构和资源价值之间动态模型以预测链接概率。此外，在创业型经济发展的过程中，创业企业家与创业投资者之间的关系互动一直是学界关注的焦点，因而从博弈论及努力互补视角对该问题进行探索，得出具有价值的结论。

第一节 社会资本与社会网络

越来越多的社会学家、政治学家、经济学家和组织行为学家在他们的研究中提出社会资本这一概念,社会资本成为国内外一种新的有力的跨学科的理论研究工具。本节通过国外社会资本研究成果进行系统性的分析和整理,梳理了社会资本的内涵界定、测量指标、影响因素、作用机制及其实证研究,以期为国内在这一领域的研究提供借鉴。社会网络作为社会资本的一种,在创业企业经营活动中具有重要的作用。本节主要介绍社会资本的内涵及其研究机理。

一、社会资本研究的背景与意义

自19世纪社会资本这一概念被提出以来,已有百余年发展历程。在这期间,各科学术界对其进行了大量的理论和实证研究,取得了显著的成就,社会资本研究突破了学科领域,不断被广泛应用于家庭、青少年行为问题、学校教育、公共健康、社区生活、民主政治、经济发展和集体行为的一般问题等方面的研究。

现如今企业竞争环境中社会网络的重要性日益凸显,社会资本在加强合作、提高财务绩效和企业竞争力方面不可或缺。大量研究证明,社会资本会有利于促成结构性成果,包括政府和经济绩效、制度成果(民主化),以及个人愿望的多样化,如生活、幸福和健康的质量。社会资本的积累过程涉及公司、合作伙伴、大学、金融机构、客户等多方面的联系,包含了社会组织中网络、规范和信任等促进彼此之间的互惠互利协作的特征。

但是由于各领域学者立足自身学科对社会资本进行研究,对于社会资本的内涵的界定、形式,测量指标及其实证等问题没有统一的口径,至今仍存在分歧。本节通过浏览大量国外文献,梳理已有研究成果,对社会资本的内涵、测量指标、作用机制及实证等问题进行整理,得出一个逻辑清晰的框架,并指出社会资本的未来研究方向。

二、社会资本内涵界定

(一)术语到概念明朗化的发展

Putnam(1993)在社会资本概念明朗化的过程中做出了重要的贡献,在此之前,社会资本一直处于概念不明朗的阶段。他认为,在某种程度上,社会资本的概念归结为网络、规范和信任。据检验,网络是十分密集且有价值的,规范的存在遍及个体行为和社会关系,信任表现为心理上的复杂性。Loury(1977)只在1977 年总结他第一篇论文的时候提到过这一术语,用以代表社会地位的结果和解释人力资本特点的不同,他认为一个人的社会地位命定于种族主义和其他社会力量。Mcclenaghan(2013)将社会资本的概念总结为,个人在集体活动中聚集或者借出的"威望"。

1. 术语阶段

许多研究学者由于所处时代和观念的不同,其对社会资本的解释各有侧重。

社会资本作为一种资本,在 19 世纪末开始被研究者关注,学者们纷纷用以挑战古典政治经济学,但又受到古典资本理论和传统政治经济学理论的影响,其"资本"的特性在这一时期的研究成果中非常明显。主要代表人物包括如奥地利学派政治经济学家庞巴维克教授;德国哲学家、政治经济学家卡尔·马克思;英国哲学家,19 世纪末期的功利主义代表人物 Henry Sidgwick 和英国经济学家 Alfred Marshall;等等。卡尔·马克思早在 1867 年就使用社会资本来形容为投入未来的再生产而将众人的资本集合起来所形成的资本。Marshall(1980)主要用社会资本(Social Capital)来区分有形资本存货的临时性与永久性。"社会资本"也是空想社会主义学家 Edward(1897)"Equality"提出的政治经济建设的多个想法之一,他提出了"民主经济"的思想,他认为与私人资本相对比,社会资本是一种全体社会劳动创造的减去必须消耗之后的总体累积的财富,即社会资金,而私人资本盗窃社会资金。Sidgwic 和 Marshall(1980)认为社会资本是一种从社会的视角而言的资本,与从个人的视角评估个人持有的交易资本相反。Stolle 和 Rochon(1998)认为一些非物质因素如商誉等也是社会资本的一部分。

进入 20 世纪,社会资本的研究在哲学和教育学中开始出现。John Dewey(1902)被认为是这一时代社会资本研究领域最具权威的批判主义哲学家和教育家。在他所在的时代,他的哲学被认为是社会资本这一概念的温床,成果之一就是"社会资本"这一术语本身。他的学术研究成果被之后多个科学家引用。"社会资本"一词第一次出现在他的"*The Elementary School Record*"一书中,在书中他主张学校在简单的知识学习之外,应该重视与实践的结合。改变教育的方法和内容有双重意义,既代表了社会智慧成果积累过程中的工具手段,也意味着扩大学生个人经历以外的社会资本财富。虽然Dewey所提出的"社会资本"匹配的概念是不同的,但不可否认的仍然是后期研究的重要借鉴。

2. 概念明朗化

受Dewey思想的影响,Hanifan(1916)首次明确提出"社会资本"("乡村学校社区中心")这一概念。他认为社会资本不是指"资本"这一术语的一般意义,不是指不动产或者个人资产,而是生活中大多数有形物质,如商誉、友谊、相互同情、一群个人或者家庭之间的社交活动等,这些个体和家庭形成了社会单位,即乡村社区,其逻辑中心是学校。在社区建设和扩张的同时,社会资本也会随之积累。在他的著作中,大篇幅地阐述了社会资本与社区中心理论思想的联系。

在此之后,社会资本的概念不断被各学科领域的学者关注并取得了重大的发展。许多社会学家对社会资本进行了定义,虽然定义大致相同,但他们表现出了一些显著的细微的差别。主要体现在三点:第一,在社会资本的物质、来源和影响方面有所不同;第二,重点分别着眼于一个参与者保持与其他参与者的关系,或者集体内参与者之间的关系结构,或这两种类型的联系;第三,重点是桥接型社会资本或者紧密型社会资本(见表2-1)。从广义上讲,这些学者立足的基本思想是,社会互动创造社会网络,建立信心,影响价值观的形成,支撑规范和文化,并产生社区团体。而这些社会实体都是社会资本现代意义的一部分。

桥接型社会资本研究的代表性人物Burt(1997)认为,社会资本是一种社交网络固有的,一个参与者传达给其他参与者的资源。这种观点强调,直接或者间接的社会参与会改善人们的行为,促进个人和企业在竞争的成功。与桥接型社会资本研究者重点关注一个社会参与者的外部联系相反的是,紧密型社会资本研究者的重点研究集体成员的内部特征。另外,一部分研究者在这个问题上则呈现中立。

表 2-1　不同类型研究者对社会资本的定义比较

内外部联系	作者	社会资本定义
外部	Baker（1990）	一种参与者从特殊的社会结构中获得并用于个人利益追求的资源；它是参与者之间关系变化的产物
	Belliveau, O'Reilly & Wade（1996）	一个人的个人网络和精英机构的隶属关系
	Bourdieu（1986）	拥有一定程度的互相了解和认可的制度化关系的社交网络形成的实际或潜在资源的总和
	Bourdieu & Wacquant（1992）	个人或者群体通过参与一定程度的互相了解和认可的制度化关系而积累的实际的和虚拟的资源的总和
	Boxman, De Graaf & Flap（1992）	预期会提供支持和自身拥有处理权的资源人的数目
	Burt（1987）	获取财务和人力资本要借助的同事、朋友以及更一般的联系人；社交网络中的经纪业务机会
	Knoke（1999）	社会参与者创建和协调他们的内部社交网络关系以及与外部组织之间的关系，以获取其他社会参与者的资源的过程
	Portes（1998）	社会参与者通过社交网络以及其他社会结构的内部会员关系，以确保利益的能力
内部	Brehm & Rahn（1997）	公民合作关系的网络，这种关系可以促进集体行动问题的解决
	Coleman（1990）	社会资本是由它的功能定义。它不是一个单一的实体，而是各种不同的但具有两个共同特征的实体：它们都包括社会结构的某些方面，并且它们改善社会结构内的个体的某些行为
	Fukuyama（1995, 1997）	团体和组织内人们为了共同目标而协作奋斗的能力；社会资本可以简单地定义为特定的一组成员之间共享的非正式观念或规范，这些非正式的观念或规范能促进成员之间的合作
	Inglehart（1997）	一种广泛的志愿者协会网络出现的信任和宽容的文化环境
	Portes & Sensenbrenner（1993）	那些采取行动的预期会影响集体内经济的目标和其成员追求目标的行为，即使这些预期不是向经济领域的
	Putnam（1993）	社会组织的功能，如网络、规范和社会信任等，能促进协调与合作，互惠互利
	Thomas（1996）	民间社会发展的，推进了整个集体的发展的志愿机构和流程

续表

内外部联系	作者	社会资本定义
双重	Loury（1992）	人们自然形成的社会关系，能推动或协助习得市场上有价值的技能和特质……是一种和金融遗赠一样重要的资产
	Nahapiet & Ghoshal（1998）	嵌入由个人或者社会群体内组成的社交关系网络中的实际的和潜在的资源的总和，社会资本既包括社交关系网络，也包括并且可以通过关系网络动员的资产
	Pennar（1997）	影响个人行为，进而影响经济增长的社会关系网络
	Schiff（1998）	一系列影响人们之间的关系，是生产和/或效用函数的输入或参数的社会结构元素
	Woolcock（1998）	一个人的社交关系网络中所固有的信息、信任、互惠规范

（二）不同思想学派及代表人物

1. 实用主义方法：以 James Coleman 为代表

目前，社会资本的实用主义概念是应用最广泛的，也是最有影响力的。在这之前美国社会学家 James（1988，1990）是实用主义研究方法的先驱。他认为，社会资本与物质资本、人力资本是平行关系，三种资本形式都能提高生产力。但是不同于物质资本通过改变物质形式，形成新的工具提高生产；人力资本通过改变人们以提高其技能和能力，使他们更有效地工作，而社会资本，反过来产生于人们为改进行为而改变关系时。社会资本是一种共同的集体利益，自发产生，并随着对它的利用而增长。社会资本不是私人物品，是不可剥夺的也是不可切割的。社会资本作为人们嵌入的社会结构的一个属性，是被任何一个从中获益的人拥有的。他强调社会资本是社会结构，而不是社区。

2. 社会网络学说：以 Granovetter、Nan Lin、Ronald Burt、Bourdieu 为代表

新古典经济学分析所有人类行为得到个人效用函数的最大化。这个理论把所有人类行为看成市场行为，在市场中人们做出理性选择追求眼前和未来利益的最大化，但这在市场不起作用的情况下并不适用，有时实际行为会偏离预测行为。新古典主义理论框架无视非市场社会交往对个人和集体改变经济和社会结果的行为的决定性作用。与此相反，Granovetter（1985）的社会经济学中，他认为经济行为是嵌入社会关系中的。这种嵌入观点认为，人的行为是有社交情景的，不能

单从个人动机方面来解释，而且社会机构并不是不可避免会自然产生的，而是在社会活动中构建起来的。Granovetter（1973）把人们和集体之间的强弱联系定义为大量的时间、情感强度、亲密性（互相信赖），以及礼尚往来等特征的组合。强弱联系之间的区别对理解 Granovetter 嵌入的概念和 Lin Nan、Ronald Burt 关于社会资本的概念至关重要。这种区别帮助确定至少两种嵌入体：关系嵌入和结构嵌入。第一种嵌入体表明，根据成员个体们共享关系的不同，他们的行为也不同。第二种嵌入体表明，强关系网络之间通过弱关系网络相互交流和相互影响。通过这些初始元素，社会关系网络的学习就能够作为一个结构分析关系的相互依赖、规律和约束。在这个结构内，不仅个人可以做出选择，还可以实现建立关系网络的战略。在个人层面，社会关系网络通常指的是个人可以接近或者聚集起来的资源。Lin（1999）认为，关系网络是一种结构，在结构内的地位的优先级是由个人所掌握的资源的多寡决定的，因此，结构内层级越多，创造的机会越多。弱联系对参与者获取其他等级尤其是更高等级参与者的资源有非常重要的作用。这一方法存在在"工具"行为理念中，例如，为了实现某一目标，如获得更高的层级地位或者接近更高层级参与者，而社会资源是实现这一目标的一种手段。这些资源不是被给予的，接近的机会不是以外源方式给予，而是取决于原始的地位。因此，获得资源的途径有两种想法：地位和行动。也有第三种想法，是一种交换：社会资源的利用的一个假设是互惠或补偿的义务（Lin，1995）。但是也有一个问题，即区分它所包含的资源和提供接近渠道的关系的结构。为了区分资源和它们的有效动员，Lin（1995）提出用术语"网络"和"联系（接触）"：网络就像是资源的位置，而联系能够接近这些位置。他指出，社会资源是社会资本的核心组成要素，但是社会资本又是产生于个体对其与他人关系的投资。到底是资源还是关系能形成社会资本，这种反复出现的不确定性，在 Lin（1999，2001）随后的工作中也出现过，最终促使他在两个层面上阐述社会资本，"个人"层面和"集体"层面，从而涵盖了最初的区别，也解决了"网络"和"联系"之间相似的问题。

而 Burt（1995）的方法与 Lin（1990）非常不同。他认为，社会资本由网络中关系的结构和成员所拥有的关系资源共同支配。他后来提出"结构洞"这一概念来描述两个平等的参与者之间没有关系的情况。这些"结构洞"表示某些个体有机会成为中间人并从中获益。社会资本被定义为通过利用他人不具备的信息优势，控制他人行为而不被他人控制，从而他人均需经过他获取信息。所以如果网络很大且不紧密，获取社会资本对从财务和人力资本中获益就非常重要（阐述了资源，获取资源的渠道以及对资源的利用之间的关系）。

最后以同样的方式，Coleman（1988）把社会资本视为在宏微观社会现象之间建立联系的一种工具。实际上，社会资本更多为被视为以其个人网络定义的一定社会空间的个人，而不是被所有人利用的集体利益；不是在社会关系中自发产生的一个对象，而是一个需要大量努力去创建和维护的社会客体。

Pierre Bourdieu 提出了一个完全不同于 Coleman 或者之前从网络社会学中产生的概念框架。他强调，基于互相了解和认可的制度化关系，还发现"阶级差别"是一种比信任更重要的"资源"。Pierre Bourdieu 将社会资本定义为，或多或少有互相了解和认可的制度化关系形成的持久关系网络拥有的实际的和潜在的资源的总和，换句话说，与对一个集体的归属有关，且被定义为不仅被赋予了公共属性，而且被永久的和有用的链接联结起来的行为主体。如果社会资本有一个特殊的行为人，那么社会资本的规模就取决于这个行为人能够动员的关系网络的程度，以及与他有联系的每个人所拥有的资本（经济、文化或者象征性的）的规模，它对每个人拥有的资本具有乘数效应。关系网络不是自发产生，而是建立和维护工作的产物，是产生和繁殖持久且有用可以获取物质和象征性利润的联系必不可少的。这种关系网络是长期或者短期的，有意识或者无意识的，倾向于建立或者繁殖直接可用的社会关系的社会资本投资战略的产物。

Bourdieu 的这些分析如果不是在 Coleman（1988，1990）、Lin（1995，1999）和 Burt（1995）之前就提出了，他的结论会像是对这些人的研究成果的整合。但是他们之间的观点也会存在分歧，对不同术语他们有时给出了不同的定义。Bourdieu（1984）用到的一些术语就有很多基础概念。其实真正有区别的是他的想法，他认为交换（exchange）不是随机的，并且很明显，关系只能传递的只是有效情况的一部分。Coleman（1988）没能认识到这些区别，因为他把社会资本视为一种集体利益，而 Bourdieu（1980）则认为社会资本是有权力动员集体中的资源的人，他认为只有那些在这方面做出努力的人才有可能获得社会资本。而 Coleman（1988）则认为社会资本是无条件被寄予且所有关系网络中的人可得的，不存在不平等，他认为在集体内行为人不会被区分，而 Bourdieu（1980）则认为他们属于某些权力阶层。Bourdieu（1980）与 Lin（1995，1999）、Burt（1995）

的区别在于，后两者主要把社会关系视为个体之间的关系，然而前者则认为社会关系是某些团体的成员之间的关系，所以他关注不同团体之间社会资本的衔接问题。

Bourdieu（1980）指出，社会资本不同于其他资本形式（经济、文化、象征性的），因为社会资本能在不同的社会团体中区分地位差异；有精确目标地建立关系，并且有一种为了后续的利益放弃实际利益思想，在这种情况下，它也被称为资本。

3. 社会信任学说：以 Robert Putnam 为代表

Putnam 无疑在学术界内外推广社会资本概念方面做了更多的工作。他的理论大部分是基于 Coleman（1988，1990）关于社会资本的概念，少部分是来自社会网络学。他提出了社会资本的概念，并逐渐取代了公民文化的概念。Putnam（1995）把社会资本定义为：社会组织的特征（如网络、规范和社会信任），这些特征能够为了共同的利益而协调和合作。他最初是位政治学家，主要研究决定社会民主表现的因素。他认为公民文化（其中一个最具解释力的因素）的基本思想是，互惠规范从组织中产生，并能使社会良好的运作。他认为，志愿组织构成了他之后所说的"网络"的本质，是社会中动态生成公民身份、合作和民主表现的中心。

Putnam 等（1983，1993）通过意大利行政区划的例子，旨在说明民主的运作和机构的性能主要取决于社会中公民文化或者社会资本的水平。为了证实他们的理论，他们把理论建立在两种社会关系（横向关系和纵向关系）和一个社会的公民层级思想的基础上，这种层级取决于社会中发展得最好的那种关系类型。横向关系是指平等的行为人之间的互动，而纵向关系是指不同等级关系之间行为人的互动。横向关系网络如志愿者协会形成的网络，促成互惠规范的出现，从而加强信任、交流和共同参与；而以往合作的成功会加强集体参与养成合作的习惯（例如，重复囚徒困境中的序列均衡）。他们认为公民文化社会的典型特点是一般性互惠的状况。这种一般性互惠规范通过一系列正序行为，能够拉近行为个体和集体的利益。相比之下，纵向关系结构则是把行为个体囚禁在以恩惠、共同剥削、腐败等行为为规范的情境中，行为人永远保持被他们的贪婪和直接个人利益驱使，滋生自私行为。在这种情况下，没有溢出效应，使得一般性互惠是可能的。因此，Putnam 等（1983，1993）在一般性互惠倾向中提出了社会的一种准自然属性，尽管这种说法不完全流行，特别是在具有不同社会经济地位的人群内（Almond 和 Verba，1963）。

Putnam 等（1983，1993）明确指出，公民化社会和非公民化社会之间的区别主要来自 Coleman（1988）所谓的社会资本，即网络、信任和互惠规范。他们指出，美国社会资本的减少，导致了一系列的衰退（negative evolutions），如民主的衰退、卫生系统故障、暴力和不平等的增加、贫穷等。Putnam（1995）认为，这种现象背后的基本观念是，由于一系列原因，生活在有丰富社会资本存量的社区会更容易。因为在这些社区，人们发展形成了一般性互惠规范，减少了投机主义，改进了集体行为。他提出的社会资本与之前不同，且不止一种。第一，他强调有面对面关系的志愿者协会的优势，因此在他看来用支票或签章组成的新协会形式，并不创造社会资本。第二，社会资本不是个人的财产，而是一个集体或者一个社会的财产（Coleman，1988）。第三，社会资本被视为社会资本鉴于它能产生积极的效应。我们应该把 Putnam 关于社会资本的概念理解为一种集中于网络或者志愿者协会一种资本，公民化社会固有的公民道德在互相作用的紧密的社会关系网络环境中，会显露出它更强大的力量。广泛地说，社会资本能帮助放松生活，协调个人和整体利益的一致。第四，社会资本会随着使用而累积增加。第五，区分紧密性社会资本和桥接型社会资本非常关键。紧密型社会资本与相似（一样年龄、性别、宗教等）的人之间的相互作用和团结有关，而后者联结了不同的关系网络，促进信息传播［在这里证实了 Granovetter（1973）的弱联系思想和 Burt（1995）的结构缺口（structural gap）］。前者会创造一种强烈的归属意识，可能会产生对非会员的排斥（Durlauf，2002），这也是后者对创造和谐关系非常有必要的原因。Putnam（1995）认为，这两种类型的社会资本——桥接型社会资本和紧密型社会资本，是互相增强的。

4. 社会组织学说

社会资本还被应用在组织研究中，被认为是解释组织研究者最关注的竞技场上竞技者的成功因素的一个有力工具。主要作者及其观点见表 2-2。

Paul（2002）认为，引导社会资本研究的核心思想是：社会资本是个人或团体的善意，别人对我们的善意都是一种宝贵的资源。"善意"被 Dore（1876）、Robison 等人总结为同情、信任和来自朋友的宽恕。其根源在于在社会参与者的社会关系内容和结构。它通过信息、影响和团结性影响参与者。Behrman 等

(1985)认为可以从概念上区分的社会结构的三个维度(市场关系、等级关系、社会关系),其中社会关系构成社会结构底层的社会资本的维度。许多学者在社会关系创造了社会资本这一观点达成一致,但谈到具体社会关系的哪个方面创造了社会资本,他们各执一词,分歧多而混乱。Sandefur 等(1998)认为,如果商誉是社会资本的物质,它的效果来自商誉形成的信息,影响和团结友好。而这些好处同时也伴随着成本和风险。

表2-2 社会组织学说主要作者和其观点

作者	观点
Burt(1995);Gabbay & Zuckerman(1998);Belliveau,O'Reilly & Wade(1996)	社会资本影响着事业的成功和高管薪酬
Granovetter(1985);Lin & Dumin(1986);Lin,Ensel & Vaughn(1981);Fernandez,Castilla & Moore(2000)	社会资本可以帮助人们找到工作,增加企业更加丰富的招聘需求
Gabbay & Zuckerman(1998);Butler & Hansen(1991);Tsai & Ghoshal(1998);Hargadon & Sutton(2000);Nahapiet & Ghoshal(1998);Edward 等(2009)	社会资本会促进单元间的资源交换和产品创新,创造智力资本,以及跨职能团队的有效性
Krackhardt & Hanson(1993);Pennings,Lee & Witteloostuijn(1998);Walker,Kogut & Shan(1997)	社会资本降低离职率和组织的解散率,这有利于创业和创业公司的形成
Baker(1990);Dore(1976);Smitka(1999);Uzzi(1999);Romo & Schwartz(1987)	社会资本加强供应商关系,区域生产网络以及企业间的学习

(三)与其他资本形式的异同

社会资本是一种新的资本形式。Arrow(2000)把社会资本表达为一种与物质资本的不好的类比。他认为社会资本不能被投资,因为它不能同时满足以下三个条件:①时间维度;②不能为了长远利益放弃眼前利益;③可转让性。如果我们承认社会资本有第一个特点,但其他两个是有争议的。在现实中,当个体可以增加自己的社会资本时,他们不总是能够做出牺牲或者计算。我们有必要区分社会资本昂贵的部分和非昂贵的部分。因为花时间与朋友一起会使一个人不付出努力就可以使社会资本增加,但是在学习不属于自己的团体的习俗时并不是这样。同样,社会资本可转让性也存在一定的问题。可转让性只在某些特定的条件下才具备可能性,而且不一定意味着转让人的损失,因为社会资本一般是关于知识和关系的，这种迁移主要是复制。如果人力资本被视为一种资本，那它是不满足可转让性的，为什么社会资本不可以重组成其他形式的资本呢？这些资本的特殊性质包括在涵盖四种资本的理论中：人力、自然、经济和社会。相对于什么使社会资本和其他资本形式相近，学者们更关注社会资本与其他资本形式的区别，通过把社会资本非常简约的定义——一种可以聚集利益和外部性的资产作为一个起点。问题在于，如果我们把社会资本看成一种资本，它的标准意义又不是，我们有可能为这个概念的使用开辟一个新的空白领域，永久地放宽了它的意义。即使社会资本相关的术语似乎是不充分的，但它依然是有贡献的，使我们直观地了解一个非常模糊的概念，并引起我们关注经济生活中可能会被忽视的各个方面。

社会资本既有其他资本形式的特点，也有其特性。像所有其他形式的资本，社会资本是一种投入其他资源的长期资产，且在未来预期会有（尽管不确定性）收益流入。投资于外部社交网络关系会有利于个人或群体增加社会资本，优先获取信息、权力、团结形式的利益；而投资于内部的关系发展，集体成员可以增强他们的关系纽带和集体行动能力。Bourdieu（1986）认为不同的资本形式之间可以转换，但 Anheier、Gerhards 和 Romo（1993）认为社会资本转化为经济资本的转化率很低，因为社会资本的流动性较差，更"黏"。他们认为社会关系必须定期更新，加以确认，否则将会失效，但不会像经济资本那样贬值。Coleman（1988）认为一些社会资本的形式是"集体利益"，人们从中而不是从私有财产中获利。但是这一特点使社会资本容易受"搭便车"的影响而产生"公地悲剧"的风险。Hechter 的观点支持了这一看法，他认为社会资本的使用是非竞争性的，一个人的使用不会减少他人的可用性，但是不同于纯公共产品，它的使用具有排他性，其他关系网络的人可能被排除在外。这要求我们在研究社会资本的意义时，不仅要考虑到群体内部的关系，也要考虑与其他群体之间的关系。Coleman（1988）认为，不同于其他存在参与者本身的资本形式，社会资本存在于社交参与者之间的关系中。Burt（1995）认为，没有任何一个成员有社会资本的独享权，一旦个人或者搭档退出了这段关系，那么这段关系以及其包含的社会资本也就消失了。社会资本不同于经济学家所谓的其他资产，因为它不适合进行量化测量，即使是在原则上。

三、社会资本测量维度

从 20 世纪 90 年代起，关于社会资本概念的争论就一直存在，但是关于社资本的测量维度达成了共识。学者们从社会资本的基本成分、主要功能、分析层次等角度对社会资本的测量维度进行阐述。学者们对社会资本内涵的定义逐渐向网络、规范、信任三个方面收敛。而学者们根据功能的对社会资本进行了分类。Norman Uphoff（2000）将社会资本分为认知型与结构型。Gittell（2000）则将社会资本分为结合型、沟通型以及联系型，三者结合在一起就构成了社会凝聚力，不同功能类型的社会资本对经济发展的影响不同。另外，对社会资本的研究主要存在两种不同的视角，一种关注个体行动者，另一种关注集体行动者。这两种社会资本在功用或结果评估层次上有一定差异，但也取得了共识，许多学者认为社会资本由嵌入社会关系和社会结构中的资源组成，不管个体行动者还是集体行动者，他们都可以通过动员社会资本而提高目的性行动成功的可能性。

近年来，加拿大、英国、澳大利亚、新西兰、美国以及世界银行提出了社会资本新的测量维度。Grootaert 等（2001）列举了已有的调查搜集到的信息的例子。除了这些努力之外，仍存在一些问题。首先，Knack 和 Keefer（1997）怀疑到所使用的术语，考虑到不是所有的问题被所有人以同样的方式理解。并且，Bertrand 和 Mullainathan（2003）指出，这些数据可能由于缺乏以诚实、严谨的方式回答问题的动机而带有倾向性。其次，基于单一时间段的数据不能用来测量社会资本在给定国家的变化。20 世纪 80 年代，除了关于习惯和态度的调查，很少有研究涵盖了较长的时间范围。这个约束是很重要的，因为积累和社会资本的侵蚀需要几年的过程。最后，建立一般的范围内调查的意愿最后忽视社会资本（Onyx & Bullen，2007）的情境性。事实上，个人或团体之间的关系和合作的类型可以根据自己的社会和文化背景采取不同的形式。由于其社会资本有多维的特点，在一个精确的环境中测量，如犯罪、在校表现、移民的聚集、寻找就业等，会更加符合逻辑。了解社会资本数据使用的主要限制，我们能够更加合理地计算社会资本存量的指标吗？如果我们能够解决上面提到的各种问题，我们应该如何结合各个方面的记录？据统计，以接近潜在变量为例，我们要计算出一个分数，其"项目"都应该捕捉到的各个方面。所获得的测量的有效性依赖于这些项目之间以及每个项目于总得分之间的足够强的相关性。然而，这不能证实这一系列项目清单。事实上，这个名单必须遵循一个统一的模型，并避免使用太多类似的变量过于重视某些维度。替代指标的使用，说明我们可以用多种变量得到相同的结果，使我们相信这些指标的统计稳定性。

现在流行的社会资本测度方法主要是个人网络分析方法,包括提名法和位置生成法。提名法是在某一社会中对群体和群体成员进行普查,通过调查者提供网络成员的信息等来考察社会资本。位置生成法是根据调查者在网络中的位置,分析其社会资本情况。但这些方法在资料的收集上存在很大的不确定性。

四、社会资本的影响因素

这些社会资本的主要理论家如 Coleman(1988,1990)和 Putnam(1993,1995),很少把问题放在社会资本最初是如何形成的。Putnam(1995)开发出一个有趣的理论,根据这个理论,个体聚集成志愿者协会将通过反复的行动学习相互信任,通过溢出效应导致了普遍的信任。但是他从来没有提到过那些个体自发聚集成协会的原因。在这方面的研究中,其中一个常见的原因出自理性选择理论,该理论指出,对私人利益的竞争将推动自主的个体联合起来成为群体,以解决公共问题,否则无法解决。在这里,个人被视为一个有战略性思维的人,他的终极目标是克服个人利益,社会资本是实现这一目标的方式。

Scott 的道德经济学思想这个理论假设,察觉自己传统价值观被现代化威胁的个体会聚集在一起,捍卫他们的价值观。不过这些个体也不是在不断地被这种"利己"的逻辑所侵蚀。这就是为什么还存在至少两种社会资本形成的解释的原因。第一个原因是存在因有共同的价值观和促进外部公共发展的目标的合作,这个原因解释了为什么会有那么多非营利组织。第二个原因是心理属性,即使一个人能够从现在起极大地从他人中"释放自己",他依然需要他们来建立一种归属感关系,实现社会平衡。如果我们不是因为以上几种原因而创造社会资本,那么我们是因为一个简单的原因而创造一些社会资本,即个体和社会之间不存在敌对性而是互相依赖的。

同样重要的是,集体行动的类型和参与力度的选择也受到了创造社会资本过去的努力(Hyden,2001)的历史决定的。无论这种努力成功与否,他们都对后续阶段的战略选择产生了一定的影响。同样,如果商誉的行为产生,我们可以从中获取一些东西。如果什么都没有,可能会丢失信心,因此很难重建。主要是因为,关系的良性循环会产生社会均衡,伴随高层次的合作、互信、互惠、公民参与和共同福祉,这种均衡下,每一个元素都会强化其他元素。相反,每个人对他人的期望都有偏差,我们可能会卷进背叛、混乱、不信任、孤立、剥削、停滞的恶性循环。从中我们可以看出，建立规范及加强他们的尊重以确保社会资本发展的重要性。因此，我们可以考虑把规范作为社会资本的真正框架。

五、社会资本的作用和风险

社会资本的第一个作用是能为社交参与者提供及时、广泛、高质量的相关信息。Coleman（1988）用一个社会学家每天通过与同事的日常交流赶上相关领域最新的研究成果的实例说明了这样做的好处。在某些情况下，特定小组的信息便利会为更广泛的聚合提供积极的正外部性。Burt（1997a）的研究成果显示了社会资本如何通过经纪活动把信息从一个社会参与者传达给另外一个，而这种经纪活动依赖于信息的相互流出到一定程度，整个社交网络都将受益于信息的传播。在服装行业的研究中，Uzzi（1997）发现企业之间的细粒度信息传输利于他们都能够更好地预测未来的需求，并预测客户的喜好。Lam（2009）认为，跨国公司内的独立单位之间的社会资本有利于信息的传递，Hansen（1999）表明，弱关系有助于产品开发团队对新的信息的高性价比搜索，而强关系能促进复杂信息和隐性知识的高性价比转化，若其他条件不变，这对整个公司具有相当大的正面效益。Boxman（1991）和 Burt 等（1997）多个社会学家对社交网络的调查显示，社交网络关系能够帮助参与者获取工作和创新等方面的消息。社会资本提供的信息便利性不仅体现在个人层面，在组织之间也很重要。Kim 和 Rhee（2010）的调查结果还显示，跨组织的社交网络能帮助企业获取新的技能和知识。

影响、控制和权力构成社会资本的第二种作用。在 Coleman "参议院俱乐部"的例子中，一些参议员比其他参议员更有影响力，是因为他们已经具备了一系列从其他参议员那里获得的信用，他们可以用这些信用获得立法通过。Burt（1992）重点研究了那些企业家把毫无联系的群体桥接在一起从而产生的权力优势，因为他们了解桥接关系为谁提供了便利，谈判对支持这些便利的条款，因而成为有权力的成员。在相关的研究中，Burt（1997）认为，管理者跨越的"结构洞"更强大，因为他们可以控制连接其他团体的项目。

社会资本的第三个作用是团结。强烈的社会规范和信仰，与社交网络的封闭高度相关，鼓励符合当地的法规和习俗，并减少了正式控制的需要。家族型企业具有很强的共同规范，受益于较低的监督成本和更高的承诺。Nelson's（1989）关于组织内部关系的研究也证实了这个说法，他表明，群体之间频繁的互动可以更快地解决争端，防止不满和积怨的积累。Krackhardt 和 Hanson（1993）指出，由于信任关系网络能滋生团结，它能传递更加敏感和丰富的信息。团结的重要形式也可以从弱关系中产生，或至少是桥接无联系的团体的弱关系。Granovetter（2005）认为，通常情况下，即使是亚群体之间的弱关系也会大大增加较大聚集体的集成程度。在更广泛的集合意义上，正外部性与集体成员的内部团结性相关，包括社会层面的公民参与和组织层面的组织公民行为。Putnam（1993）在他关于公民参与的正外部性的研究中阐明，协会组织在内部对其成员慢慢地灌输合作、团结和公德心的习惯，而这些习惯反过来会渗透进他们参与协会的过程中，甚者，还会发展成更高层次的普遍信任。

  在分析社会资本的同时，也出现了夸大益处的现象。Foley 和 Edwards（1997）、Durlauf（1999）指出，由于其含蓄的"好处"这一特点，社会资本反复受到攻击，导致任何意义上，高存货的或者促进它的生产必要。事实上，如果社会资本能够促进社会交换、公共物品生产等（Durlauf & Fafchamps，2004），它也有它的成本。因此，社会资本不是福祉的混合物，会产生一些后果，如宗教、民族、社会出身等方面的排外性；创造或加强团体之间的敌意及其引发暴力的风险；错失投资机会和产生不平等；道德风险；限制个人自由等后果：即除了遵守规范，个体究竟有没有其他的选择；对某些罪行惩罚的非执行，如囚徒困境：如果你不坦白，这对他们好但对社会不利。从经济发展观点的角度来看，利益集团的勾结共谋会导致危险的非生产性企业年金的活动。同样，Taylor（2000）和 Fafchamps（2004）网络或俱乐部的创建可以经济惩罚非会员，因为一旦会员发现在会员之间处理事情更加简单，他们将会停止与非会员的联系。社会资本及许多传统社会规范一起，也代表对企业家积累和成功的一种严重的阻碍，如通过对他们征税补贴救济那些失败的，这样不利于鼓励个体工作。另外，在发达国家，社会网络会延续"贫穷"文化，即弱势群体只在彼此之间互动。穷人之间的这种社交网络通常更擅长提供有关如何获得社会救助不是如何获得就业机会的信息。这些网络业往往会造成负面压力，而不是正面榜样，即养成依赖公民援助的文化。Bertrand 等（2003）提供了实证来支持这一假设，证明美国睦邻的网络中使用的词汇和对群体之间福利的依赖的布局之间高度相关。同样，归属于社团通常会强化对社会因循守旧的附着力，侵犯个人自由，造成遭受"平庸"的压力。许多自由不拘束的个人认为社区生活的这些方面是难以忍受的。从这个角度看，这些传统的规范和习俗会影响经济的发展。在创业理论中，"产出突变"的概念指出了创业如何推动市场经济的出现。根据这一概念，产业突变主要指从私人资本主义传统行为指导下到理性资本主义的过渡，理性资本主义"打破了惯例的地壳"，促进了市场客观力量的繁荣。最后，某些社会和族裔群体可能会陷入一种敌视个人和集体发展的不良平衡。一旦建立，行为榜样和集体成员的影响会支撑这种不良平衡。个人理性是不良平衡的一部分，个体同意社会规范是最佳选择，因为偏离会导致社会谩骂和惩罚，从而减少个人福祉。然而，集体会处于一种更糟糕的情景，如破坏和风险，因为它会产生对社会而言不是最佳的行为。从公共利益准则来看，无视社会资本的负面影响，不加区分地去庆祝集体的美德及其价值观念是危险的（Portes & Landolt，2000）。Putnam（1995）指出，没有必要等待研究结果才鼓励公共政策促进社会资本。他建议但没有证明，一定数量的因果关系或者圆度循环如果被证明是假的，就会有非常大的潜在的破坏性。他举例说明，移去高社会资本的区域，与戒烟一样有益。此外，Putman 的观点没有提出有关社会资本的不平等渠道和不平等价值的问题。不同个体之间获取社会资本的渠道显然不同，这取决于具体的社会环境、财政资源、教育水平。因此，如果研究结果证实了 Putnam 的逻辑，公共政策促进社会资本的效应对个人远远不是统一的，可能会滋生不平等。

最后，我们还应该警惕的一个"奇迹"的概念，这个概念会使我们从非经济发展和社会动荡的真正原因上转移走；尤其是这一概念已经被政府和国际机构采用。对于后者，社会资本已经成为一种无法改变的教条。保持其观点和"错误"，及扩大其在经济领域的干预能力。

在认识到社会资源的有利作用以后，学者们也越来越客观地认识到，社会资本也有一定的风险性。有时候社会资本会利大于弊，有时候社会资本对一个成员的好处会给其他成员带来风险。社会资本的风险既可以是对个人的，也可以是对组织而言的。

首先，社会资本投资需要大量在建立和维护关系方面的投资，和物质投资一样，不是无成本可逆或者可兑换的，因此，投资不平衡和过度投资都会使潜在的生产性资产成为一种约束和负债（Gabbay, Leenders, Gargiulo 等，2001）。Paul

(2000)将这归结为社会资本的信息风险。Hansen（1999）的关于社会资本信息便利的研究表明，和其他单位有强关系纽带的比有弱关系纽带的项目组通常需要更长的时间完成任务，即使他们有信息便利性，但这种强关系纽带需要更高的代价去维护。

其次，在一个复杂的组织环境中，社会资本可能只对某一个特定的成员有益，而对该成员所在的集体则有不利的后果，因此在谈到社会资本的影响时，必须考虑到多层次的因素。Coleman（1988）的研究表明，学生关系网的封闭性对广泛的社区非常不利，因为它会削弱家长的控制，增加辍学率。

最后，一系列特定的直接利益和风险对某一成员会有不同的终极价值，这取决于多项因素的干扰。而社会资本提供的团结性利益有时也会对成员起反作用，太强的团结性会导致成员过分嵌入团体中，这种过分嵌入会阻碍新思想的流入，导致本位主义和惯性（Andrerrs，2011）。Powell和Smith–Doerr（1999）指出，结合关系也有可能变成盲目的关系。在谈到德国工业现状的时候也有相似的结论，他观察到德国的企业间信任非常广泛，公司与其供应商之间忠诚度过高，阻碍了他们寻找和采用新思想的速度，严重不利于创新。与此类似，Portes（1998）认识到，在联系紧密的社区内可能会产生搭便车的行为，阻碍创新。社会规范大力要求资源在社会成员中共享，这可能反过来降低了创业活动的积极性，进而减缓资本积累。另外，团结关系也有可能导致派系林立和寻租特殊利益集团的聚合。Portes（1998）指出，通过汇集不满意者，在民间社团的协会活动可能加深社会分裂。网络联系人共享（在不同程度上）的义务，互相帮助，特别是帮助同一个网络成员与其他关系网络成员竞争。这样的竞争对更大集体会有激励的效果，如刺激努力创业等，但它也带有强化统治、浪费精力的机会成本和错失合作机会的风险。

因此，有学者研究了决定社会资本积极性和消极性影响相对重要性的决定性条件。Woolcock's（1998）为研究社会资本这一风险绘制了一个二维矩阵，分别表示联系的内外和高低，用以说明不同组合下社会资本对集体成员或者集体的利益和风险，从结构分析提供了一个框架。但是，仅从结构上分析并不能完全解释和预测社会资本风险和收益的平衡，还必须考虑到社会资本的效用和社会关系的内容。除此之外，特定社会资本的最终价值还取决于更多的环境因素，特定成员的任务和象征性需求，以及互不资源的可得性。一般来讲，集体层面的与高度紧密型社会资本相关的排外和狭隘的风险，可以通过阶级制度和市场得到缓解或者加剧。

六、社会资本的实证研究及测量

（一）实证研究

这个领域的实证研究可以划分为两大类。第一类重点是社会交往发生的地方，如团体——俱乐部和其他志愿团体，以及网络。对团体的研究准系统化地采用了团体参与度及其他特点，如信任、规范、互惠等，作为社会资本的近似测量，致力于评估其对福利变量的影响，如收入或支出。对网络的研究主要是测量个人和团体之间关系的范围和强度。这些调查通常是基于公司的，研究利润、信息传播、成本调查彼此之间的联系。第二类研究社会资本发生作用的机制。研究的重点是交易成本，信任、规范和规则的形成，群体参与度的决定因素。

（1）社会资本的效应对团体和网络的研究的普遍结论是社会资本对经济效益有重要影响。Helliwell 和 Putnam（1995）、Narayan 和 Pritchett（1999）、Grootaert（1999）、Grootaert 等（1999）、Maluccio 等（2000）、Haddad 和 Maluccio（2003）等多位学者在家庭层面的研究中发现了参与度与经济福利之间有一种积极的关系。例如，Grootaert（1999）发现家庭福利与生产或社会协会之间存在一种积极的关系，而宗教与国家或者政府组织之间则存在消极的关系。在多个国家层面上，这种积极的关系很难找到（Knack & Keefer，1997；Knack，2003），甚至有的研究结果观察到的是一种消极的关系（Bjornskov，2006）。相比之下，一些用其他测量标准如信任和规范来测量社会资本的研究，揭示出无论是在家庭层面还是多国层面，社会资本与国家治理、经济福利和经济增长之间存在积极的关系（Knack & Keefer，1997；La Porta 等，1997；Whiteley，2000；Beugelsdijk 等，2004）。根据已有对社会资本维度的研究结果得出的这些差异，与 Putnam（1993）的概念的观点相冲突，即信任、规范和网络是一个功能概念的不同方面；通过这种方式可以发现，他认为一般性互惠观点来自广泛的组合。

（2）社会资本的决定因素谈到关于团体和信任的形成机制，关于 Putnam 模式有效性的争论越来越明显，因为研究成果存在分歧（La Porta 等，1997；

Durlauf, 2002a; Price, 2002)。一系列实证研究通过揭示志愿者组织的一个活动与普遍信任的概念弱相关,直接威胁 Putnam (1993) 的研究机制。在这些研究中,不同于 Putnam (1993) 的解释,联合活动会促进会员之间建立信任,而不会扩展到非会员 (Claibourn & Martin, 2000; Stolle, 2008, 2001; Uslaner, 2002)。Haddad 和 Maluccio (2003) 的研究表明,协会的一部分比外部人员能聚集更多的信任,但不会对它的邻居的信任产生影响。在宏观经济层面的研究,Knack 和 Keefer (1997) 认为,如果教育和经济水平被控制,联合活动会独立于信任和公民标准。同样,Paxton (1999) 表明美国的信任和协会的时间序列并不是正相关的关系。La Porta 等 (1997) 的研究通过证明信任促进个体之间的合作,尤其是大型组织的个体,这种合作会增强集体行动的社会效益,支持了 Putnam (1993) 的论点。通常情况下,对信任的决定因素的研究,同意收入不平等、社会同质性、年龄和缺乏流动性的重要性 (Glaeser 等, 2000b)。另外,已有研究很少解释的是信任是否是"道德的",对经历不敏感的,或者它是否是来自互相监督的环境。Yamagishi (1988) 及 Yamagishi 等 (1998) 的研究结果表明,当控制和制裁的可能性不复存在,信任是薄弱的。事实上,当人们决定如何做时,他们考虑到自己行为的社会、经济和法律后果。这些后果取决于其个人作出选择的环境。例如,在日本,制度环境即社会和文化规则,提供了互相监督的系统,能够提高行为的信任水平。为了证实他的假设,Yamagishi (1988) 对四个小组进行了实验。他给了每个小组一些钱,每个小组必须决定哪一部分留作公用,哪些是双倍的,哪些要散发给其他三个组。有两种惩罚的可能:没有惩罚或者给出最少的小组支付双倍的总贡献。结果证明,在第二种情况下,小组给出更多,因为他们有信心别的小组也会这么做。这个原理对公司而言同样有效 (Johnson 等, 1998),如果他们缺乏加强公正的能力或尊重合约的信心,他们倾向于与他们真正信任的公司合作。考虑到参与度决定因素的研究,信任的水平通常被提出来 (Narayan & Pritchett, 1999; Haddad & Maluccio, 2003)),以及收入的不平等,这会降低对开放团体的参与度而增加对封闭团体的参与度;家庭较低的流动性 (Morales, 2000) 等。

其他的研究使用了更加具体的社会资本指标,Harpham (1994) 关于社会支持的部分综述,他更倾向于用社会进化的各方面的指标,如生活水平的提高,通过减小家庭规模的城市化,单亲家庭的增加,城乡人口迁移,女性劳动力的增长，不充分就业或失业等。

Burt（1997b）发现，受社交网络关系内容（尤其是朋友和工作的关系）的不同，社交网络关系对职业经理人的晋升率有不同效果的影响。

因此，我们应该批判性地对待这一问题。在目前的文献中对社会资本的主导模式主要是基于 Coleman（1988）的定义和 Putnam（1995）的工作。Portes（1998）认为，有关 Coleman（1988）的定义存在很大的模糊性，这种模糊性解释了为什么我们在后来的文献中发现从这个定义中衍生了大量的不同的对象或过程，甚至是矛盾的。从一开始，社会资本的定义就存在问题，其定义不够明确，仅在它构思的框架内有效。这第一个难题，即提出一个既精确又"两厢情愿"（consensual）的定义，显然与社会资本的本质有关，因为它呈现出多种多样的形式、原因和结果。对许多学者而言，社会资本这一术语的使用已经成为他们理论中一系列不能划为其他资本的有用的东西的全面解释（catch - all）。Bebbington（1999）指出，社会资本属于在发展中难以界定的惊人的一长串术语。Narayan 和 Pritchett（1999）认为，社会资本不是所有人的所有东西，而是许多人的许多东西。为了应对这一点，Harriss and Renzio（1997）好奇，是不是社会资本意味着很多东西反映了这是一种像所有会议议程的方便挂钩的思想的事实。无论是什么，这种缺乏一个准确和明确的定义导致了阅读文献的困难，严重妨碍了各种概念和实证研究的融合。尽管这一概念存在模糊性，但值得注意的是，这一组研究学者们（Loury, 1977; Inglehart, 1997; Woolcock, 1998; Dasgupta, 2000；等等）提出的社会资本的定义，存在比分歧更大的惊人的相似性。例如，所有的学者都同意社会互动是社会资本和思念的事实。同样，几乎所有的学者都承认，社会互动发生在个人层面，并且社会资本能够聚集外部性。例如，参与团体或网络，可以产生成本和收益，进而促进集体行为或者改善信息和信誉的传输。与此同时，这些互动也可能会对其他没有直接参与进来的人产生成本，可能包括家庭、社区、有时也可能是国家的其他成员。最后，许多学者同意，社会资本的形成机制与信息的传播、建立信任及标准合作的发展相联系，即使他们对这些机制的理解不完全相同。

因此我们可以区分出社会资本研究的两大主流。最初的代表人物有 Bourdieu（1980，1984）、Burt（1995）、Portes 和 Landolt（2000），认为信息、思想、援助等个体从关系中获得的资源。一个给定网络的结构，即谁和谁互动、频率、在哪些方面互动,对一个个体可得资源的流动有重要的影响。那些在关系网络中占据重要位置的人,被认为比别人有更多的社会资本,因为他们的地位给他们接近更多更好资源的优势。社会资本的第二种研究方法指向大量非正式网络和正式的公民组织的性质和规模。社会资本不再存在于其提供的资源中,而是存在于关系中以及他们如何表达自己。这种观点学派的核心作者是 Loury(1977)、Coleman(1988,1990)和 Putnam(1993,1995),其次是 Gittell 和 Vidal(2000)等。社会资本可以描述社区中成员多种多样的互动方式。通过这种方式,一系列与社区有关的社会问题,如健康、贫穷、犯罪、失业等,与社会资本的社区养老相联系。为了解决完全或部分由社会资本引起的各种问题,这种方法应该引导市民和政治领袖寻找新的方法来构建社会资本。Putnam(1995)和 Bourdieu(1980)在如何创造社会资本的问题上一致认为,这需要投资。而 Coleman(1988,1990)的支持者则认为这是不可能的,因为社会资本的创造不是有意为之,而是取决于其他活动,其观点与社会网络促进社会资本的出现的观点也相反。Coleman(1988)认为,密集的关系网络会促使成员之间分享信息,成员的行为被接受,制裁非合作行为。密集网络的问题在于,如果信息是共享的,而如果我们属于多个网络的弱连接,我们将无疑具有更多的信息(Burt,1995)。对于社会资本究竟是属于个人还是团体这一问题,Coleman(1988)和 Putnam(1995)认为,社会资本属于那些能够产生相似行为的团体。Bourdieu(1980)、Burt(2000)、Glaeser 等(2000a)则认为,社会资本附着在使个体之间产生差异的个人身上(Social capital is attached to which produces differences between individuals)。这两种思想不应该相互对立而应该相互补充。

(二)社会资本的测量

对社会资本的所有实证研究的结果,很大程度上取决于所采用的数据。直到现在,大多数社会资本的研究学者都依赖于如世界价值调查或某些社会调查的测量数据作为来源的习惯和态度。前期研究结果的多样性向我们证明了为了有效地进行对比,在一个统一的框架内操作的重要性。Paul Collier(1998)试图通过整理现有的经济学文献,明确在社会资本的运作方式,他开发了实证模型框架,在这个框架内他区分了实证的形式为可逆的、层级的、单向的,以及区分社会交往的地方,即俱乐部或者网络,还建立了聚集资源流和创造了个体之间联系的机制。

Collier（1998）认为，将现有的数据链接到社会互动定位、机制、聚集的外部性是有可能的。如果 Collier（1998）的实证框架强调必须把社会资本和它的行为的各种模型分开来，但它是不能反映协会的模型的任何东西，也不能区分社团内外部的联系（Woolcock，1998）。协会的模型，是为什么个体之间保持联系的直接结果，是至关重要的，因为它们帮助理解它们之间团体的结合。Cattell（2001）提出了六种团体或者网络的类型：①传统的：与社会等级、文化等相联系的协会；②同质性的：相似个体的协会；③多元化的；④紧密型的；⑤转移：一个人向不是其进化的团体的转移；⑥排外的：在一定时期的人，如失业人群等，面临的社会网络。同样，我们注意到 Putnam（1995）关于紧密型社会资本和桥接型社会资本的概念，对社团内外部联系的区分对于理解从社会资本转化为社会凝聚力的机制及是否会创造社会资本如小组之间的暴力和不信任等负的外部性，非常必要。

在全球化层面上，OECD（2001）开发出了一个模型，用来描述社会资本与市场内外部各种各样力量的角色关系。在这个模型中，社会资本是基于三个支柱：①网络：谁加入谁；②规范：指导行为的正式和非正式的规则；③制裁的过程，确保规则得到遵守。这些网络、规范和制裁是在同一时间的关系和背景环境中的，并且很大程度上取决于其他成分的相互作用，尤其是人力资本和政治环境，体制和法律处置。然而，对微观到宏观的过渡社会资本运作的方式的解释是不足的。

最后，很显然，它缺乏一个能够表达社会资本的连贯的概念框架，这部分是由在实证研究中发现的许多矛盾反映的各个方面。对于一些学者（Dasgupta，2003；Durlauf，2002b），这些失败说明了一个"软"概念的不足之处，然而另外一些人（Woolcock，1998；Grootaert & van Bastelaer，2001），我们必须简单地认为，研究结果能够回答如何统一各种维度的问题。因此，根据 Putnam（1993，1995）的建议，永远得不到一个统一的社会资本的理论风险，我们致力于把可能微弱地联系着他们社会关系的不同方面整合在一起，或者根据环境至少用一种完全不同的方式。

第二章 社会网络对我国创业型经济的影响效应与机理

第二节 社会网络与创业型企业经营绩效的关系

民营企业普遍存在的规模小、创新能力低、核心技术少、融资困难等问题决定了其十分依赖外部环境（即社会网络）的特点。已有研究表明，社会网络对于民营企业资源获取、技术提升等方面具有显著的积极作用。因此，本研究将从人际关系、商业、机构和政府网络四个方面探究社会网络、创业资源与创业型经济之间的作用机制。在研究中，创新性地引入"网络中心度"的概念，描述企业在社会网络趋于中心的程度，表明企业在所处社会网络中的重要性，以此划分企业发展阶段。通过建立结构方程模型，研究发现不同类型社会网络对企业经营绩效存在不同影响效应，即一方面社会网络对企业的经营绩效有显著的正向影响，另一方面社会网络通过影响企业的资源获取对企业的经营绩效产生显著的正向影响。

一、社会网络影响创业型企业经营绩效的背景

经历了"超高速增长"阶段的中国经济，已经面临投资率高达50%的情况，以投资为主导的发展模式受到了社会质疑。从长远发展的角度看，中国必将经历一个依赖投资带动增长的发展模式向集约化和可持续性为核心的经济增长方式。而在中国经济转型的过程之中，创业型经济以其高效、灵活、可持续的特点成为支持中国经济发展的重要力量。创业型经济的发展是以新办"创业型公司"为重要途径，因此在中国我们可以通过民营企业来代表创业型企业。以民营企业为代表的创业型经济有着机制灵活、可以随时把握市场动向以及入门门槛低等优点，但同时存在着难以发展、融资困难、管理水平低下、人才易流失等明显的不足。根据江浩（2007）的研究，目前我国民营企业主要有企业规模小、创新能力低、品牌意识弱、核心技术少等特点。民营企业以上的特点决定了其在创立和成长过程中十分依赖外部环境即社会网络。同时，民营企业想要持续发展难免会遇到缺少人才资源、资金匮乏、外部环境多变以及政府关系的难处理等问题。

而朱秀梅等（2011）认为在转型经济时期，创业者倾向于用创业网络取代低

效的正式制度。因此研究中国民营企业该如何发展，特别是研究社会网络是怎样影响中国民企经营绩效是很有价值的。

Akçomak（2011）等在分析欧洲国家的社会资本和经济增长之间的关系时，认为社会关系可以表现为一种普遍信任从而促进经济增长。比如，投资者对被投资的关系是建立在信任基础之上的，他们控制风险的成本就会降低。Warren（2004）指出小企业的生存能力主要取决于其动态管理和开发网络关系的能力。而在中国这样一个"关系型"社会中，社会网络是影响创业型企业发展的一个重要因素。例如，陈钦约（2010）认为社会网络强度和企业的创业绩效正相关。与国有企业不同，民营企业在资源获取等方面往往更加依赖于社会网络，比如马光荣等（2011）指出在农村创业者往往要通过亲朋之间的借贷等非正规渠道来解决创业和后续发展的资金问题。在江浙一带繁荣的民间借贷行业也反映了民营企业在融资方面对社会网络的依赖。

目前，对社会网络和企业绩效研究存在以下局限：没有根据不同类型对社会网络和企业绩效关系进行研究；企业发展阶段主要是通过企业成长时间来进行划分，而企业成立时间不能很科学地反映企业的发展程度。因此，本研究将从人际、商业、机构和政府网络四个方面来研究民营企业如何通过社会网络提高企业绩效。另外，通过"网络中心度"这一概念，通过描述企业在社会网络趋于网络中心的程度，表示企业在所处社会网络的重要性，以此来划分企业发展阶段，从而更合理地反映社会网络和企业绩效之间的作用机制。

二、社会网络影响创业型企业经营绩效的理论演变和假设

（一）社会网络和经营绩效

陈钦约（2010）认为，社会网络一方面可以直接影响企业的创业绩效，另一方面可以通过影响企业家的创业能力来间接影响企业的创业绩效。另外，还有很多学者认为研究社会网络对企业创新能力的影响可以提升企业的创业绩效，刘元芳等（2006）通过对苏、浙、沪、闽四地105家创新企业的数据进行实证研究，结果显示企业在创新网络中心位置信息可获取性与其创新能力呈正相关关系。曹鹏等（2009）也认为，企业的网络能力对企业的创新绩效有正向影响。根据上述研究，我们提出以下假设：

H1：社会网络对创业企业的经营绩效有显著的正向影响。

（二）社会网络和创业资源

向外部环境寻求生产力，实现外部资源的整合被认为是企业发展的先天"瓶颈"，以及创业企业成功的关键活动（James 等，1996）。在开放的网络竞争环境中，企业的经营和创新活动严重地依赖于外部所提供的技术创新支持和资源互动，而企业通过与社会网络中的朋友或者相关的机构可以得到这些先进技术的丰富资源。Tsai 等（1998）研究了社会网络的社会交互作用、信任和可信赖度以及共同观点等变量，并通过结构建模分析认为，社会网络有助于实现网络部门间资源互动的行为，促进创业企业的产品和技术创新。在中国，社会网络特别是政府关系网络对企业的资源获取有着正向的影响。根据边燕杰等（2000）调查，企业家的政府工作背景为其积累了丰富的社会资本，其政府工作的经历越久、行政级别越高，其社会资本的价值就越高。例如，企业法人代表的行政级别每提高一级，社会资本量就增加9%。姚先国等（2008）提出集群环境下，企业能获得的网络资源包含了隐性知识、网络渠道、信任、品牌等维度的社会资本。基于以上分析，我们提出以下假设：

H2：社会网络对创业企业的创业资源获取具有显著的正向影响。

（三）创业资源和经营绩效

创业资源可划分为资产型与知识型资源两大类，资产型资源主要指投入的有形资源，而知识型资源则指企业对有形资源进行整合和转化的资源（Wiklund & Shepherd，2003）。一方面资产资源可以为企业的经营提供资金和其他资产，另一方面知识资源则可以帮助企业获得新的知识技能和更多的创业机会。依据资源理论的视角，创业企业被视为创业资源的寻求者，有效整合资产、能力、组织过程、企业的性质、信息、知识等，将极大地提升创业企业的创业绩效，帮助创业企业制定和实施具体战略，成为企业持久竞争优势的源泉和基础（陈钦约，2011），企业家通过社会网络获得创业所必需的物资、信息和财务上的资源，此外还有助于企业在发展过程中不断地调整方向，有助于商业模式的形成（Butler & Hansen，1991）。基于以上分析，我们提出以下假设：

H3：创业企业的创业资源对企业的经营绩效具有显著的正向影响。

（四）社会网络、创业资源和环境不确定性

Johannisson（2000）认为，企业家社会网络的本质就是提供创业阶段所需的有价值的商业信息和处理经这个环境中的各种风险和不确定性，使企业的创业活

动稳步开展。Miller 和 Friesen（1983）通过对 48 个成功企业与 40 个未成功企业的实证研究，发现环境的不确定性与企业的创新行为、开创行为有着强正相关性。另外，朱秀梅（2007）指出环境的动态性会对集群中网络成员增减产生影响，使网络规模扩大或减少。因此，社会网络的动态性会导致创业机会的增加从而影响企业的资源获取情况，同时社会网络的动态性会使企业更加依赖于外部环境，因此企业的社会网络密度强度等度量指标也会增加。基于以上分析，我们提出以下假设：

H4：环境不确定性对创业企业的社会网络具有显著的正向影响。

H5：环境不确定性对创业企业的创业资源具有显著的正向影响。

三、社会网络与企业经营绩效的问卷设计与指标度量

本研究以民营企业来代表创业经济，通过对民营企业员工发放问卷获取数据。本次研究主要通过电子邮件发放问卷和网络问卷的形式进行，共发放问卷317 份，回收问卷 231 份，其中有效问卷 216 份，参与调查人员都是在民营企业工作，其中中高层领导有 165 人。

我们将设计问卷来考察企业的经营情况、社会网络指标、资源获取情况和环境的不确定性。量表采用 Likert 五点计分法进行计分，其分值代表着企业具体行为与问题项所述内容的符合程度，1 代表很不符合，5 代表很符合。具体考察社会网络、创业资源、环境不确定性和经营绩效四个部分共 51 个题项。

（一）社会网络

网络的社会特征主要包括人际、商业和机构网络三个方面（Nguyen，Claire & Bryant，2003）。人际关系主要是以血缘或感情为纽带，包括与朋友亲人之间的联系。商业关系是指企业与其商业经营活动相关主题之间的联系，比如企业与他们的供应商、客户和竞争者之间的关系。机构关系是指新企业与第三方机构之间的关系，如产业的协会、银行、会计师事务所等。但是考虑到政府在国内社会关系中的重要作用，参照朱秀梅、李明芳（2011）的研究，我们将其从机构网络中独立出来，来单独分析政府关系网络对创业型企业的影响。另外，本节将通过网络强度、网络规模、网络多样性和网络中心度四个结构特征指标来考核以上四个社会子网络。其中网络强度通过企业与社会网络个体之间的联系的时长和频率来衡量；网络规模通过与企业有联系个体的数量来衡量；网络多样性通过与企业有联

系个体的种类来衡量；网络中心度通过企业在所处社会网络中的影响力来衡量，用来表示企业的发展情况。

目前，有限的实证研究表明虽然网络可能会促进创业企业绩效，但并不是所有的关系都起到同样的作用（Peng & Luo, 2000），因此本研究将分别分析人际、商业、机构和政府关系网络对创业型企业经营绩效的影响。

（二）创业资源

创业资源是企业在创业的全过程中先后投入和利用的各种有形和无形资源的总和，是新企业创建和成长的基础。资产资源主要包括金融、物质、人力、技术和市场资源。知识资源主要包括技术诀窍、知识产权、品牌等无形资产；行业、市场、产品和技术等商业知识；引导企业行为的各种正式和非正式的规章、制度、流程和方针政策，执行复杂任务的企业战略和价值观，技术、产品、生产运作、市场营销、顾客服务和经营管理等方面的知识和技能的组织知识（朱秀梅和李明芳，2011）。

（三）环境不确定性

本研究将环境的不确定性引入，原因在于社会网络对企业经营绩效受企业面临的环境类型的影响。参考其他学者的研究，本节将通过环境的敌对性和动态性两个维度来研究环境不确定性，并设计相关问题来衡量环境的敌对性和动态性。

（四）经营绩效

考虑到在调查中难以获得企业真实的经营指标，本节参考卫维平（2008）的研究方法，通过相对绩效来考核企业的经营情况。即通过考察企业相对于行业中的竞争对手对销售增长率、市场占有率、净利润率、销售利润率、经营过程中的现金流量和投资报酬率六个经营指标的满意度来衡量企业的经营绩效。

四、社会网络影响创业型企业经营绩效的假设检验和结果

Boomsma（1982）发现不论模型是否有恰当解的百分率、参数估计的精确性，还是统计量的分布，研究结果都显示 N 越大越好，他建议 N 最少大于 100，最好大于 200。本研究的样本数为 216，符合数据分析的要求，故可以采用结构方程模型进行数据分析。

（一）信度和效度检验

本节通过 SPSS 19.0 软件对回收的问卷数据进行信度和效度分析，选取适用

于态度、意见式问卷（量表）的信度分析系数 Cronbach's α 检验测量项目的信度；采用测量项目的总相关系数 CITC（Corrected–Item Total Correlation）净化和删除"垃圾测量项目"。其中人际网络、商业网络、机构网络、政府关系网络、资源获取能力、环境不确定性和经营绩效的 Cronbach's α 值分别为 0.813，0.797，0.811，0.814，0.825，0.821，0.810，各变量都在 0.70 以上，故其内部一致性在可接受水准。根据本研究实际情况删除了 CITC<0.4 的题项，共删除 13 个题项。

本研究各量表的结构效度也都比较好，其 KMO 样本测度值都大于 0.7，同时 Bartlett 检验都小于 0.0001，表明样本有效。效度分析结果见表 2-3。

表 2-3 KMO 和 Bartlett 检验

取样足够度的 Kaiser–Meyer–Olkin 度量	0.727
Bartlett 的球形度检验	2984.462
df	561
Sig.	0

同时，通过计算各因子的载荷可以看出，社会网络量表、资源获取量表、企业绩效以及环境的不确定性量表因子分析结果识别与问卷变量分类基本一致，说明本研究的所有量表在理论逻辑上都具有较强的合理性。

（二）结构方程模型设定

1. 结构方程模型路径图

由于样本信度和效度均已经达到了理想标准。本研究将根据结构方程模型路径图的图标规则，将分别通过人际、商业、机构和政府四种网络来建构结构方程模型，来研究在不同的社会网络中，社会网络对创业型企业经营绩效的影响。

结构方程模型及其参数见图 2-1。

2. 模型估计

当模型设定和建立完成后，本节使用 AMOS 17.0 软件根据观测变量的综合得分对模型中的参数进行估计。本研究的结构方程模型是建立在样本的方差和协方差矩阵分析上的,在使用 AMOS 17.0 软件进行计算时,参数估计的方法选用了最大似然估计。最后对于四种社会网络结构方程运行的路径系数结果如图 2-2 所示。

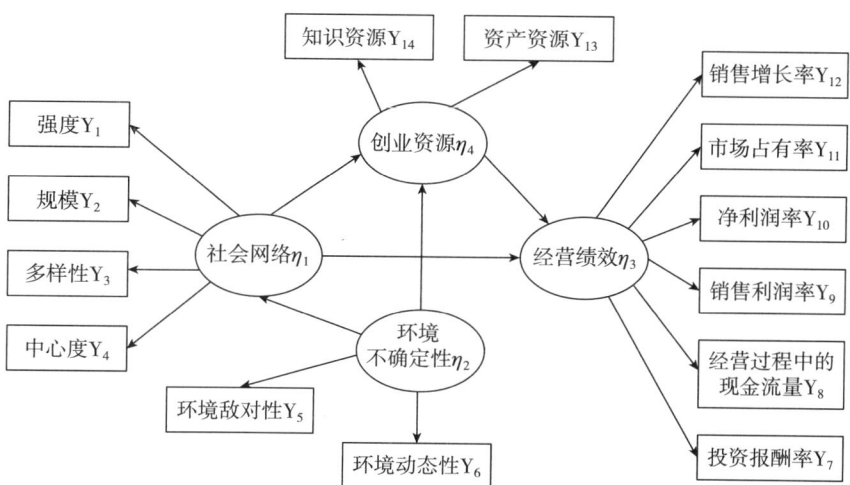

图 2-1 结构方程模型及其参数

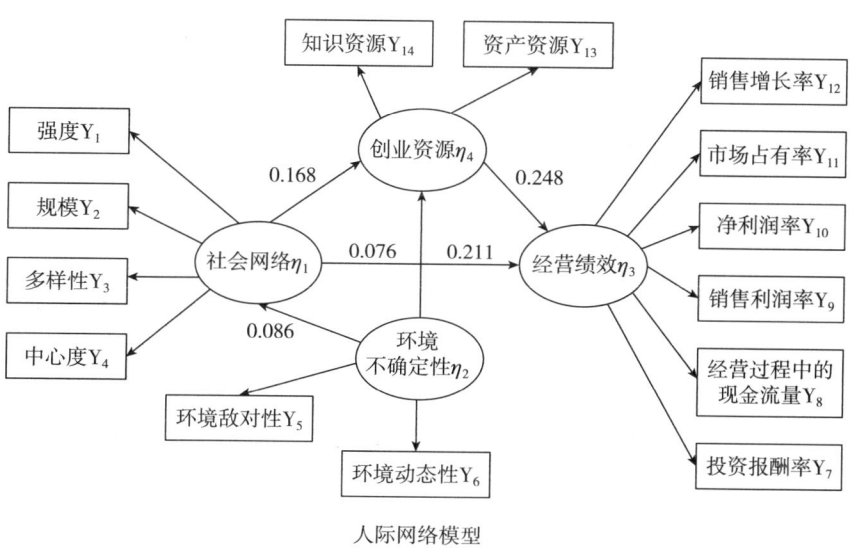

人际网络模型

图 2-2 商业网络结构方程检验

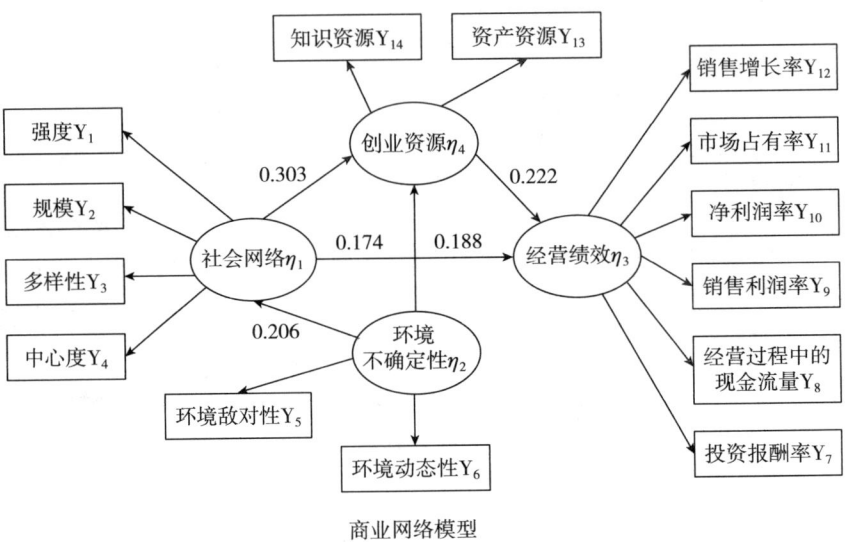

商业网络模型

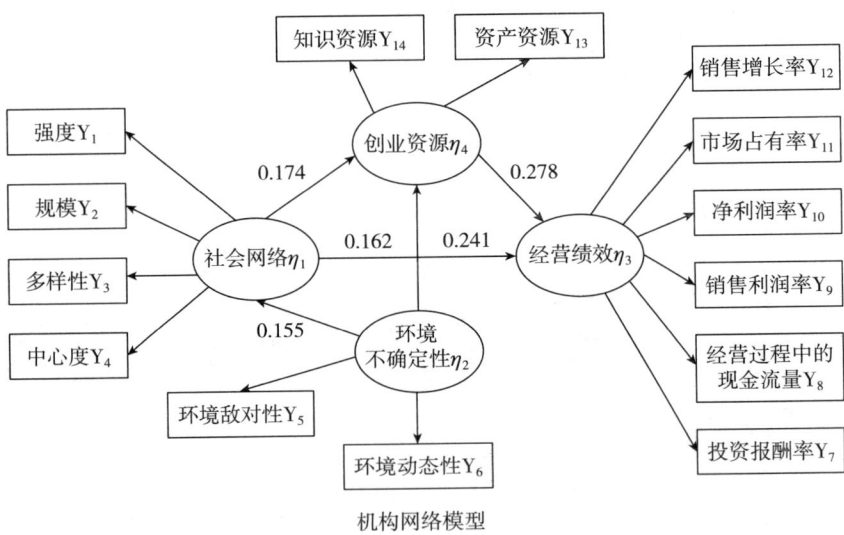

机构网络模型

图2-2 商业网络结构方程检验（续）

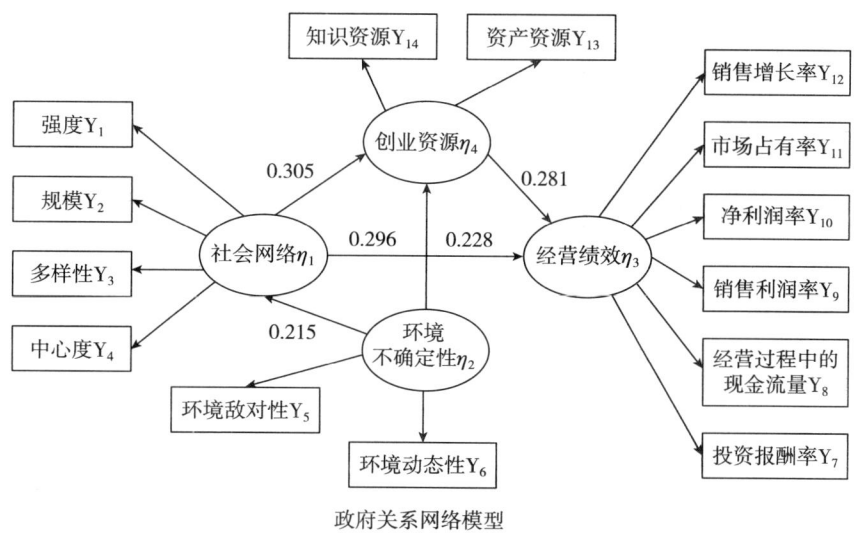

政府关系网络模型

图2-2 商业网络结构方程检验（续）

3. 模型评价

基本的适配标准是用来检测模式的误差、辨认问题或输入是否有误等，根据本研究具体情况，这可从衡量指标的标准误差不能有负值及因素负荷量不能低于0.5或高于0.95，并且基本都达到显著水平（P=0.000）。通过计算各因素的负荷量可以认为本研究提出的理论模型总体上符合基本适配标准。

另外本研究选取相对卡方值 χ^2/df、RMSEA（Root Mean Square Error of Approximation，近似误差均方根）、比较拟合指数 CFI 这三个指标来衡量本模型的适配度。四个网络模型的整体配适度见表2-4。

表2-4 模型拟合结果

	χ^2/df	RESEA	CFI
参照值	≤3	≤0.08	≥0.90
人际网络拟合值	2.7463	0.063	0.903
商业网络拟合值	2.1349	0.047	0.938
机构网络拟合值	2.681	0.073	1.181
政府关系网络拟合值	2.304	0.072	0.989

由拟合结果可知，所有指标都符合拟合标准，因此从四个社会网络模型的综合结果来看，结构方程的运行结果可以反映实际中社会网络、环境不确定性、资源获取和企业经营绩效之间的关系。

4. 假设检验结果

在进行模型构建时，本文给出了对因子间关系的多项假设，将根据模型结果对假设进行验证。路径系数越大表示变量之间的相关性越强，由于在不同的社会网络中的路径系数难以达到统一标准，因此本研究通过 P<0.01 而且路径系数 >0.01 作为假设通过检验的标准。检验结果见表 2-5。

表 2-5 路径系数与假设检验

	变量间的关系	路径系数	相关系数	P 值	对应假设	检验结果
人际网络	环境不确定性—社会网络	0.086	0.341	0.007	H4	通过
	社会网络—经营绩效	0.076	0.257	0.022	H1	未通过
	社会网络—创业资源	0.168	0.497	0.00	H2	通过
	环境不确定性—创业资源	0.211	0.561	0.00	H5	通过
	经营绩效—创业资源	0.248	0.561	0.00	H3	通过
商业网络	环境不确定性—社会网络	0.206	0.645	0.00	H4	通过
	社会网络—经营绩效	0.174	0.456	0.00	H1	通过
	社会网络—创业资源	0.303	0.732	0.00	H2	通过
	环境不确定性—创业资源	0.188	0.534	0.00	H5	通过
	创业资源—经营绩效	0.222	0.53	0.00	H3	通过
机构网络	环境不确定性—社会网络	0.155	0.593	0.00	H4	通过
	社会网络—经营绩效	0.162	0.553	0.00	H1	通过
	社会网络—创业资源	0.174	0.507	0.00	H2	通过
	环境不确定性—创业资源	0.24	0.564	0.00	H5	通过
	创业资源—经营绩效	0.278	0.583	0.00	H3	通过
政府关系网络	环境不确定性—社会网络	0.215	0.653	0.00	H4	通过
	社会网络—经营绩效	0.296	0.751	0.00	H1	通过
	社会网络—创业资源	0.305	0.64	0.00	H2	通过
	环境不确定性—创业资源	0.228	0.569	0.00	H5	通过
	创业资源—经营绩效	0.281	0.582	0.00	H3	通过

因此，只有在人际网络理论模式检验中的 H1：社会网络对创业企业的经营绩效获取有显著正向影响，未能通过检验。在其余网络理论模型中的全部假设都已经通过了检验。

5. 结果分析

通过本研究可知在人际网络中，假设 H1：社会网络对创业企业的经营绩效有显著正向影响，并没有通过检验。因为本研究考察的人际网络主要是被调查者和亲戚朋友之间的强关系，根据相关文献的分析，我们认为创业企业，尤其在进入到发展中后期的企业更倾向于通过新的联系（比如天使投资或者风投以及商业伙伴之间的关系等方式）进行融资，进而来影响企业的经营绩效。同时，也反映了中国民营企业在企业发展中更倾向于通过商业网络、机构网络、政府关系网络等获取创业过程中所获得的资源。所以虽然在人际网络模型中的假设 H1 没能够通过检验，但我们仍然认为社会网络对创业网络的经营绩效具有显著的正向影响。

我们还可以发现在显著水平下，社会网络和资源获取之间以及资源获取和企业绩效之间的路径系数和相关系数也比较大，因此我们认为一方面社会网络直接对创业企业的经营绩效产生正向影响，另一方面社会网络通过促进创业资源获取来对企业的创业绩效产生的正向影响。

另外，在政府关系网络和商业网络模型中的各个路径系数和相关系数也明显比人际网络和机构网络中的路径系数要大，因此可以认为政府关系网络和商业网络对企业的经营绩效影响更明显。政府的相关优惠政策以及对企业产品的采购政策也会极大地影响企业的经营情况。而对商业网络来说，企业借贷是企业融资的重要手段，而企业对上下游资金的占用也是企业运营的策略之一，因此商业网络对企业的经营同样起着重要的作用。因此我们可以判断，创业企业应该尤其注重政府关系网络和商业网络关系的打理。

第三节　创业网络构建的案例研究：基于供应链视角

创业企业在我国正处于转型期的国民经济发展中的关键地位，研究创业企业的网络构建过程,将有利于我们更加深入客观地了解创业活动的本质。与以往研究不同,本节重点关注政策因素影响下,创业企业如何在区域市场中通过整合上、中、下游供应链网络中的关键要素以实现创业网络的构建,从而突破"新进入者缺陷"以及实现业务扩张和公司成长,依据嵌入式单案例研究思路,选取合适的案例企业为研究对象,通过对一二手资料的收集整理及分析,构建了创业企业在各层次各阶段的网络发展模式及路径。得出结论:受政策因素影响的创业企业在创立初期需集中资源以获取市场准入许可,否则将失去市场机会;发展期注重上、中、下游整体供应链业务模式的协同发展,网络构建将根据所处环境的不同特点逐步进行;调整期将根据企业现实情况实施比如"目标市场转移""纵向一体化"等调整和应对策略。

一、创业网络构建研究的兴起

随着"大众创业,万众创新"热潮的兴起以及国家对于创新创业活动的进一步推进,学术界对于创业活动的关注与日俱增。已有文献针对技术型创业企业的发展过程、影响因素以及市场前景的研究较为丰富,这是因为技术型创业企业具有一般创业企业发展规模小、发展速度快、创新特性明显的特点。但是,已有研究在强调共性的同时也容易犯经验主义错误,即忽略了在中国情境下的创业企业的多样性和差异性,在政策法规规范下,当市场环境具有一定进入壁垒时(烟花爆竹行业是典型的实行许可证制度),创业企业的网络构建行为及特点便具有了独特性,因此有必要对创业领域中存在的具有一定区域特点或行业异质性的创业行为进行深入分析。

国外学者对于创业企业的研究起步较早,而国内起步相对较晚,但是发展迅速,目前也已取得较为丰富的研究成果。具体而言,与已有国内外研究不同的是,本节聚焦于政策约束市场环境下创业企业的网络行为,试图解释在当前国家政策起主导作用的特定行业环境中,创业网络如何帮助新企业跨越"新进入者缺陷"以获得市场准入许可,同时聚焦于上、中、下游协同发展的供应链视角对具有行业特殊性的创业网络在各阶段的构建过程展开深入分析。

基于上述认识,本文提出并着重探讨如下重要问题:①政策性因素主导下的市场环境中,创业企业如何与潜在的伙伴之间构建网络关系;②创业企业如何通过上、中、下游的供应链协同关系构建创业网络以开拓市场和发展业务。具体而言，本节将利用单案例嵌入式的研究方法从单一联结的关系建立入手，着重分析创业企业在各阶段、各层次与各类潜在伙伴间的联系建立、关系互动、网络结构发展以及产品业务开拓等过程。

二、创业网络形成过程理论回顾

（一）创业网络的相关研究

创业网络是创业者的社会网络在创业活动中的嵌入，是创业者（或新创企业）所拥有的各种社会关系的总和，在不确定性环境下的创业活动中扮演着重要的角色。创业企业发展之初，创业网络能够有效弥补其资源和技术能力等方面的劣势，并在推动企业快速成长的过程中发挥重要作用。此外，从制度经济视角看，网络的核心作用是取代外部市场，转型经济的战略要素市场不发达，促使网络成为产品开发、资本融资、创业和管理技术诀窍等不发达外部市场的替代。因此，创业网络（即创业者的社会关系网络或创业企业的组织关系网络）会对创业者决定自己创业和开展创业活动产生极大的影响，而对创业网络的研究是当前转型经济背景下复杂市场环境影响创业活动机理的深入探讨，具有重要战略意义。

创业网络的定义最早可以追溯到 Mitchell（1969）。他将社会网络概念引入新企业创建的过程，提出了创业网络的概念，并且定义创业网络为创业者个体与外界的连接关系。而 Bruyat 和 Julien（2001）在总结前人研究的基础上，认为创业网络是一种融合了资源、关系、契约、结构、组织、战略，并包含网络中创业者或创业企业的观念、思想以及行动在内的多种元素的组合形式。除此之外，不少学者对于创业网络的特征进行研究：朱秀梅等（2011）从结构、关系和社会特征三个方面全面概括网络特征；左晶晶（2013）探究网络结构的规模、异质性、密度与联系强度对科技型大学生创业者创新绩效的影响。

在类型划分方面，首先从网络的内容和形式来看，多数研究认为创业网络可分为正式网络和非正式网络两类。Shieldsetal（2003）指出正式网络主要由供应链、客户联系以及其他企业关联组成，而非正式网络包含与家庭成员、朋友、企业联合、贸易联盟、商业理事会等的关系。其次，从网络关系的紧密程度来看，Hite 和 Hesterly（2001）将创业网络划分为基于身份识别的网络和基于经济计算的网络。前者是指创业企业利用创业者在家庭、社会等方面的先前关系与其他企业建立关系型嵌入，增强其身份的合法性；后者则随着新创企业进入初期成长阶段,基于经济利益建构网络联结,利用富含结构洞的网络结构强化网络的自我管理。最后,从网络主体来看,创业网络可分为个体网络和组织网络(Premaratne,2002)。个体网络是指创业企业与个人主体所建立的网络联系,组织网络则由企业间的战略联盟,创业企业与银行、中介机构、关联组织等之间的关系构成。

(二) 创业网络形成过程的相关研究

随着创业研究的不断深入,创业网络的形成过程逐渐引起学者们的关注,创业网络的形成过程可以被描述的研究主张逐渐得到学术界的重视。关于创业网络的形成,主流的观点认为这一过程始于新创企业对自身先前关系与其他企业声誉的搜寻,经过对企业间交互经济优势的识别以及关系测试与控制,止于企业间正式双边关系的建立。对于形成的衡量一般采用的维度有企业间分工规则与程序的建立、双方互惠标准的形成、双方价值分配方案的确立。

随着研究的深入,少数学者开始从创业网络的形成情境出发,探索源于何种情境,创业企业倾向于与其他企业建立什么样的关系,从而生成创业网络的问题。总体上来说,创业者社会资本是已有研究中可识别出的,但有待进一步挖掘的关键因素。在创业者方面,创业者的社会资本主要表现为其个人的网络关系;从社会资本理论来看,创业者个人网络关系是创业者在创建组织过程中投入的一种重要资本,这种社会资本的大小及其所能带来的价值创造潜力的多寡会影响到创业网络的有效性。Anderson 和 Jack(2002)指出社会资本是创业者个人网络的一种产出,同时也是创业网络发展的推动者,它通过链接网络中的成员企业使网络联结的合作与协调更为便捷。从社会网络理论来看,创业者个人网络本质上是创业者个人与其所处的社会关系网络中个体之间的关系集合,这种关系表现出的强弱联系程度的不同会导致创业者网络整体的紧密程度的差异。而这种差异会在一定程度上影响到新企业资源的可获得性、可接近性和不确定性,进一步影响新创企业建构创业网络的过程特征。

对于时间维度基础上创业网络形成的过程,已有研究主要从单条双边联结和整体创业网络两个视角展开研究。从单条双边联结来看,已有研究多关注联结强度属性的变化。如 Larson(1992)认为,随着时间的推移,创业网络中双边联结的关系强度会逐步提升。Schytgens 和 Stam(2003)利用 313 家新创企业样本研究发现,新创企业的上游联结会变得更为商业化、非个人化,而下游联结趋向于商业化与社会化的整合,即个人化与非个人化的整合。无论是隐性联结、嵌入式联结还是上下游联结，研究开始由联结强度转向联结内容，关注联结主体（显隐性特征、供应链位置特征）以及联结所承载的关系（嵌入与否）。

从整体创业网络来看，创业网络的形成过程一方面表现为网络特征的变化，另一方面表现为不同类型网络间的转化。从网络特征变化角度来看，研究侧重观察诸如网络规模、网络密度、网络强度等特征的变化。如 Hite（2003）指出，在创业网络发展过程中，网络强度和内聚力都会逐渐减弱。这与前述沿双边联结探讨的强度变化形成相反的研究结论，有待后续研究的进一步论证。从网络类型转化角度来看，已有研究首先对创业网络类型进行细化，进而将网络的细致类型与新创企业成长阶段进行匹配，以挖掘出创业网络演化的路径。从总体上来看，对整体网络形成的研究多侧重网络结构变量上的变化，以及网络类型的转化，尚缺乏对网络内容多层次且富有变化的追踪与挖掘。

创业网络的形成是一个复杂的过程，经济逻辑关注企业间相互的经济优势，着眼于以市场为中心的关系建构；而社会逻辑强调关系互动影响下信任与互惠的发展，突出创业者的情感因素。从公司网络理论来看，公司间关系应当是经济交换过程互动的结果，应沿着非人格化关系建立网络联结；然而实证观察却显示，创业者社会资本影响下的创业活动，往往以建立人格化的网络联结为路径，促使新企业以个人信任为载体，沿着个人关系互动的路径建构创业网络。同时，基于非技术企业的供应链视角，从上、中、下游分别对网络形成过程进行解析也是现有研究还未拓展到的盲区之一。

（三）文献评述

基于上述分析，当前对于创业网络的研究虽然取得了丰富的成果，但仍然存在如下三点不足：

（1）从研究思路来看，多数研究仍是结果导向型，即将创业网络作为解释变量探究其对组织绩效、创新能力以及商业模式发展等的影响，鲜有研究能够深入网络本身，建构一个网络对创业行为发挥作用的过程式分析框架，从而进一步打开创业网络形成的"黑箱"。

（2）从研究视角来看，已有研究对于创业企业所处的政策环境以及网络所处的供应链结构关注不够。从已收集的文献来看，学者们在借鉴西方主流管理理论的基础上，对于国内具有本土化特色的管理实践总结还不够深入，尤其当前我国正处于转型经济时期，各项政策规范逐步趋于完善，非技术型创业企业如何在政策背景下基于供应链的多层次分析视角，构建并发挥网络的优势是学术界和实业界亟待解决的核心问题。

（3）从研究所采用的方法来看，国内多数研究因过多强调网络所带来的结果而偏向于采用量化研究方法进行探讨，忽视了质化研究在探索和归纳未知理论方面的作用。因此，本节将运用规范化的案例研究方法对创业网络构建问题进行深入探索，以期挖掘出在政策因素影响的市场环境下，非技术型创业企业如何基于供应链视角构建适合于自身发展的网络过程。

三、供应链视角创业网络的构建过程的案例设计

本节的研究问题是"如何从供应链视角刻画受政策因素影响的市场环境中创业网络的构建过程"。尽管已有文献对于网络形成过程的探讨已取得一定的研究成果，但是对本土化情境下政策因素以及网络所处的供应链结构的影响关注不足，同时研究视角较为单一和线性。因而这一研究问题，需要从过程的视角来分析创业网络的构建过程，适合采用探索性研究思路，采用理论建构式的研究方法。

（一）案例选择

本研究采用的是单案例探索性研究方法，同时在案例研究情境中嵌入多个分析单元（与各个潜在伙伴间建立联系），以便通过比较、分析及归纳得出结论。本研究选取内蒙古翌华烟花爆竹有限公司为研究对象，内蒙古翌华烟花爆竹有限公司成立于2010年，主要经营烟花爆竹产品的批发和零售业务。

案例选择的依据在于：

（1）该公司主要从事烟花爆竹等系列产品的代理、批发及零售业务，除参与部分产品设计外，其主体业务受到"经营许可证"制度的严格约束，属于受政策因素影响市场下的非技术型创业企业范畴。

（2）该公司在产品设计、产品订购、产品批发、产品分销、产品零售以及资格证获取等方面，与其他企业或部门展开了广泛的合作，其创业网络包含与化工制品研究所、上游烟花爆竹供应商、中游同类代理商及客户、下游二级经销商及零售商、安全生产监督管理部门、公安部门、质监部门及工商行政部门等20多个机构或组织的网络关系。这说明该公司的创业网络包含的内容涵盖各个经营板块以及合作对象，具有较强的代表性。

（3）该公司的各项业绩在区域内处于领先地位，现已成为内蒙古自治区较大的烟花爆竹代理商，且在消费市场上表现良好，能够代表这一受政策因素影响较大的行业的基本发展情况。

（4）笔者自该公司创立伊始即与创业者及相关创业团队保持紧密联系，多次深入公司进行实习，以实地考察并记录，有效形成了对该公司的长期动态跟踪调研。

（二）资料来源与收集过程

本研究所使用的资料来源包含一手资料和二手资料两个部分，前者主要通过：

（1）通过实习生的身份进入到公司进行实地观察（包括旁听公司的管理例会、参与公司财务数据的收集整理以及独立的观察记录等手段）。

（2）通过说明来意，与案例企业的创业者及团队管理者进行深入访谈，访谈内容包括案例企业的创立背景、创建经历、遇到的困难、所建构的网络情况及各业务板块发展状况等方面的问题。

（3）此外，本研究还在案例企业的协助下，对与其存在网络关系的其他企业主管人员进行了访谈，对于其他企业的访谈考虑了其与案例企业进行合作的任务类型、关系形式、建构过程等，以保证资料的代表性。如表2-6所示。

表2-6　案例公司访谈记录

访谈时间	访谈地点	访谈对象	访谈内容
2017年1月10日	公司会议厅	白总、李总、夏经理	见附录A
2017年1月25日	公司会议厅	白总、张经理	见附录B
2017年2月8日	公司会议厅	马经理、罗经理	见附录C

后者（二手资料）的来源主要是通过：

（1）收集公司的档案资料，如企业提供的总结报告、内部刊物、各类档案资料以及内部会议记录等。

（2）通过网络手段收集了案例企业涉及的相关行业信息，对搜集到的信息进行了深入研究，保留了关于创业环境以及创业网络的相关内容。

（3）在重大图书馆提供的检索平台，如CNKI、万方数据库等，以"创业网络"为主题检索了相关文献,并提炼了关于研究主题的相关内容。

本研究对于案例企业的观察开始于 2016 年,访谈时间则集中在 2017 年 1 月至 2 月。资料收集及整理工作共分三个阶段:第一阶段主要采用开放式的,同时具有一定启发程度的访谈形式配合实地参与观察进行,以便研究初期存在的各类疑问能够得到充分的检验。第二阶段主要采用焦点式访谈的形式,针对第一阶段梳理完成后存在的重要问题或未解释清楚的问题再次进行调研,同时配合实地考察记录进行补充,以期基于现有理论与资料发展出一个基本分析框架。第三阶段主要采用三角检定法检视案例资料自身存在的偏差、矛盾等,如一手资料与二手资料的出入,创业企业与其他企业对同一关系或事件的不同阐述等。表 2-7 总结并列示了本研究所涉及案例资料来源及收集方式的基本情况。

表 2-7 案例资料来源及收集方式

资料类型	资料来源	资料获取方法及内容
一手资料	以实习生身份进入公司并实地参与观察	通过参与公司日常业务活动,观察公司各板块运营状况并做好详细记录
	与公司创业者及管理层进行深入访谈	采取和受访者一对一单独访谈的形式进行,遵循实践/事件的记录原则,对与企业创立过程及发展状况相关的内容做深入了解,并制作访谈纪要
	对与公司存在网络关系的其他企业主管人员进行访谈	通过案例企业创业者的介绍联系到相关企业的负责人开展面对面访谈或电话访谈,遵循实践/事件的原则,围绕典型事件询问与研究主题相关的内容
二手资料	公开资料、会议总结、会议记录及汇报材料、已有相关研究、论文及网络新闻等	通过收集公司宣传册、访问公司网站等搜集信息,并通过 CNKI 等检索平台搜集与本案例研究相关的文献资料等

(三) 研究的信度与效度

对于案例研究方法严谨性的测度指标主要有:内部效度(internal validity)、构念效度(construct validity)、外部效度(external validity)以及信度(reliability)。其中,内部效度重在指出变量和结论之间的因果关系,证明某一特定的条件将引起另一特定的结果;构念效度是指对所要研究的概念形成一套可操作性的测量,即相关概念的操作化;外部效度是指案例研究成果是否具备可归纳性,是否在某种程度上可以归纳成为理论,并推广到其他案例研究中去;信度指的是没有随机误差，如果后续研究人员再次沿着相同的步骤进行相同的案例研究，能够总结出同样的结论，其关键是透明和复制。

关于研究的效度，本研究采用专家咨询以及向企业求证的方式增强资料分析的效度。笔者在完成资料编码之后，向指导老师以及学院相关研究领域的教授寻求意见和反馈，并逐步进行修改和完善。此外，本研究还将编码结果向被调研企业求证，以此提升研究的效度。

关于研究的信度，本研究采用三角检定法来提升研究信度。首先，本研究在资料收集过程中不仅对案例企业进行调研，也对与其存在关联的供应商、分销商、零售商、客户以及政府部门等进行调研，以三角检定法检视所获资料的真实性和可信性。其次，本研究在对所收集的资料进行表格化、类型化、编码化的过程中，采用多人背对背式的编码方法，与重庆大学经管学院的多位研究生同学进行合作，从而进一步提高了研究的信度。

（四）数据分析过程

在数据分析阶段，本研究将借鉴周文辉（2015）所采用的开放性译码（Open Coding）与主轴译码过程（Axial Coding）。在开放性译码中，本研究将遵循：资料→概念化→范畴化的程序，首先将搜集的资料进行分解，不断比较资料的异同之处，而后对资料里所反映的现象进行贴标签，使其概念化和范畴化。在此基础上，本研究将进行主轴式译码，借鉴 Strauss 和 Corbin（2006）提出的范式模型，按照条件、行动或互动决策、结果之间的逻辑关系，展现出主范畴之间的关系。针对上述两个分析步骤，示例如图 2-3 所示。

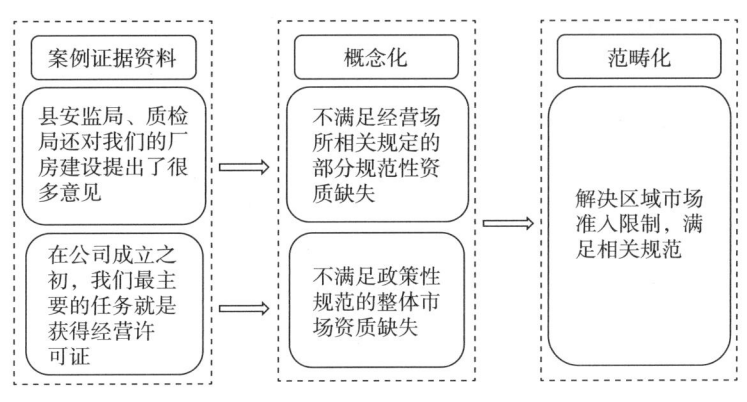

图 2-3 主轴译码

四、供应链视角创业网络的构建过程的案例描述

如前述分析,案例企业所处的烟花爆竹行业具有一定的行业特殊性,与一般的技术型创业企业的发展脉络存在差异,表现在:①因为受到政策性因素的影响更为深刻,非技术型行业的创业企业将存在更强的资质认证方面的需求;②处于转型经济背景下的非技术型创业企业更加渴求稳定的资源和信息流通渠道;③由于行业特殊性引致的上、中、下游供应链网络结构与地区差异化的叠加,导致非技术型创业企业网络构建的案例研究更为复杂和有趣。基于此,本节将处于政策因素深度影响市场环境下的非技术型创业企业的发展过程分为认证期、发展期以及调整期三个阶段,并就每一阶段网络的实际构建过程进行扎根式的分析。

(一)阶段一:认证期

认证期主要是围绕案例企业如何获得政策规范下的市场准入许可展开的,由于翌华烟花爆竹有限公司初始经营业态聚焦于区域批发业务,因此首先需要获得《烟花爆竹经营(批发)许可证》,经过前期预研究和实地访谈后,现将取得该证的相关要求列示如下:

(1)具有企业法人条件。

(2)经营场所与周边建筑、设施保持必要的安全距离。

(3)有符合国家标准的经营场所和储存仓库。

(4)有保管员、仓库守护员。

(5)依法进行了安全评价。

(6)有事故应急救援预案、应急救援组织和人员,并配备必要的应急救援器材、设备。

(7)法律、法规规定的其他条件。

对以上七个条件分别进行分析,我们将案例企业在认证期的创业网络发展脉络归纳如表2-8所示,由于需要进行各项筹备工作,因此网络构建的对象是多样化的,包含私营企业、国有企业、政府部门以及企业内部员工等,同时网络发展过程紧跟创业者个人的关系脉络,包含直接的社会资本以及间接的介绍关系等,而在以达到上述《烟花爆竹经营(批发)许可证》要求为目的的前提下,案例企业构建的多是局部网络。整个第一阶段的认证过程持续了大约两年,因此十分有必要将其作为非技术型创业企业网络构建过程的独立阶段进行分析。

表 2-8 认证期的创业网络构建过程分析

网络发展对象	网络发展过程	案例资料证据	网络发展目的	网络构建结果
兴和县某大型卖场	创业者与该卖场负责人具有亲属关系，进而由其提供资金等方面的支持并成立公司	考虑到卖场的经营业务范围太广，根本无法有效拓展烟花爆竹的市场，因此创业者向其经营一家大型卖场的父亲提出"卖场资助，分业经营，利益共享"的想法。很快，在多次深入对话以及利益分配调整的前提下，双方达成了一致	获得企业法人条件；获取创始初期的资金支持；借助已有推广渠道和销售试点	基于创业者个人的直接局部关系网络
某建筑公司（兴和县项目部）	创业者通过同学介绍与某建筑公司项目部工程负责人建立联系，由其负责公司厂房的建筑规划以及对接行业要求	厂房的建设能够在短时间内建成并符合国家各项规范还要感谢我的一位老同学，他得知我现在做烟花爆竹的批发要自建厂房，向我推荐了长期从事建筑行业的李经理，建筑队严格按照国家对厂房的要求，完成了厂房的建造工作，关于安全规范这一块，每一条都通过了相关规定的要求	使公司的经营场所建设符合国家相关法律法规；以建筑公司经理李某为依托，进一步优化了初始创业资源（厂房的安全性、后期保障性等）	基于创业者个人的间接局部关系网络
内部关键雇员	公司通过熟人推荐以及对外公开招聘相结合的方式进行关键人员招募，确定了负责库存清查的保管员（张某）以及负责仓库日常安全维护的仓库守护员（白某）	烟花爆竹产品具有行业的特殊规定，因此国家的相关法律法规对仓库保管员和仓库检查员的要求是比较严格的。作为企业，我们也应该将这一块作为人员管理和储备的重点，一方面汲取父亲在卖场经营烟花爆竹的经验；另一方面也通过一些互联网渠道发布公开招聘的需求，最终选定了张某和白某	使公司具备完善的且符合规定的人员配置；使公司厂房及产品得到重点维护	基于创业者个人及市场供求状况的间接局部关系网络

续表

网络发展对象	网络发展过程	案例资料证据	网络发展目的	网络构建结果
兴和县安全生产监督管理部门、公安部门以及质检部门	公司一方面通过正常程序申请；另一方面结合前期厂房验收时与该部门的合作经历，加之公司对关系性资产的进一步投入，最后完成了整体安全评价的各项工作（经营许可、生产安全及产品安全），并初步取得合格认证	在安全评价的时候，其实我们也不是特别有把握，生怕细节上会有纰漏，因此在前期我们几乎做足了一切准备工作，由于是跟监管部门打交道，因此严格的程序是少不了的。由于前面厂房交接的时候也是特意让安检部门过来做的验收核查工作，因此这一块还算是有些经验，但也不能掉以轻心，我只能一次又一次地向有关部门汇报我们公司的各项资质情况，前面受到的批评还是挺多的，后面改着改着就也还好了，最后能够评下来，也着实让我松了口气	获得公司经营的整体安全许可；与相关部门建立良好合作关系，以期降低政策因素影响下市场的非系统性风险	基于创业企业资源投入（维护和强化公司与部门之间的联系）的整体关系网络
兴和县安全生产监督管理部门	案例企业负责人以及负责重要事项的员工通过参加兴和县安监局举办的烟花爆竹安全事故应急救援处置专题培训，学习专业的救援知识，同时配备专门的救援器材和设备	这样的安全救援培训是十分有必要的，当然也是有关部门强制要求各个申请批发经营的企业参加的，我们厂当时因为刚成立，主要成员以及重要员工包括我在内参加了培训，培训最后我们都取得了结业合格证（考试通过获得的）。这对于保证公司安全运转来讲，还是比较有实在意义的	使公司在事故应急救援预案、应急救援组织等方面具备一定的经验和技能；通过良好的学习态度以及积极的交流进一步深化与安全生产监督管理部门的合作关系	基于环境选择（政策规范的约束）的局部关系网络

（二）阶段二：发展期

在这一阶段，案例企业已经取得的《烟花爆竹经营（批发）许可证》，开始了各项产品的经营批发业务。相较于前一阶段,发展期的案例企业将表现出更为复杂的网络构建过程,在网络构建目标以及网络构建结果方面都将呈现出独特性,同时也将进一步深入诠释非技术型创业企业在突破政策因素影响的前提下如何构建特色化的创业网络过程。借鉴组织发展等理论的知识,本节在研究案例企业的这一阶段网络构建过程时,将从横向和纵向两个维度展开综合分析,其中横向维度主要是以时间为标准进行划分:前期、中期、后期;而纵向维度则是以公司潜在联系对象所处的经营层次为标准进行划分:上游、中游、下游。

在进行网络构建过程分析之前,需要对翌华公司所经营的产品结构作简要说明,详细情况列示如表2-9所示。

表2-9 产品信息介绍

产品类别	采购数量(元)	销售份额占比	产品定价策略
升空礼花类	1500万~2000万	80%~90%	单管定价法 效果定价法
鞭炮类	100万~150万	5%~7%	效果定价法
二踢脚类	100万~200万	5%~10%	单管定价法
喷花儿童玩具类	30万~100万	1%~5%	效果定价法

注:①由于不同产品类别的实际采购单位不同(礼花类按管数采购,鞭炮类按个数采购等),因此统一用采购总价款表示采购数量的情况;②产品定价策略说明:单管定价法是指按照礼花炮管的规格制定单价,而管数确定总价的定价策略,这一定价适用于差异化不明显的产品;效果定价法则是根据烟花爆竹品类的实际燃放效果进行定价,这一定价适用于产品差异化显著同时效果区分有合理依据的情况。

基于此,本节为简化案例研究的分析过程,提出在分析案例企业发展期的网络构建情况时,将其所经营的产品范围锁定在升空礼花类,原因如下:①升空礼花类产品为公司的主要产品类别,无论是采购数量还是销售份额占比都具有绝对的优势,因此适合作为主要影响因子进行具有代表性的分析;②从定价策略来看,升空礼花类产品的价格制定机制集合了单管定价法和效果定价法,在分析上有助于揭示产品价格因素在网络构建过程中的潜在影响。

1. 上游网络构建过程分析

通过对访谈获得的一手资料和其他渠道获取的二手资料进行深入整理,借鉴理论探索式的扎根式案例研究分析思路,现将翌华烟花爆竹有限公司发展期上游网络构建过程的具体分析情况总结如表 2-10 至表 2-12 所示。

表 2-10 发展期上游网络构建过程分析(前期)

网络发展对象	网络发展过程	案例资料证据	网络发展结果	网络构建结果
QC 烟花爆竹生产制造有限公司	创业者通过第三方引荐(前述兴和县大型卖场烟花爆竹零售业务的供货商王某)与 QC 烟花爆竹生产制造厂取得联系	"当时进货商的选择其实还是很多的,但是因为不清楚具体的情况,不好轻易去谈,多亏了一开始大卖场在做烟花爆竹零售业务的时候有一家合作了十多年的供应商跟我这边还比较熟悉,所以我就托他(王某)给我引荐他的上游供应商","去了之后,我发现这厂在兴和县还没有设代理点,所以我当时就决定先跟 QC 定下来了,而且由于信誉比较好,所以订购的量还是比较大的。"	毛利润率:较低,约为 10%;销售份额:约占总量的 80%,因而利润总额较大;年前结款比例:0%,即按销售量结款;产品价位:主打中低端产品(低端约占 80%,中端约占 20%)	基于创业企业先前业务联系的间接整体关系网络
ZZ 烟花爆竹生产制造有限公司	处于产品线扩张的需要(需要引入高端产品),借由第三方的二次引荐与 ZZ 烟花爆竹生产制造有限公司取得联系	"一开始我们原本计划只是跟 QC 联系,但后来发现整个市场对于中高端产品的需求还是很大的,因此我们再次通过王某引荐,考察了几家厂子之后,最后敲定了 ZZ","ZZ 因为也是王某引荐的,但是因为订购量不算太大,所以给我们的结款优惠比例不断抬高。"	毛利润率:中等,约为 20%;销售份额:约占总量的 15%,因而利润总额一般;年前结款比例:70%,剩余 30% 年销售季结束后结算;产品价位:主打高端产品(进价高,售价高)	基于创业企业现有业务扩展的间接整体关系网络

第二章 社会网络对我国创业型经济的影响效应与机理

续表

网络发展对象	网络发展过程	案例资料证据	网络发展结果	网络构建结果
HM 烟花爆竹生产制造有限公司	创业者通过与同业信息搜寻以及第三方推荐相结合的方式,自主选定了 HM 作为其高端产品的补充供货商,与之取得联系并建立合作关系	"虽说熟人介绍的厂信誉的确不错,但是出于人情关系也不好老是麻烦人家,所以我一方面继续向王某咨询;另一方面也利用自己的个人交际圈子以及烟花爆竹行业内的一些信息,自己找了几家厂去考察"。"HM 的产品质量非常不错,虽然进价高了点,但对于丰富产品线还是很有帮助的,当然我们的进货量也不大,所以承担的风险也比较小。"	毛利润率:较高,约为 30%~40%;销售份额:约占总量的 5%,因而利润总额较小;年前结款比例:70%,剩余 30% 年销售季结束后结算;产品价位:全部高端产品(进价高,售价高)	基于创业企业现有业务补充的混合(直接+间接)整体关系网络

表 2-11 发展期上游网络构建过程分析(中期)

网络发展对象	网络发展过程	案例资料证据	网络发展结果	网络构建结果
QC 烟花爆竹生产制造有限公司	迅速成为案例企业的主要上游供货商,由于订货量以及销货量都比较大,联系越发紧密,相互信任程度也越来越高	"QC 的联系在相互合作的过程中不断深入,作为在兴和县唯一的代理点,我公司的 QC 产品销量是很可观的,现在已是内蒙古 QC 公司最大的客户,因为销售量与货款的支付直接挂钩,所以这对于他们来说也是直接的经济利益,而且我们现在直接跟他们订货,在优惠政策上也是有保证的。但是从订购量的占比来看,我们其实还是有意识地在降低这一部分低端产品的比重,虽然他们还是很重要,但我们必须照顾到中高端产品在质量和口碑上给我们带来的潜在收益以及企业长期发展的需要。"	毛利润率:较低,约为 10%;销售份额:占总量的 50%~60%;年前结款比例:0%,按销售量结款;产品价位:主打中低端产品	基于创业企业主营业务发展的直接整体关系网络

· 51 ·

续表

网络发展对象	网络发展过程	案例资料证据	网络发展结果	网络构建结果
ZZ烟花爆竹生产制造有限公司	逐渐发展成为创业企业稳定的中端产品，与之联系随着订货量以及合作的深入越发紧密，网络关系趋于增强	"ZZ的产品在我们引入HM厂的产品之后，为避免同类竞争，已经逐渐退出了我们公司对于高端产品的定价范畴，但是其总体的市场反响还是比较不错的，再加上这前期的投入，所以将它基本定位在QC产品之上，属于中端产品的范畴"，"显然，这个ZZ的利润率就明显下降了一些，不过销售的份额是有增长的，这主要是市场需求还是比较大的。"	毛利润率：一般，约为15%；销售份额：占总量的20%~25%；年前结款比例：70%，剩余30%年销售季结束后结算；产品价位：中端产品	基于创业企业现有业务调整的直接整体关系网络
HM烟花爆竹生产制造有限公司	逐渐发展成为主要高端产品供货商，销售份额稳步上升，与之联系趋于紧密	"HM这家厂的产品是很有特色的，包含了夜景和日景两个板块，所以尽管价格高，但是市场需求几乎是趋之若鹜呀！""在和HM合作的过程中，合作的关系虽说是越来越紧密，但是很可惜仍然没有从首付比例上得到一些优惠。"	毛利润率：很高，约为40%；销售份额：占总量的10%~15%；年前结款比例：70%，剩余30%年销售季结束后结算；产品价位：全部高端产品（进价高，售价高）	基于创业企业现有业务发展的直接整体关系网络
GH、DX烟花爆竹生产制造有限公司	进一步补充高端产品的类别同时增加高利润收入点。通过公开信息搜索自主联系了GH和DX	"说实话，高端产品虽然风险比较大，但是相应的利润水平还是比较可观的，因此我始终觉得应该再拓宽这一部分的业务量"，"GH和DX是两家各项指标几乎都一样的生产商，之所以选他们两家，一来他们有些产品是HM没有的，二来也是出于降低风险的考虑，双重保障嘛！"	毛利润率：很高，约为45%；销售份额：占总量的5%~10%；年前结款比例：70%，剩余30%年销售季结束后结算；产品价位：全部高端产品（进价高，售价高）	

表 2-12　发展期上游网络构建过程分析（后期）

网络发展对象	网络发展过程	案例资料证据	网络发展结果	网络构建结果
QC 烟花爆竹生产制造有限公司	已经成为重要供应商，但是商品除价格低外，产品质量以及消费体验均无竞争力。但与之联系仍居强势	不得不说公司在整个创立过程中与 QC 的合作一直是最主要的，但是随着市场的变化，QC 厂在产品设计上没有投入更多，导致我们公司在大量采购的同时也面临着库存积压不断严重的风险，所以有必要对这部分低端业务进行调整了。但是作为信任程度最高的合作伙伴，我们在年前是不用给 QC 支付任何货款的，而且是唯一采用按销售量回款的，这对于我们来说就是一笔很大的资产！所以其份额仍旧是最多的	毛利润率：较低，约为 10%；销售份额：约占总量的 50%；年前结款比例：0%，按销售量结款；产品价位：全部低端产品	基于创业企业主营业务调整的直接整体关系网络
ZZ 烟花爆竹生产制造有限公司	成为案例企业稳定的中端产品，但是随着其他品牌产品的引入，中端的概念逐渐被模糊，市场需求不强，订购量迅速下降。网络联系从强关系向一般关系转换	"ZZ 目前处于一个比较尴尬的境地，因为多数零售商只愿意区分价格的相对高低，而对中等价位额产品没有太清晰的感知，所以对于我们公司的销售来说，这部分产品就显得有些鸡肋了，订购量几乎是一次性减少了一大半。""不过，鉴于前期的合作关系以及产品系列的完整性需要，我们还是保留了一些产品份额"	毛利润率：一般，约为 15%；销售份额：占总量的 5%；年前结款比例：70%，剩余 30% 年销售季结束后结算；产品价位：中端产品	基于创业企业其他业务改进的直接整体关系网络

续表

网络发展对象	网络发展过程	案例资料证据	网络发展结果	网络构建结果
HM烟花爆竹生产制造有限公司	成为高端产品的重要供货商之一，但由于其他新进入品牌以及同行业竞争者的引入，使得销售份额有所下降。创业公司与之联系由较为紧密向一般关系转换	"之所以降低HM的整个销售份额，主要是因为我们发现了更好的性价比更高的品牌，如果不及时做出调整，后面就不容易赶上DD厂这趟车了。""HM厂的产品在很长一段时间也存在着创新不足的问题，除了日夜景之外，我们也是综合考察了厂家以及市场情况才做出的这样的决策"	毛利润率：很高，约为35%；销售份额：约占总量的5%；年前结款比例：70%，剩余30%年销售季结束后结算；产品价位：全部高端产品（进价高，售价高）	基于创业企业其他业务发展的直接整体关系网络
DX烟花爆竹生产制造有限公司	淘汰了GH（质量和价格都不具有优势），因而增加了DX的销售份额，与之联系由一般向紧密转化	"从实际效果来看，GH的产品可以说是十分让人失望的，它的价格比HM贵不说，主要是质量还不如DX，在这种情况下，我们果断放弃了GH，转而增加了DX厂的产品需求"，"我们这一块还是主要在高端产品，因为这部分利润高风险大，所以必须有多个厂相互补充才能最大限度地降低潜在损失！"	毛利润率：很高，约为40%；销售份额：约占总量的10%；年前结款比例：70%，剩余30%年销售季结束后结算；产品价位：全部高端产品（进价高，售价高）	基于创业企业其他业务调整的直接整体关系网络
DD烟花爆竹生产制造有限公司	再次通过公开市场信息自主联系了DD，作为高端产品份额的补充（填补HM以及GH的份额）。关系初步建立并展开合作	"找到DD，主要就是为了来弥补我们公司在HM减产以及放弃GH的高端产品的份额损失，这是一笔很可观的收入"，"而且这样一来，高端厂就有了三个来源，相应的风险也大大降低了！这在当时被认为是一项很成功的举措"	毛利润率：较高，约为30%；销售份额：约占总量的10%；年前结款比例：70%，剩余30%年销售季结束后结算；产品价位：全部高端产品（进价高，售价高）	基于创业企业其他业务补充的直接整体关系网络

第二章 社会网络对我国创业型经济的影响效应与机理

续表

网络发展对象	网络发展过程	案例资料证据	网络发展结果	网络构建结果
DS 和 WY 烟花爆竹生产制造有限公司	通过公开市场搜寻，与 DS 和 WY 取得联系，旨在弥补 QC 因质量不足而减少的销售份额。初步建立关系并逐步展开合作	"QC 毕竟作为我们公司最初的支柱，即便在现在来看，中低端产品每年的订购量还是很大的，因此保住这一市场是我们巩固基础的重要措施，所以必须填补空缺"，"显然，DS 和 WY 两个厂的产品要比 QC 好一些，但是因为量少而且关系不够紧密，所以总体的份额还是居于少数的"	毛利润率：较高，约为 10%；销售份额：约占总量的 15%；年前结款比例：70%，剩余 30% 年销售季结束后结算；产品价位：中低端产品（低端约占10%，中端约占5%）	基于创业企业主营业务补充的直接整体关系网络

2. 中游网络构建过程分析

相比于上游网络构建过程中涉及的多个潜在对象和联系主体，本节所研究的案例企业在发展期的中游网络构建过程主要集中在区域内同行业竞争关系的分析，而通过资料收集整理发现，翌华烟花爆竹有限公司在获得兴和县这一区域的市场准入许可之后，其面临的同级竞争者只有一家企业，即顺发烟花爆竹有限公司，现将两公司的基本情况对比如表 2-13 所示。

表 2-13 案例企业（翌华）与竞争企业（顺发）发展期对比

项目	时期	翌华	顺发
经营规模	前期	较小	较大
	中期	中等	较大
	后期	较大	较大
经营品牌	前期	QC、ZZ、HM	其他品牌
	中期	QC、ZZ、HM、GH、DX	其他品牌
	后期	QC、ZZ、HM、DX、DD、DS、WJ	其他品牌
经营方式	前期	批发	批发
	中期	批发 + 零售	批发
	后期	批发 + 零售	批发 + 零售

通过进一步与创业企业的主管人员进行深入访谈后发现,翌华烟花爆竹有限公司在与顺发烟花爆竹有限公司(以下简称SF)的中游竞争过程主要是围绕下游优质零售商、大客户资源等展开的。同时,我们注意到由于初期的市场份额足够大,两家企业在竞争的过程中都实现了有效增长;但随着双方的同步扩张,导致竞争格局越来越激烈和复杂,两者之间的网络关系也发生着变化,现将案例资料解读如表2-14所示。

表2-14 发展期中游网络构建过程分析

所属发展期阶段	网络发展对象	网络发展过程	案例资料证据	案例发展结果
前期	SF	鉴于初期市场足够大,案例企业没有与SF产生正面的业务竞争。仅出于同行业属性建立的无竞争无合作的弱联系	"刚开始的时候,我们当然是处于下风的,毕竟人家比我们先进来,各种资源、条件以及经验都比我们要好得多,所以我们也没想着一进去就跟人家玩竞争。""当时的市场给人的感觉就是大家对这样的产品是非常喜欢的,需求量很大,我们也是在这种不知不觉中就开始了快速发展的"	基于市场份额较大的无竞争无合作的整体弱关系网络
中期	SF	前期发展迅速形成与SF的激烈竞争格局,包括城区市场的竞争、零售商竞争(零售商名额、优质零售商等)。网络关系趋向于竞争性的强互斥联系	"公司的发展虽然很快,但是免不了要跟老大哥抢肉吃啊!而且两边争抢得很激烈,像这些优质的供应商通常都是挖来挖去的,还有相关部门给我们配的零售商名额也是争得死去活来的","虽然是死对头,但是不得已还是得多多去了解人家的情况才行,总觉得自己要是不留神,对面可能就会采取重大举措一样"	基于市场份额减少的高竞争性整体强关系网络

续表

所属发展期阶段	网络发展对象	网络发展过程	案例资料证据	案例发展结果
后期	SF	竞争的加剧使得案例企业转换经营理念,将目标市场从城区转移到区县,使得各项竞争都趋于弱化,网络关系开始朝着局部竞争性的弱互斥联系演化	"我们那时候在城区的基础确实比不过他们,总不能一直硬着头皮蛮干啊!""通过跟其他几个创始人协商和一系列的市场调研,最终我们决定转战到区县这块还未被开发的市场,当然事实证明我们的决定还是比较成功的,在规避掉了主要竞争矛头给我们带来损失的前提下,业务量也还是基本保持正向增长态势"	基于市场转换的低竞争性局部一般关系网络

3. 下游网络构建过程分析

案例企业在发展初期瞄准的是区域性的烟花爆竹批发市场,加之在认证期取得的有关部门许可也仅限于此。尽管访谈过程中我们了解到翌华烟花爆竹有限公司已经取得了批发与零售双重经营资质,但是本节重点聚焦于该企业在创业期的网络构建过程,所以对其本体的零售部分不予研究,而将重点放在与其对接的下属零售商上。通过了解得知案例对象企业的下游零售商是其实现企业的业务不断扩展,企业不断成长的前线阵地,是连接消费者与企业主体的重要纽带。具体而言,下游零售商大致可以分为两类:长期零售商和短期零售商,其中长期零售具有良好的信誉、较强的业务能力,能够为公司贡献稳定份额的销售业绩,通常都是一年一签,采购等都比较固定,但由于政策因素影响(资质条件等审核限制),其数量较少;而短期零售商往往从业时间短,业务能力不强,在与公司签订购销合同方面难以保证稳定销量,而且通常都会存在违约风险,平均来看一月一签,但是由于其分散程度大、规模小以及易于拓展的特点,在下游的网络构建过程中仍然担当着不可或缺的角色。结合访谈数据,本节将案例企业在发展期的下游网络构建过程分析归纳如表2-15所示。

表2-15 发展期下游网络构建过程分析

所属发展期阶段	网络发展对象	网络发展过程	案例资料证据	案例发展结果
前期	长期零售商:2家;短期零售商:无	发展初期由于产品的供给不足同时又渴望迅速壮大,因此主要从长期零售商开始建立下游网络。案例企业在该联结中由于相对弱势而处于依附地位	"因为我们是做批发的,好的供应商一开始简直就是我们的上帝,那会儿得求着抢着才能拿到一个供应商的订货合同","最先和我们合作的大供应商一个是大卖场那边引荐过来的,另一个是我自己底下物色的"	基于创业者个人资源以及强契约约束的依附型网络
中期	长期零售商:8家;短期零售商:40多家	发展中期,由于各方面综合实力的增强,案例企业开始加大力度开拓市场,进而引入了多家长期零售商以及大量短期零售商开展业务合作。下游网络构建的范围不断扩大,但深度及强度显然不够	"发展了一段时间之后,我们发现这环境就变化了,一开始供应商数量少,尤其是大型的供应商更是凤毛麟角,后面公司规模上来以后,我想市场开拓还是必须要加大力度,所以我们一口气拉了多家长期供应商过来,同时还有一大批小供应商也是积极得不行,都往公司这头要货","后来发现当时这么干风险是真大啊,但就这短期零售商在违约上给我们带来的损失都不得了,加上这一阶段竞争者对大型优质零售商的争抢,长期零售商流动性非常大"	基于公开市场信息以及弱契约约束的扩张型网络
后期	长期零售商:5家;短期零售商:5家	由于风险损失过大,同时公司市场定位发生变化,在发展后期有选择性发展大型供应商同时大幅度削减短期零售商数量。下游网络构建范围缩小,但是联系的深度和强度在逐步加大	"也算是决策失误吧,总以为抢占市场就是好的,但是这个行业有它的特殊性,重点就在这下游供应商目前还缺乏有效的机制可以对其进行约束以及选择,总的来说就是风险太多,而且当时我们确实有了一些这方面的损失","也是形势所迫,我们将目标市场从城区转移到了农村,这样减少了在城区与竞争对手的正面冲突,公司希望发展更好的供应商而不是更多"	基于市场转换以及强契约约束的聚焦型网络

注:在分析时,只考虑零售商的"大小"之分,而对其他差异化的特征不予深入考究。

（三）阶段三：调整期

在经历了认证期和发展期这两个最为重要的发展阶段以后，案例企业的下一阶段同时也是目前正处于的阶段就是调整期。关于调整期的定义，本节主要考虑的是翌华烟花爆竹有限公司现阶段正处于目标市场转变之后的基础业务调整，以及公司力图突破单一批发业务的局限向上游发展（自建产品生产线）的整体模式转变的双重因素。但是由于访谈过程中，对于调整期的各项资料尚不够完善，因此对于这一阶段的创业网络构建过程，本节只根据两个考量因素做简要分析。

从目标市场转变的调整来看：案例企业在经历了发展期与竞争对手的对抗之后，果断调整了现有的业务布局，实现了从城区向农村转变的调整。就访谈调研过程中获得的资料发现，就现阶段公司的运营状况来看，目标市场的转变并未对整体业绩造成太大的影响，反而产生了很多有潜力的增长较快的下游稳定零售商。正如公司负责人所说，"虽然看起来我们是被赶出来了，但现在看起来我是因祸得福，兴和县的农村市场目前我们是实现了全覆盖"，他还说，"就现在来看，我们跟下游零售商的关系也是越来越密切了，不像以前那样担心会有违约这方面的问题"。因此，本节发现目标市场的调整在这一时期对于案例企业的创业网络构建贡献在于对下游零售商赋予了可选择性，同时加强了与优质零售商的合作关系。

从整体经营模式的调整来看：案例企业还未采取有效的行动，但是从分析的角度来看，这一举措或模式调整的实施将极大地改变案例企业的上游网络关系，一方面，由于实施纵向一体化势必会减少从其他厂家的进货规模，造成公司上游网络关系的松动甚至瓦解；另一方面，由于自行建厂生产涉及政策因素的许可资质的申请问题，因此相应的资源投入也势必会增加，与之相关的网络关系构建也会更加需要强化；最后，案例企业的整体经营模式转型也会影响到其自身的竞争性优势，在与市场竞争者的关系构建中将会产生不同的网络行为。

总而言之，本阶段尚处于企业的规划待实施阶段，对于案例企业的网络构建以及与之相关的网络行为的分析都还具有不可预测的成分在其中，同时基于现有知识水平的局限难以将过度复杂的现象解释清楚，因而只能从理论层面给出一定的结果预测，详细且准确的分析还有望在下一步研究中展开。

五、供应链视角创业网络的构建过程的案例发现与分析

（一）认证期

根据前述分析，本文将案例企业在认证期所经历的网络构建过程展示如

图 2-4 所示，从"发现市场"切入，进而针对有关部门制定的经营许可资质条件逐项准备，在此过程中与多个潜在对象建立和发展网络关系，并且网络关系的构建大多都是基于创业者个人的社会资源，具有典型局部网络构建特征，这与主流的创业网络相关文献的研究结论是相符的。但是，值得注意的是，与传统创业企业的发展脉络不同，本文的案例企业在政策性因素影响下，网络的首要构建目的就是要设法进入该区域市场，而这一阶段相比于其他行业或其他类型的创业企业要更加困难和花费更多的成本。

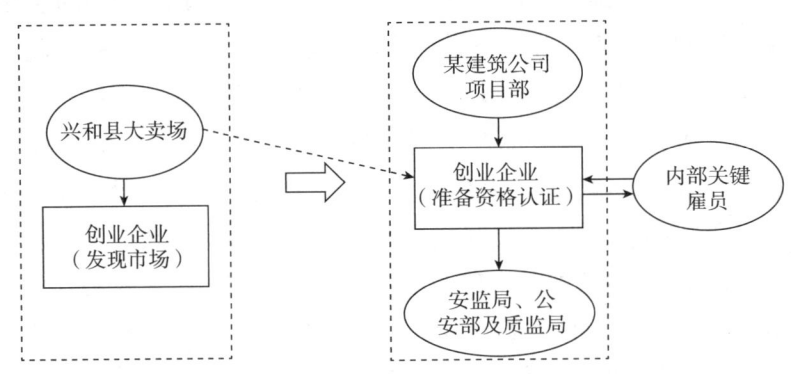

图 2-4 认证期案例企业的创业网络构建过程

（二）发展期

案例企业在发展期的创业网络构建过程是本节的研究重点，主要体现在：一方面，这一阶段的时间跨度较大，占据了创业企业创业阶段的大部分时间；另一方面，这一阶段的发展过程具有多层次、复杂化的特性，因此有必要进行重点研究和深入挖掘。这一阶段的三个时期以及各时期的上、中、下游的网络构建过程展示如图 2-5 所示。

（三）调整期

根据对已有资料的整理和分析，我们发现案例企业在调整期的网络构建结果主要由两个方面组成：一方面由于目标市场转化，下游网络结构进行重构，即增强了与优质供应商的联系，同时对小型零售商进行了严格的筛选；另一方面由于整体运营模式的调整，对上游网络结构也将造成一定的冲击，包括增加供应厂家间的竞争、弱化前述建立的上游网络关系等。由于这一阶段还未真正实施完全，因此本节的分析仅限理论层面，难以合理地将其与实践相结合进行案例剖析。

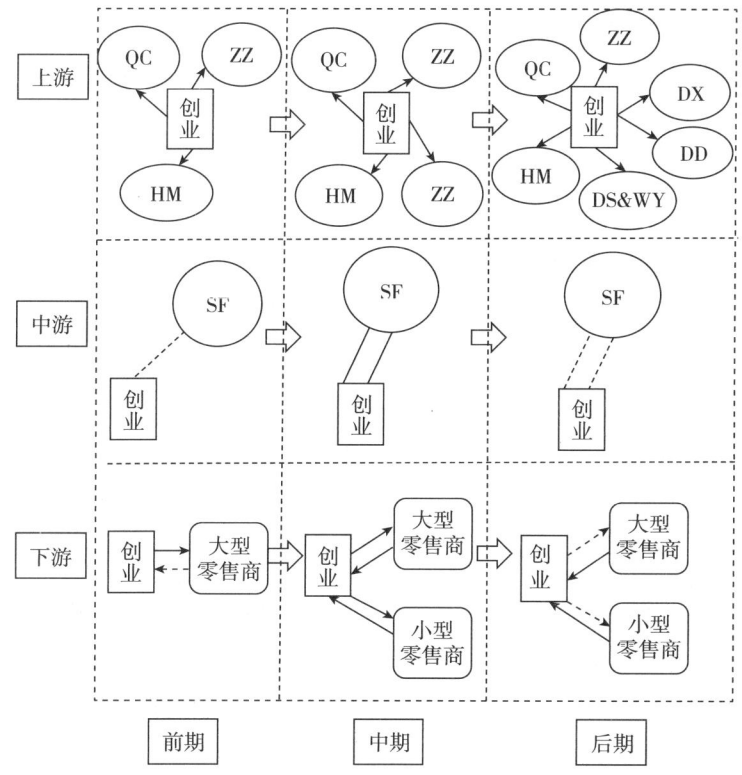

图 2-5 发展期案例企业创业网络构建过程

（四）案例分析总结

（1）受政策因素影响的创业企业在初期的发展将以符合既有的政策性规范为重点，网络构建多基于创业者个人的社会资源。根据前述研究的分析，可以发现在创业企业的初始发展阶段，由于烟花爆竹市场本身具有的区域化以及许可证式的市场特点，因此受到政策性因素的影响是比较大的，这主要表现在进入该市场之前，案例企业必须严格通过有关部门制定的相应的规范检验。在这一过程中，一旦政策有变或是不能及时完成申请，将在很大程度上影响企业的后续实质工作的开展。因此，受政策性因素影响，市场环境中的创业企业在初期除了要解决新进入者缺陷的问题，即通过最大限度地利用创业者个人的社会关系获取信息和资源，还必须准确把握行业各项规范，保证能够获得市场准入的许可。总而言之，认证期的网络关系构建具有一定的行业特殊性。

（2）非技术型创业企业在发展期重点关注上游、中游、下游的整体供应链业务模式的协同发展，网络构建将根据各阶段所处环境的特点逐步进行。与一般创业型企业专注于技术开发或者某一领域的产品创新不同，本节研究的案例企业主要是以获得区域市场准入同时瞄准细分市场而展开业务的，而且业务开展涵盖的潜在联系对象存在多个，因此需要从上游、中游、下游分别构建稳健的创业网络，然而由于每个层次以及所处的阶段不同，创业企业在这一过程中面临着多重环境下的网络决策如何制定及实施等问题。对于本节所研究的案例企业而言，其在上游构建的网络是以创业者个人社会资源为基础，以供应商产品最优、价格最实惠原则展开的；而在中游则是以巩固市场空间为原则与竞争对手保持或强或弱的联系；在下游则是以打通销售最前端为原则处理和零售商的关系，这三个层面的网络关系共同构成了创业企业的发展期网络格局，具有一定的可推广性。

（3）创业企业在调整期将"目标市场转移""纵向一体化"策略所带来的经营变化与企业现实情况相结合。由于现实中的创业企业还未完全落实"目标市场转移""纵向一体化"战略，尤其是后者仍处于规划阶段，因此对于结论的解释存在一定的主观性。但是应该关注到案例企业与一般创业企业的不同，由于局限于区域化市场，因此目标市场转移的幅度和范围是比较小的；同时，案例企业是一家介于生产和销售之间的批发商，因此"纵向一体化"几乎是发展必然，但是也存在着向向前一体化和向后一体化之分。这两种策略主要考虑对于下游零售商和上游供应商网络构建情况的影响。前者已经减缓了下游零售商在违约风险以及不良竞争方面对公司造成的影响，进而强化了有益的关系网络；而后者则将在上游生产厂的网络关系中产生一定的影响，包括激化竞争、弱化供求关系等。

六、附录：访谈纪要摘录

附录A：访谈纪要摘录一

访谈时间：2017年1月10日（共计150分钟）

访谈地点：公司会议厅

访谈人：白梦兰、马姗姗

被访谈人：白总（创业者）、李总（市场部）、夏经理（渠道部）

（1）请问您能简单地说一下公司的基本情况吗？

"我公司（内蒙古翌华烟花爆竹有限公司）主要经营C类、D类烟花爆竹的

第二章 社会网络对我国创业型经济的影响效应与机理

销售业务和燃放业务,也承办一些大型的烟火晚会,现阶段公司规模不大,共有员工23人,零售店10个。"

(2) 您觉得这个行业和其他行业有什么不同的地方吗?

"烟花爆竹这个行业,与其他的行业最大的不同点,在于它受政策影响比较大,从获得许可证到库房的修建、销售店铺的分布、运输,还有人员培训,乃至日常销售都有各种各样的规章制度在约束。安监局、公安局、质检局、工商局,都要对我们进行监督管理,我做生意这么些年来,这个行业是我见过的被监管最多的行业了。"

(3) 这个行业监管这么多,那商户怎样才能进入这个市场呢?

"这个市场还是挺难进入的,得拿到许可证,这就比较困难,烟花爆竹批发许可证得由国家安全监督管理机构颁发,公司在库存、运输、选址等方面,都有严格的要求,还要求有很多专业人员,比如说危化工程师等,这一切都符合要求之后,才能申请烟花爆竹批发许可证,经营批发业务。要是在市场上直接销售烟花爆竹,还要具有烟花爆竹零售许可证,这个也有很多要求,兴和县安监局,在国家要求之上,还规定了很多地方性的要求,这些都是我们要遵守的。"

(4) 您当时是如何想到从事烟花爆竹的批发业务的呢?

"之前,我就一直在做生意,和我父亲一起做一些烟酒副食、衣服鞋帽之类的,过年的时候也会销售一些烟花爆竹,所以之前就有一些了解。有一次在农贸市场订农药的时候认识了小王,他经营了乌兰察布市的一家烟花爆竹批发公司,说这个行业毛利润很高,但是不太好办下来,只要能办下来,每年盈利几百万还是很轻松的。是个商人,听到这个利润都会很有兴趣的。"

(5) 烟花爆竹批发行业有这么多的法律法规约束,那在前期有遇到什么问题没有?

"在安全评价的时候,其实我们也不是特别有把握,生怕细节上会有纰漏,因此在前期我们几乎做足了一切能准备的工作,由于是跟监管部门打交道,因此严格的程序是少不了的。由于前面厂房交接的时候也是特意让安检部门过来做的验收核查工作,因此这一块还算是有些经验,但是也不能掉以轻心,我只能一次又一次地向有关部门汇报我们公司的各项资质情况,前面受到的批评还是挺多的,后面改着改着也还好了,最后能够评下来,也着实让我松了口气。"

(6) 安全评价指的是什么?

"安全评价就是在审核公司是否具有烟花爆竹批发的资质,安全评价合格之后,才会发许可证。当时主要审核了厂房,厂房的建设能够在短时间内建成并符合国家各项规范还要感谢我的一位老同学,他得知我现在做烟花爆竹的批发要自建厂房,向我推荐了长期从事建筑行业的李经理,建筑队严格按照国家对厂房的要求,完成了厂房的建造工作,关于安全规范这一块,每一条都通过了相关规定的要求。"

(7) 你们现在经营哪些烟花爆竹?

"现阶段经营了升空类烟花、地面喷花、鞭炮、二踢脚、儿童烟花。"

(8) 有哪些品牌或者种类销售得比较好?

"我们升空类烟花有青草田心烟花、中洲烟花、豪美烟花、东信烟花、逗逗烟花、戴丝烟花、浏阳文杰烟花。现在销量最大的是青草田心烟花。"

(9) 那青草田心厂的烟花效果好还是价位便宜,使它在贵公司的销量最大?

"和青草田心的合作时间最长,而且公司刚起步期间,青草田心厂几乎是我公司的主要进货来源。公司刚起步的时候,当时进货商的选择其实还是很多的,但是因为不清楚具体的情况,不好轻易去谈,多亏了一开始大卖场在做烟花爆竹零售业务的时候有一家合作了十多年的供应商跟我这边还比较熟悉,所以我就托他(王某)给我引荐他的上游供应商,去了之后,我发现这厂在兴和县还没有设代理点,所以我当时就决定先跟 QC 定下来了,而且因为信誉比较好,所以订购的量还是比较大的,之后合作关系就一直延续下来,说起来,他们公司老总和我也算是老朋友了,我们进货都不需要结现款,都是年后再结账,他信任我,我也信任他。"

附录 B:访谈纪要摘录二

访谈时间:2017 年 1 月 28 日(共计 150 分钟)

访谈地点:公司会议厅

访谈人:白梦兰、马姗姗

被访谈人:白总(创业者)、张经理(产品部)

(1) 白总,我今天想从贵公司的发展初期、中期、后期这三个阶段来了解一些信息,在前期贵公司有哪些品牌?

"QC、ZZ、HM。"

(2) 青草田心厂我知道是由第三方引荐的,那中洲烟花和豪美烟花是如何联系并成为贵公司的供货商的?

"一开始我们原本计划只是跟 QC 联系,但后来发现整个市场对于中高端产品的需求还是很大的,因此我们再次通过王某引荐,考察了几家厂子之后,最后敲定了ZZ,ZZ也是王某引荐的,但是因为订购量不算太大,所以给我们的结款优惠比例不算太高。虽说熟人介绍的厂信誉的确不错,但是出于人情关系也不好老是麻烦人家,所以我一方面继续向王某咨询;另一方面也利用自己的个人交际圈子以及烟花爆竹行业内的一些信息,自己找了几家厂去考察,HM的产品质量非常不错,虽然进价高了点,但对于丰富产品线还是很有帮助的,当然我们的进货量也不大,所以承担的风险也比较小。"

(3) 创业初期青草田心产品属于低端产品,中洲和豪美烟花属于中高端产品,那利率和销售比率如何?

"青草田心的毛利润率较低,约为10%。销售份额约占总量的80%。最主要的优惠是不用年前结款。中洲烟花的毛利润率中等,约为20%,销售份额约占总量的15%,年前结款70%,剩余30%年销售季结束后结算。豪美烟花的毛利润率较高,为30%~40%,销售份额,约占总量的5%,因而利润总额较小。年前结款70%,剩余30%年销售季结束后结算。"

(4) 在发展中期贵公司与青草田心烟花厂之间,关系有没有什么转变,或者说,公司在产品份额或者利润方面做出了什么调整?

"QC的联系在相互合作的过程中不断深入,作为在兴和县唯一的代理点,我公司的QC产品销量是很可观的,现在已是内蒙古QC公司最大的客户,因为销售量与货款的支付直接挂钩,所以这对于他们来说也是直接的经济利益,而且我们现在直接跟他订货,在优惠政策上也是有保证的。但是从订购量的占比来看,我们其实还是有意识地在降低这一部分低端产品的比重,虽然他们还是很重要,但我们必须照顾到中高端产品在质量和口碑上给我们带来的潜在收益以及企业长期发展需要,销售份额下降到了50%多一些。"

(5) 那后来中洲烟花和豪美烟花有什么变化?

"ZZ的产品在我们引入HM的产品之后,为避免同类竞争,已经逐渐退出了我们公司对于高端产品的定价范畴,但其总体的市场反响还是比较不错的,再加上前期的投入,所以将它基本定位在QC产品之上,属于中端产品的范畴,显然,这个ZZ的利润率就明显下降了一些,不过销售的份额是有增长的,这主要是市场需求还是比较大的。ZZ目前处于一个比较尴尬的境地,因为多数零售商只愿意区分价格的相对高低,而对中等价位的产品没有太清晰的感知,所以对于我们公司的销售来说,这部分产品就显得有些鸡肋了,订购量几乎是一次性减少了一大半。不过,鉴于前期的合作关系以及产品系列的完整性需要,我们还是保留了一些产品份额。"

"豪美烟花,之后有了很大的变化,从夜景烟花逐步变成主营日景烟花。HM这家厂的产品是很有特色的,包含了夜景和日景两个板块,所以尽管价格高,但是市场需求几乎是趋之若鹜呀!在和HM合作的过程中,合作的关系虽说是越来越紧密,但是很可惜仍然没有从首付比例上得到一些优惠。现在之所以降低HM的整个销售份额,主要是因为我们发现了更好的性价比更高的品牌,如果不及时做出调整,后面就不容易赶上DD这趟车了。HM的产品在很长一段时间也存在着创新不足的问题,除了日夜景之外,我们也是综合考察了厂家以及市场情况才做出的这样的决策。"

(6)在发展中期贵公司在产品上还有什么别的变化?

"在创立第3年,我们引入了关口冠华烟花厂(GH)以及东信烟花爆竹生产制造有限公司(DX)。说实话,高端产品虽然风险比较大,但相应的利润水平还是比较可观的,因此我始终觉得应该再拓宽这一部分的业务量","GH和DX是两家各项指标几乎都一样的生产商,之所以选他们两家,一来他们有些产品是HM没有的,二来也是出于降低风险的考虑,双重保障嘛!"

(7)那近几年贵公司与青草田心厂依旧保持这种良好的关系吗?

"不得不说公司在整个创立过程中,与QC的合作一直是最主要的,但是随着市场的变化,QC在产品设计上没有投入太多,导致我们公司在大量采购的同时也面临着库存积压不断严重的风险,所以有必要对这部分低端业务进行调整了。但是作为信任程度最高的合作伙伴,我们在年前是不用给QC支付任何货款的,而且是唯一采用按销售量回款的,这对于我们来说就是一笔很大的资产!所以其份额仍旧是最多的占了大约50%。"

(8)近期关口冠华和东信烟花的产品如何,贵公司做出什么调整没有?

"从实际效果来看,GH的产品可以说是十分让人失望的,它的价格比HM贵不说,主要是质量还不如DX,在这种情况下,我们果断放弃了GH,转而增加了DX的产品需求,我们这一块还是主要在高端产品,因为这部分利润高风险大,所以必须有多个厂相互补充才能最大限度地降低潜在损失!"

(9)在近几年,有新发展的供应商吗?

"我们新发展了戴斯厂（DS）和浏阳文杰烟花厂（WJ），QC 毕竟作为我们公司最初的支柱，即便在现在来看，中低端产品每年的订购量还是很大的，因此保住这一市场是我们巩固基础的重要措施，所以必须填补空缺，显然，DS 和 WJ 两个厂的产品要比 QC 的好一些，但是因为量少而且关系不够紧密，所以总体的份额还是居于少数的。"

附录 C：访谈纪要摘录三

访谈时间：2017 年 2 月 8 日（共计 150 分钟）

访谈地点：公司会议厅

访谈人：白梦兰、马姗姗

被访谈人：马经理（业务部）、罗经理（财务部）

（1）请问贵公司在兴和县市场上有多少竞争对手，竞争激烈吗？

"刚开始的时候，我们当然是处于下风的，毕竟人家比我们先进来，各种资源、条件以及经验都比我们要好得多，所以我们也没想着一进去就跟人家玩竞争。当时的市场给人的感觉就是大家对这样的产品是非常喜欢的，需求量很大，我们也是在这种不知不觉中就开始了快速发展。公司的发展虽然很快，但是免不了要跟老大哥抢肉吃！而且两边争抢得很激烈，像这些优质的供应商通常都是挖来挖去的，还有相关部门给我们配的零售商名额也是争得死去活来的，虽然是死对头，但是不得已还是得多多去了解人家的情况才行，总觉得自己要是不留神，对面可能就会采取重大举措一样。近几年，县城里面的市场竞争实在太激烈，我们在城区的基础确实比不过他们，总不能一直硬着头皮蛮干啊！通过跟其他几个创始人协商和一系列的市场调研，最终我们决定转战到区县这块还未被开发的市场，当然事实证明我们的决定还是比较成功的，在规避掉了主要竞争矛头给我们带来损失的前提下，业务量也还是基本保持正向增长态势。"

（2）请问贵公司在供应商下游方面，是如何一步一步建立关系的？

"下游供应商对于我们公司来说，是很重要的，因为我们是做批发的，好的供应商一开始简直就是我们的上帝，那会儿得求着抢着才能拿到一个供应商的订货合同，最先和我们合作的大供应商一个是大卖场那边引荐过来的，另一个是我自己底下物色的。"

（3）那后来的情况是否有一些好转呢？

"发展了一段时间之后，我们发现这环境就变化了，一开始供应商数量少，尤其是大型的供应商更是凤毛麟角，后面公司规模上来以后，我想市场开拓还是必须要加大力度，所以我们一口气拉了多家长期供应商过来，同时还有一大批小供应商也是积极得不行，都往公司这头要货，后来发现当时这么干风险是真大啊，但就这短期零售商在违约上给我们带来的损失都不得了，加上这一阶段竞争者对大型优质零售商的争抢，短期零售商流动性非常大。"

"如此一来，给公司带了大的问题，也算是决策失误吧，总以为抢占市场就是好的，但是这个行业有它的特殊性，重点就在这下游供应商目前还缺乏有效的机制可以对其进行约束以及选择，总的来说就是风险太多，而且当时我们确实有了一些这方面的损失，也是形势所迫，我们将目标市场从城区转移到了农村，这样减少了在城区与竞争对手的正面冲突了，公司希望发展更好的供应商而不是更多。"

（4）那现在贵公司在县城里的市场份额是很少，这个转变给公司的经营带来了哪些影响？

"虽然看起来我们是被赶出来了，但现在看起来我是因祸得福，兴和县的农村市场目前我们是实现了全覆盖，就现在来看，我们跟下游零售商的关系也是越来越密切了，不像以前那样担心会不会有违约这方面的问题。"

（5）请问贵公司未来发展有什么展望？

"之后可能会自己建立烟花爆竹制造厂，因为现在公司与上游供应商订货必须是4、5月就订货，10月才会运输过来，因为南方梅雨季，厂家没有库存，我们公司不准销量盲目订货不然对现金流会产生很大影响，因为公司库存有限，也势必会影响其他产品的订货，而厂家那边往往不能按照订货量发货，总是不够量，这使得我们每年都要到其他的制造厂找存货，这让我们很被动，若是自己有制造厂，供货就不是问题了。"

第四节 可持续资源获取路径：基于不确定性情景下嵌入式创业网络治理的动态模型

当处理资源流动等复杂的创业网络问题时，环境的高度不确定性对创业者的决策带来了认知偏差，即善于利用网络的创业企业能有效降低外部干扰赢得持续性的资源。为了解决创业资源获取的过程中,网络特征如何作用于链接决策的问题,引入了基于社会网络分析理论的 EM 算法的朴素贝叶斯分类的探索性模型设计,重点是填补缺失数据的不确定性,以描述企业网络资源获取的路径,建立从网络结构和资源价值之间动态模型来预测链接概率。本节最后通过实证评估验证了在 201 家企业中我们的方法对于资源获取预测概率的准确性。还提出了一个关于创业者基于不确定环境网络治理决策问题的应用,涉及对多种资源路径的最优选择,我们希望这项工作可以激发更广泛的研究方向,重点关注在不确定性风险存在时,网络结构对于企业家决策制定的影响,特别是对于那些具有高昂的创业热情但同时环境不确定性较高的发展中国家。

一、创业资源获取研究概述

目前有较多的学术研究聚焦于创业活动中,特别是创业网络的发现与利用,推动创业过程中所涉及的关键资源对于新创企业成功的作用等领域。但创业活动是一件具有高度不确定性的社会行为,决策者由于无法对外部环境和竞争对手进行准确预判,使得环境不确定性成为创业的基本特征,这诱使大量创业研究把关注焦点聚集在企业家微观关系网络和企业外部宏观环境对决策行为的影响上。

无论是从关系视角切入还是资源基础理论来看,主流研究都表明企业向外部环境寻求资源的过程能够有效降低竞争中的不确定性(Pfeffer & Salancik,1978;Martens 等,2007),同时有价值、稀缺、难以模仿和难以替代的资源才是新创企业获取竞争优势的源泉(Barney,1991;Claryss 等,2011;Eisenhardt & Schoonhoven,1996),或者说企业获取资源的过程构成了差异性的创业行为,创业企业最终实现价值创造的必要条件就是占有和获得关键资源(Zhang,2010;Villanueva 等,2012)。

那么,对于创业企业而言,不仅存在着新进入缺陷和资源约束,并且,在有限的资源面前,初创企业难以像成熟企业一样承担开发资源的巨大成本(Song 等,2016),只能基于社会资本或先前关系选择特定交易对象和稀缺资源。基于社会网络理论,创业资源的获取渠道主要是通过组织内部和外部的网络关系来获取。因此如何通过网络获取资源成为目前创业理论研究的热点,现有研究已经不再把创业者假定为精明的资源搜寻者,能够绝对理性地在关系网络中获取企业持续发展的需求资源（Engel 等，2017；Vissa，2012），也就是说，创业网络的结构建立是具有目标导向的（Bliemel 等，2014），是创业者以企业可持续发展为长期目标而有意识去构建的社会接触，但这种网络构建被不确定性的信息和外在环境所束缚（Alvarez & Barney，2005；Song 等，2016）。关注视角转移至将不确定性融入到创业绩效与关系网络的决定性因素中（McMullen 和 Shepherd，2006；Alvarez 和 Barney，2007；Song 等，2016）。既然决策者从被动采纳成为主动建立链接的规划者，那么他们应该如何以较低成本获取需求资源？又如何在存在不确定性的外部环境中合理地、有目的性地去整合资源？

综观现有研究，虽然有诸多文献探讨了创业网络中不确定性的概念和重要性，并从理论上进行了利用社会网络获取资源的分析和研究，但总体来说存在以下局限。一方面，关于企业决策中环境不确定性的研究较多聚焦于企业家的主观感知，或者把不确定性作为调节变量，探讨创业网络影响企业绩效的机制，很少有研究从客观方面建立数学模型对不确定性进行计量分析。另一方面，新创企业在资源获取和利用效率上存在局限，已有文献更多把创业资源作为网络关系的直接产物，探讨创业网络与企业绩效的关系，然而网络的建构并不一定代表资源的有效利用，仍然需要通过网络治理、资源整合以及企业家制定战略决策来达到获取资源的目的。依据现有的大多数研究可以得到的总体结论是由于创业网络对于资源获取非常重要，因此创业者应当尽可能加大创业网络的投入。这显然不足以描述创业者在网络发展和构建资源链接方面的管理决策。

基于以上分析，本节从三个方面来对创业网络理论进行探讨和拓展。第一，从社会网络理论出发对新创企业的网络结构进行刻画。第二，试图建立基于 EM 算法的朴素贝叶斯模型，通过数理建模和赋值计算，推导创业网络维度对企业的资源获取路径，特别是通过量化创业网络中的不确定性环境。第三，基于 201 家创业企业的数据，我们将 EM – NB 算法和 SVM/KNN 算法进行预测率的比较。实验结果表明，EM – NB 算法在预测企业资源链接准确性方面的预测性能比 SVM/KNN 分类模型更准确，准确率达到 94.89%。此外，我们假设了一家新创企业的人力资源获取路径的简单情景，从该情景模拟了文章模型的基本用法，计算结果表明，除了考虑预测概率外，创业者还应结合资源的价值和成本来做出创业决策。相关的概念框架等见图 2 – 6。

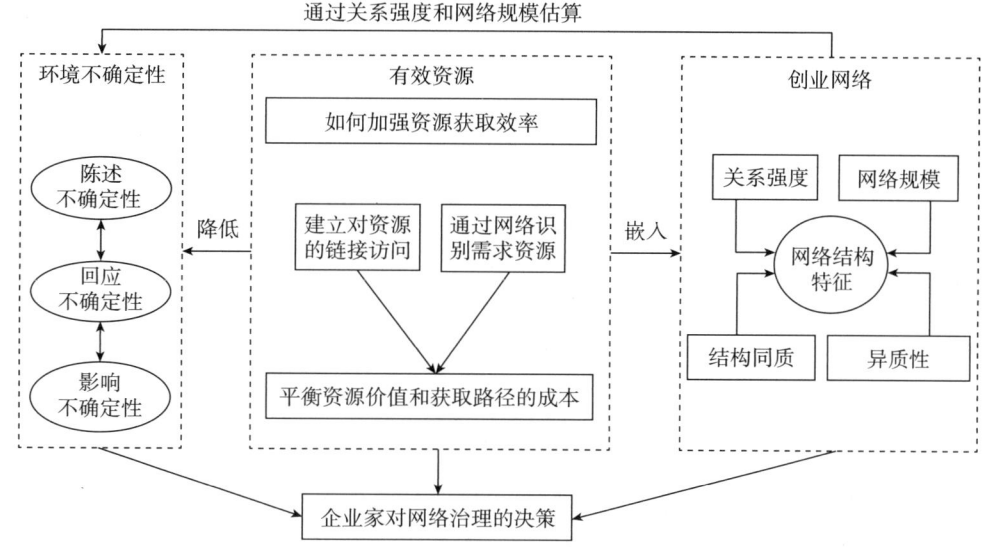

图 2-6 概念框架

总的来说，此研究通过在社交网络模型中引入链接预测，有助于扩充网络理论和企业家理论，此外，本节研究还考虑了什么样的网络结构将导致不同的企业决策。社会网络研究的重点是企业家如何通过瞄准所需的关系来有效地实现目标，本书的模型强调了在不确定的情况下，网络越来越成为从创业资源到企业家决策的桥梁。特别是，这要求企业家在资源价值和收购成本之间权衡游戏。因此，本书补充和扩展了当前使用具有不确定性作为关键影响变量的创业网络的模型，这有助于阐明企业家如何以及为何在网络中做出治理决策的全新视角。本节采用 EM-NB 算法对企业决策问题进行了研究，为链路预测提供了理论依据，为今后的研究提供了坚实的理论基础。

二、创业不确定性、资源获取与社会网络链接预测的理论回顾

（一）创业行为中的不确定性

简而言之，不确定性下的创业行动通常相当于"追逐一个看不见的移动目标"。而鉴于新产品、服务、业务和市场的创造，新的内部因素往往会加剧未来的不确定性。因此，不确定性是大多数企业家理论的概念基石。从理查德·坎蒂隆于 1755 年提出的第一个企业家理论出发，他将企业家定义为"为了获利而进

行交换的人；具体而言，他或她是面对不确定性进行商业判断的人"。在 Hebert 和 Link 的研究中，关于企业家的主要定义是围绕着做出判断的个人，以及判断未发生事件的决策者。因此，如何评估和减少企业家的不确定性行为已成为企业家理论的焦点。

Alvarez 和 Barney（2007）使用交易成本和不完整的合同来解释公司组织方式如何在不确定的条件下不能解释公司的创造。McMullen 和 Shepherd（2006）提供了创业行动的更完整的概念模型，分析研究了各个层面的创业行动的检查，结果表明与企业家的系统理论是一致的。Engel 等提出一个动态的过程网络强调了与众不同的元素，如利他主义、预先承诺、意外发现并共同创作，可以激发更广泛的研究议程侧重于网络代理的不确定性下的查询。Mckelvie（2011）认为，企业家的专业知识能够降低不确定性对于创业行为的影响。Burns（2016）认为，在不确定性下向利益相关者谋取资源的关键在于构建强有力的纽带关系，发展建立强烈的承诺关系和相互认同感。Song 等（2012）发现，新企业通过更多地参与勘探策略来应对较高的环境的不确定性，从而提高企业的绩效。

在考虑如何减少企业家行为的不确定性之前，我们首先借鉴"有限理性"理论，将不确定性定义为"无法准确预测未来发生的事情"。实际上，在创业环境中，我们描述的不确定性风险是两个节点之间信息不对称的状态。然而，不确定的信息设置是决策者不能知道完整信息的设置，因此不能通过该信息得到资源获取结果的概率。不确定性的相对概念化可以在管理学、经济学和心理学文献中找到，但理论研究侧重于概念描述，缺乏对如何量化和估计不确定性的关注。虽然大多数文献认为无论是从社会资本、企业家精神还是人力资源的角度来看，获得足够的资源可以减少创业过程中的不对称信息，然而如何做出选择资源获取路径的决策并没有得到足够的重视。

（二）创业网络与资源获取

在现有的有关创业网络的研究中，主要集中在网络结构或网络流程上，因此没有捕捉多元化在企业家网络的功能或发展中的作用。结构视角侧重于谁是网络的一部分（即哪些参与者），他们关系的拓扑结构以及企业家在网络中的地位。这种观点强调网络位置如何实现资源的聚合和组合，并且由社会网络分析等定量方法主导，并且通常每个研究仅实现一种类型的关系（例如，投资、专利共同作者或战略联盟）。这种结构方法在捕捉包括组织和组织间系统在内的各种行动者和流动之间的相互作用的多样性方面受到限制，包括创业网络。

流程视角侧重于个人关系中涉及哪些类型的资源，以及如何使用、交换或转换这些不同的资源。使用流动视角的研究通常关注于使用定性研究方法研究在单个关系内如何发生多个交换并进行交互。Villanueva等（2012）提出，获得外部资源更多地取决于完全相互依存，而不是取得对交换伙伴的优越依赖地位。

资源获取的研究主要集中在组织内部或外部。当从组织内部获取资源时，资源基础理论将组织描述为，随着组织与利益相关者交互而随时间发展的一部分资源和功能。虽然很少作用于实践，但资源基础理论的观点非常适合研究资源获取，因为它涉及"资源的组合和管理以及这些资源如何在组织内流动以产生更有效的过程"。然而，资源整合和配置实际上是一种外部网络行为，企业团队使用自己复杂的创业网络来识别他们所需的资源是建立创业公司的开始。Bacq和Eddleston（2018）提供了基于资源的社会企业观，它除展示了如何将管理权扩展到企业的外部社会使命之外，还展示了如何扩展到组织的内部文化，以促进社会影响的规模。

更多的相关研究侧重于如何从组织外部获取资源，Granovetter（1985）认为，个人的经济行为会嵌入相关的社会结构中，并且这种社会结构是经济制度化的社会网络。Hite和Hesterly（2001）认为，家庭和朋友之间强大的关系网络是新业务的主要资源提供者。然而与此同时，Zhang（2010）强调了企业家网络使用的复杂性，可以帮助企业家实现如何利用其社交网络的价值，同时避免过度或排他性依赖的危险。因此，在考虑通过创业网络获取资源的同时，本节还权衡了获取资源的成本和价值，以便获得更合理的管理决策。

尽管目前的研究得出了丰富的结论，但资源获取路径对企业家决策影响的内在机制尚未得到充分解释，大部分研究都将企业资源视为网络的直接产物，但目前的研究缺乏一个过程视角来检验决策过程的不确定性。因此，本节基于社会网络理论和基于资源的观点，将不确定性下的企业家网络资源获取路径与创业决策相结合，建立了一个计量经济模型来预测创业网络中的资源环节问题。

（三）社会网络中的链接预测

在线社交网络通常实现链接预测技术以高度准确地匹配关联人。在专业文献中已经提出了大量的链路预测技术。对于商业组织而言，此类预测对于社交媒体不断增长的许多应用至关重要，如基于社交网络的目标营销、病毒式营销和需求预测。这也就提出了两个问题：这些方法可以用于预测企业网络中的链接问题吗？如何应用这些方法来预测网络结构中的资源获取效率？

基于目前的研究，链路预测问题有两种主要的算法类型，一种是无监督算法，另一种是监督算法。在无监督算法中，最简单的类型是根据局部扩展特征计算节点之间的相似性。监督链路预测算法将链路预测视为0~1分类问题。Liben – Nowell 等（2007）提出了一种无监督学习链路预测算法，该算法成为链路分析领域的开创性工作。现有研究开发了链接推荐方法，并从链接预测的角度讨论了链接强度。Backstrom 等（2011）提出了一种监督随机游走算法来估计社会关系的联系强度。Hopcroft 等（2011）研究了在动态网络中可以预测社会关系中的信息种类。

与此同时，研究发现很少有研究通过定量模型预测现实社会网络之间的联系。我们得出的结论如下：首先，离线创业网络的数据比社交网络更难获得，其中大多数缺失和不完整。其次，现实生活中存在复杂的环境不确定性，难以捕捉和衡量。为了解决这些研究问题，本节利用 Fang（2017）提出的基于 EM 算法的朴素贝叶斯分类器，该算法预测在存在通常未被观察到的肯定因素的情况下的链接概率。链接建立的可能性直接影响企业家获取资源的决策，这可能导致初创企业的不同业绩和经济利益。

三、创业决策的关键因素：相关理论和运算

首先，我们正在考虑一个问题：企业家在做出创业选择时通常会考虑哪些因素？影响决定成为自雇人士的因素可分为两类：第一类是指客观个体属性，人口统计特征和社会经济因素。第二类包括与创业活动相关的主观因素。无论是主观还是客观因素，企业家所拥有的资源都是推动某人创业的主要力量。我们回顾了相关的社会网络理论，这些理论指出了企业家链接决策背后的几个关键因素，然后提出了用社会网络理论来操作这些因素的方法。

（一）网络结构特征的相关理论

社会网络作为不同于市场或组织的资源配置方式，以其相互的关系为纽带（Jack, 2005）。其中最为著名的理论是"六度分割理论"（Six Degrees of Separation）（Milgram, 1967）——最多通过六个人你就能够认识任何一个陌生人，说明了社会网络中普遍存在着"弱联系"，这些"弱联系"使得人与人之间的距离

变得非常"相近"（Milgram，1967）。Granovetter（1973）认为，社会网络行为节点间的关系强度对于信息资源的流动、组织间的协调及动态性机会具有正向影响。而"弱联系"能触及更多的社会成员，为不同的社会群体之间的沟通发挥"桥梁"作用，弱关系推动创业者将不同的关系群体连接起来，使得创业企业的社会网络呈现更强的多样性，为企业的信息和资源获取提供了有效的渠道，从而促进创业网络的规模（Villanueva等，2012）。强关系时常表现为频繁的接触、沟通、交流，高质量信息的传递以及经验知识的共享促使信任发展过程中的承诺违背成本更低，大幅度提高了信任合作下的资源共享（Jack，2005）。在创业过程中，创业者所利用社会关系的强度越高，就越容易从社会网络中获取必要的资源和信息支持，能较快地为初创企业带来资金、市场、信息等外部支持（Krackhardt，1992）。这有助于创业者把握稍纵即逝的机会价值，从而提升初创企业绩效。

结构等价是社会网络的基本结构特征（Burt，1987），如果两个社会实体连接到的其他实体相同（Wasserman & Faust，1994），结构上相当的人在社会结构中占据相同的地位，并且接近不同的程度（Audretsch等，2013）。这种结构性等同对于创业企业发展可能是至关重要的，结构上相当的创业团队由于其的可替代性，可能面临更为激烈的竞争（Yang等，2017）。基于资源依赖理论中权力平衡的观点，创业网络链接的双方结构不对等影响关系双方的相对依赖优劣势（Villanueva等，2012），这遵循着"权力逻辑"（Gulati & Sytch，2007）。具有相同结构等价性的两人可能将另一个作为主观判断的参考依据，即使没有直接沟通也可能做出类似的选择（Burt，1987）。在现实世界的社会网络中，不存在完美的结构等同。因此，创业者之间的结构等价力被衡量为它们在结构上等同的程度，即在权力上的优劣势（Villanueva等，2012）。结构等价力的常见度量是欧几里得距离度量。

基于社会资本理论，通过社会网络关系，能够获得所需的知识、情感支持以及相关资源等（Delmar等，2003）。而网络成员数量的增加能够促进企业资源获取，网络规模越大，网络范围越广，网络主体越多，嵌入在网络中的信息越丰富（Coleman，1988）。随着关系范围的扩大，覆盖面积直接显示出可获取资源的大小。关系机制的不同，关系伙伴的不同，网络承载的资源会有种类、数量上的区别，初创企业可以利用与多个主体如顾客、供应商、竞争者、研究机构、各类服务机构形成的广泛社会关系，获取金融资本、关键技术、人力资本和管理经验（Coleman，1988）。

网络异质性作为团队构成的基础性问题，其理论基础是社会认同理论（Tajfel，1982）。创业团队异质性主要包括性别、年龄、种族、受教育水平、就业经验等易观测的外部异质性和认知、价值观、偏好、态度、创业承诺等深层内部异质性（Jackson，2003）。组织成员背景的多元化能够实现"优势互补"，为组织提供多重的观点和见解，进而可以促进组织形成具有广泛性和创造性的决策方案，最终有利于高质量和有效的创新性组织决策形成（Richard等，2004）。同质性团队由于在认知、交流等方面的障碍较少，因而在形成侵略性和风险性战略方面较容易达成一致（Miller等，1998；Watson等，1993）。然而，在不确定性环境下要实现适时风险的快速、高质量的决策，这往往需要团队成员之间具有多种认知视角以实现"优势互补"和"相互纠偏"，因而认知视角相对单一的同质性团队往往难以做到（Eisenhardt，1989）。然而，一些学者认为，超出中等水平的团队异质性会降低战略决策的凝聚力和连贯性。异质性程度与企业绩效之间存在倒 U 型关系。因此，也达到了达成共识的可能性。过度的异质性也会影响资源的获取和企业团队内部的信任程度。大多数文献都支持在该过程中存在中等水平的中度异质性。

此外，必须更加注意资源的效用和价值，因此，必须采用合理的治理机制来有效地管理和控制网络中的交易关系。现有文献仍然无法解释创业活动与最终价值创造之间转型过程的"黑匣子"。莫尔斯、福勒和劳伦斯认为，获取资源的关键是以最低的成本获得他们所需的资源。在不确定环境和有限理性下，企业家在最大化自身利益的过程中追求行为约束，并在资源交换和获取的每个过程中产生相应的成本。网络是一个不稳定的系统。外部条件的变化将导致系统的重大调整。初创企业和企业网络中的各个网络参与者的行为取决于他们可能从网络中获得的收益、成本和系统。创业社会嵌入式关系为他们提供了对资源的访问，同时也限制了他们在网络外的行为，因此存在"程度"嵌入的问题。

社交网络中的链接决策可能取决于关系强度、结构等价、网络规模和异质性以及除此之外的因素。在模型构建中应充分考虑创业网络中的不确定因素和资源效用。因此，我们对相关理论的回顾揭示了链接预测的几个重要因素：关系强度、结构等价、网络规模、异质性以及不确定性因素。除了不确定因素外，我们还利用创业网络数据实施每项工作。

（二）网络结构特征的运算

让 $W = \{w_1, w_2, \cdots, w_n\}$ 成为一组社会实体，如果从 w_i 到 w_j 的社会关系没有连接，则 $x_{ij} = 0$。社会关系的强度 x_{ij} 通过联系频率来测量（Granovetter，1973）。x_{ij} 作为 w_i 到 w_j 之间可被测量的平均联系频率，如果实体之间没有联系，则 $x_{ij} = 0$。

$$F_{ij} = \frac{x_{ij} - x_{\min}}{x_{\max} - x_{\min}} \tag{2-1}$$

其中，$x_{\max}$ 和 $x_{\min}$ 分别表示最大和最小联系频率，归一化有助于避免 F_{ij} 对 x_{ij} 的度量单位的依赖（Han & Kamber, 2011）。

本节使用竞争力来计算企业的结构等价力。让 y_{ij} 成为社会实体 w_i 到 w_j 之间的结构等价力的欧几里得距离，y_{ij} 被计算为

$$y_{ij} = \sqrt{\sum_{k=1}^{n}(d_{ik} - d_{jk})^2}, \quad i \neq j \neq k \tag{2-2}$$

当存在一个从 w_i 到 w_j 的一个社会关系，$d_{ij} = 1$，否则 $d_{ij} = 0$。d_{ij} 的值越高，则 w_i 到 w_j 的结构等价力越低。因此，本节可估计创业者 w_i 到 w_j 的结构等价力（以下等价力），如下所示：

$$E_{ij} = \frac{y_{\max} - y_{ij}}{y_{\max} - y_{\min}} \tag{2-3}$$

这里对结构等价力进行归一化处理（Han & Xu, 2016），$y_{\max}$ 和 $y_{\min}$ 分别表示等价力的最大和最小欧几里得距离。

本节将 a_{ij} 表示为创业团队 $w_i \in W$ 的关系网络临边；如果不存在从 w_i 到 w_j 的链接，则 $a_{ij} = 0$。

$$D_i = \sum_j a_{ij} = \sum_j a_{ji} \tag{2-4}$$

$$S_{ij} = \frac{D_i}{\max(D_i, D_j)} \tag{2-5}$$

其中，D_i 表示节点的临边数，称为度，即创业企业关系网络规模，再利用 S_{ij} 来衡量节点的相对网络规模。

本节选择 Jaccard 系数作为相似函数（Jaccard, 1912; Hamers, 1989），其中 r_i 和 r_j 分别测量社会实体 w_i 和 w_j 各自的属性特征。因此，sim（r_i, r_j）的值越

高，w_i 与 w_j 之间的相似性越大（Mcgill，1983）。社会实体 w_i 与 w_j 上的异质性 H_{ij} 被测量为

$$\mathrm{sim}(r_i, r_j) = \frac{|r_i \cap r_j|}{|r_i \cup r_j|} \quad (2-6)$$

$$H_{ij} = 1 - \mathrm{sim}(r_i, r_j) \quad (2-7)$$

（三）资源价值

为了合理评估资源价值，我们将实物期权理论引入效用模型，讨论创业决策。这种计算过程从期权的角度出发，企业资源被视为企业的隐藏资产，其流动可视为多重交易。在此可以将每个网络资源获取链接视为投资决策。由于资源使用的时间较长，其价值会增加，但在某些时候，它们的价值会下降。总的来说，它的表现类似于正态分布。真正的期权规则完全适用于这一点。因此，该资源被视为企业拥有的看涨期权。看涨期权的特征可以在交易到期后的任何一天执行，更符合我们对企业价值评估的实施标准。关于企业网络建设管理的决定是基于投入和价值。以确定企业资源获取决策的价值估计，鉴于创业资源与金融期权的相似性，可以构造一个相应的实物期权。一个金融实权给予投资者一种权利，在某段特定时间内，支付一个事先确定的执行价而得到一种特定的资产；一个拥有资源的企业同样有这样一种权利，在现在或将来支付一定的费用得到资源的使用权。从网络中获取的资源相当于金融期权的标的物，资源成本相当于期权的行使价格，资源的使用时间相当于期权距到期日的时间，潜在资源价值的不确定性相当于期权中衍生品的风险大小。

根据 B–S 模型，资源价值可定义为：

$$V = S_0 N(d_1) - K e^{-\tau T} N(d_2) \quad (2-8)$$

$$d_1 = \frac{\ln\left(\frac{S_0}{K}\right) + (r + \sigma^2/2)\tau}{\sigma \sqrt{\tau}} \quad (2-9)$$

$$d_2 = \frac{\ln\left(\frac{S_0}{K}\right) + (r + \sigma^2/2)\tau}{\sigma \sqrt{\tau}} \quad (2-10)$$

其中，V 为通过建立链接获取潜在资源的价值，S_0 为资源在 0 时刻的价格，$N(x)$ 为标准正态分布的累计概率分布函数，K 为资源预期现金流入值，τ 为资源使用期限，r 为无风险利率，σ 为资源价值波动率。然而，考虑隐藏的不确定

性是至关重要的,这使其成为预测链接概率的主要挑战。

四、创业资源获取的模型构建

(一)构建朴素贝叶斯分类器

朴素贝叶斯算法具有简易计算,能有效处理混合指标属性的分类问题和优良的分类能力等特点(Friedman,1997),与 EM 算法相结合能够解决不完整数据的填补问题和对未知数据进行分类预测(Friedman,1998;Heckerman,1998;Dicker & Zhao,2016)。我们利用基于 EM 算法的朴素贝叶斯分类器来对已有创业网络中的资源状况进行识别,分析企业的资源获取能力。如图 2-7 所示,创业企业是否建立网络链接首先应判断当前创业网络中是否存在所需要的资源,再考虑建立链接的成本是否过高,合理鉴别信息和资源的质量和价值,以免身陷关系过度嵌入(Uzzi,1997)。

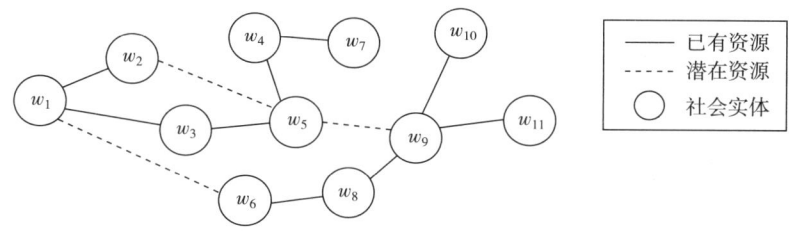

图 2-7 社会实体的潜在资源图示

令 W_A 表示潜在链接存在需求资源的节点集,W_N 表示属于缺乏需求资源的节点集。有 $W_A = \{w_m | w_m \in W, \text{ and}, W_N = W/W_A\}$。一个创业企业 w_i 的资源获取是通过创业网络关系强度、结构等价力、网络规模和异质性来共同作用的。从已有的创业团队数据构建训练集 TRAIN。P($A_{ij} = 1 | F_{ij}$,E_{ij},S_{ij},H_{ij},N_{ij})的测算如图 2-8 所示。

本节的目标是从已有的训练集 TRAIN 中得到链接 w_{ij} 获取稀缺资源的概率 P($A_{ij} = 1 | F_{ij}$,E_{ij},S_{ij},H_{ij},N_{ij})(i.e., $A_{ij} = 1$),这里 $A_{ij} = 1$ 表示网络链接中资源的充足。

假设本节有不确定性因素的实际数据,可以依靠贝叶斯分类器的分类原理是通过某对象的先验概率,利用贝叶斯公式计算出其后验概率,即该对象属于某一类的概率,选择具有最大后验概率的类作为该对象所属的类。本节有

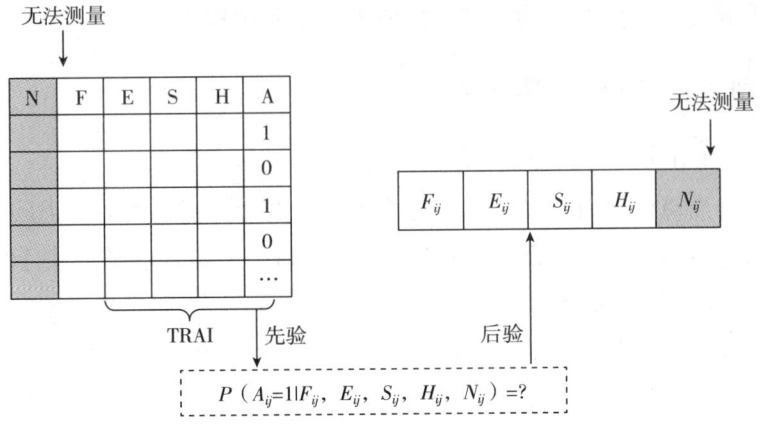

图 2-8 测算 $P(A_{ij}=1 \mid F_{ij}, E_{ij}, S_{ij}, H_{ij}, N_{ij})$

$$P(A_{ij} = 1 \mid F_{ij}, E_{ij}, S_{ij}, H_{ij}, N_{ij})$$
$$= \frac{P(A_{ij}=1)P(F_{ij},E_{ij},S_{ij},H_{ij},N_{ij} \mid A_{ij}=1)}{\sum_{a=0,1} P(A_{ij}=a)P(F_{ij},E_{ij},S_{ij},H_{ij},N_{ij} \mid A_{ij}=a)} \qquad (2-11)$$

本节假设网络连接中节点间的关系强度 F_{ij},结构等价力 E_{ij},网络规模 S_{ij} 和异质性 H_{ij} 是相互独立的,因此得到

$$P(A_{ij} = 1 \mid F_{ij}, E_{ij}, S_{ij}, H_{ij}, N_{ij})$$
$$= \frac{P(A_{ij}=1)P(F_{ij} \mid A_{ij}=1)P(E_{ij} \mid A_{ij}=1)P(S_{ij} \mid A_{ij}=1)P(H_{ij} \mid A_{ij}=1)P(N_{ij} \mid A_{ij}=1)}{\sum_{a=0,1} P(A_{ij}=a)P(F_{ij} \mid A_{ij}=a)P(E_{ij} \mid A_{ij}=a)P(S_{ij} \mid A_{ij}=a)P(H_{ij} \mid A_{ij}=a)P(N_{ij} \mid A_{ij}=a)}$$
$$(2-12)$$

假设 F 是一个指数分布,在给定资源情况选择 a,且 $P(F_{ij} \mid A_{ij}=a)$ 为 F_{ij} 的密度。则有,密度函数 $f(x) = \lambda_{F|a} e^{-\lambda_{F|a} x}$,其中 $x \geq 0$,$a=0,1$,$\lambda_{F|a}$ 为一个参数。$P(F_{ij} \mid A_{ij}=a)$ 可用 $f(F_{ij})$ 来估计。本节以用相同的方式 $P(E_{ij} \mid A_{ij}=a)$,$P(S_{ij} \mid A_{ij}=a)$,$P(H_{ij} \mid A_{ij}=a)$ 和 $P(N_{ij} \mid A_{ij}=a)$ 进行估计。为了计算 $P(A_{ij}=1 \mid F_{ij}, E_{ij}, S_{ij}, H_{ij}, N_{ij})$,本节必须从 TRAIN 中得到参数向量 θ:

$$\theta = \langle p_1, \lambda_{F|1}, \lambda_{E|1}, \lambda_{S|1}, \lambda_{H|1}, \lambda_{N|1}, p_0, \lambda_{F|1}, \lambda_{E|1}, \lambda_{S|1}, \lambda_{H|1}, \lambda_{N|1} \rangle \qquad (2-13)$$

这里 p_a 是 $P(A_{ij}=a)$ 的一个先验估计概率,$\lambda_{F|a}$,$\lambda_{E|a}$,$\lambda_{S|a}$,$\lambda_{H|a}$,$\lambda_{N|a}$ 各表示在 a 给定的前提下,$a=0,1$,关系强度 F,网络等价力 E,网络规

模 S,异质性 H 和不确定性 N 的密度参数。

先定义目标函数来最大化并找出如何最大化目标函数。本节提出将 θ 进行极大似然估计,用一个 TRAIN 里的标记数据 $\langle F_{ik}, E_{ik}, S_{ik}, H_{ik}, A_{ik} \rangle$,这里 $k = 1, \cdots, n$,n 是 TRAIN 里标记数据的总数量。本节把第 k 个标记数据的不确定性记为 N_{ik},D 为完整数据,$D_{ik} = \langle F_{ik}, E_{ik}, S_{ik}, H_{ik}, N_{ik}, A_{ik} \rangle$,$k = 1, \cdots, n$。本节把给定 θ 下的 D 的可能性记为 $P(D|\theta)$,根据 Mitchell(1997),本节有

$$P(D\theta) = \prod_{k=1}^{n} P(D_{ik}\theta) \qquad (2-14)$$

本节用 $\ln[P(D|\theta)]$ 来替换 $P(D|\theta)$,因为通常它比后者更容易最大化,前者的参数估计最大化也使后者最大化。有

$$\theta_{ML} = \arg\max_{\theta} \sum_{k=1}^{n} \ln[P(D_{ik}|\theta)] \qquad (2-15)$$

(二)利用 EM 算法估计缺失值

为解决缺失值问题,本节采用基于 EM 算法的朴素贝叶斯分类器(A. P. Dempster,1977),EM 算法主要用来计算后验分布的众数或极大似然估计,用于不完整数据的填补问题(Bishop,2006)。其基本思想是给出对缺失值的初始估计,然后迭代执行两个基本步骤(Batzoglou,2008)。这两个基本步骤是:第一步求期望即 E 步(Expectation Step),该步在已知变量和当前参数估计的情况下,给出缺失值相应的估计。第二步是最大化问题即 M 步(Maximization Step),该步是在承认 E 步的估计是正确的前提下,重新对参数进行估计,使得参数值是在 E 步中补充完整的数据的极大似然。可以证明似然值在每一步迭代过程中都不会减少,这样就可以保证最后能收敛到局部最大(A. P. Dempster,1977)。

由于缺少不确定性的训练数据,无法得到 θ,因此我们引入 EM 算法,用网络规模和关系强度两个属性值来估计隐藏变量参数(A. P. Dempster,1977)。通过每次迭代的过程,利用之前算法得到的参数估计作为输入,以通过最大化目标函数 $Q(\cdot)$ 来产生更新的参数估计。

$$\theta_{k+1} = \arg\max_{\theta} Q(\theta|\theta_k) \qquad (2-16)$$

其中,θ_k 和 θ_{k+1} 表示各迭代中 k 和 $k+1$ 次参数估计的向量,定义 $Q(\cdot)$ 为

$$Q(\theta|\theta_k) = \sum_{k=1}^{n} \ln[P(D_{ik}, N_{ik}|\theta)] P(N_{ik}|D_{ik}, \theta_k) d_{N_{ik}} \qquad (2-17)$$

其中，$\ln[P(D_{ik},N_{ik}|\theta)]$ 为给定 θ 的完整数据集的对数似然估计，而 $P(N_{ik}|D_{ik},\theta_k)$ 是在给定 D_{ik} 与先验参数估计 θ_k 时 N_{ik} 的概率（Bishop，2006）。式（2-17）可以拓展为（详情参考附录A）：

$$Q(\theta|\theta_k) = \sum_{k=1}^{n}\ln[P(A_{ik}|\theta)] + \sum_{k=1}^{n}\ln[P(E_{ik}|A_{ik},\theta)] + \sum_{k=1}^{n}\ln[P(H_{ik}|A_{ik},\theta)] +$$

$$\sum_{k=1}^{n}\int\{\ln[P(F_{ik},N_{ik}|A_{ik},\theta)] + \ln[P(S_{ik},N_{ik}|A_{ik},\theta)] -$$

$$\ln[P(N_{ik}|A_{ik},\theta)]\}P(N_{ik}|A_{ik},\theta_k)d_{H_{ik}} \qquad (2-18)$$

计算式（2-18）本节需先得到概率 $P(A_{ik})$，$P(E_{ik}|A_{ik})$，$P(H_{ik}|A_{ik})$，$P(F_{ik},N_{ik}|A_{ik})$，$P(S_{ik},N_{ik}|A_{ik})$，$P(N_{ik}|A_{ik})$，$A=0,1$，首先为了得到先验概率 $P(A_{ik})$，设置参数 $p_0=P(A_{ik}=0)$ 与 $p_1=P(A_{ik}=1)$，其次为了 $P(E_{ik}|A_{ik}=0,1)$，本节假设其服从指数分布，通常在贝叶斯网络中连续因子假设为指数或正态分布是很常见的（Friedman，1998），其指数密度 $\lambda_E^0 e^{-\lambda_E^0\times E_{ik}}$ 可估计 $P(E_{ik}|A_{ik}=0)$，指数密度 $\lambda_E^1 e^{-\lambda_E^1\times E_{ik}}$ 估计 $P(E_{ik}|A_{ik}=1)$，因此，为了得到 $P(E_{ik}|A_{ik})$ 的有效估计，本节需要估计参数 λ_E^0 与 λ_E^1。同理，为了估计 $P(H_{ik}|A_{ik})$，需要估计参数 λ_H^0 与 λ_H^1。

本节假设在给定 A 的情况下，因素 E_{ik}、N_{ik} 服从二元指数分布（Freund，1961），双变量指数分布的密度函数如下：

$$f(x,y) = \begin{cases} \lambda_x\lambda'_y e^{-\lambda'_y y-(\lambda_x+\lambda_y-\lambda'_y)x}, & 0<x<y \\ \lambda_y\lambda'_x e^{-\lambda'_x x-(\lambda_x+\lambda_y-\lambda'_x)y}, & 0<y<x \end{cases} \qquad (2-19)$$

将式（2-19）代入 $P(F_{ik},N_{ik}|A_{ik})$，有

$$P(F_{ik},N_{ik}|A_{ik}) = \begin{cases} \lambda_F^{A_{ik}}\lambda_N'^{A_{ik}} e^{-\lambda_N'^{A_{ik}}N_{ik}-(\lambda_F^{A_{ik}}+\lambda_N^{A_{ik}}-\lambda_N'^{A_{ik}})F_{ik}}, & 0<F_{ik}<N_{ik} \\ \lambda_F^{A_{ik}}\lambda_N'^{A_{ik}} e^{-\lambda_F'^{A_{ik}}F_{ik}-(\lambda_F^{A_{ik}}+\lambda_N^{A_{ik}}-\lambda_F'^{A_{ik}})N_{ik}}, & 0<N_{ik}<F_{ik} \end{cases} \qquad (2-20)$$

参考上述公式估计参数 $\lambda_F^{A_{ik}}$，$\lambda_F'^{A_{ik}}$，$\lambda_N^{A_{ik}}$，$\lambda_N'^{A_{ik}}$，利用相同的方式计算 $P(S_{ik},N_{ik}|A_{ik})$，代入二元指数分布，有

$$P(S_{ik},N_{ik}|A_{ik}) = \begin{cases} \lambda_S^{A_{ik}}\lambda_N'^{A_{ik}} e^{-\lambda_N'^{A_{ik}}N_{ik}-(\lambda_S^{A_{ik}}+\lambda_N^{A_{ik}}-\lambda_N'^{A_{ik}})S_{ik}}, & 0<S_{ik}<N_{ik} \\ \lambda_S^{A_{ik}}\lambda_N'^{A_{ik}} e^{-\lambda_S'^{A_{ik}}S_{ik}-(\lambda_S^{A_{ik}}+\lambda_N^{A_{ik}}-\lambda_S'^{A_{ik}})N_{ik}}, & 0<N_{ik}<S_{ik} \end{cases} \qquad (2-21)$$

还需要估计参数 $\lambda_S^{A_{ik}}$，$\lambda_S'^{A_{ik}}$，$\lambda_N^{A_{ik}}$，$\lambda_N'^{A_{ik}}$。

最后，为了估计 $P(N_{ik}|A_{ik})$，给定的 A，当 $N<\min(F_{ik},S_{ik})$ 时，N 遵循参数为 $\lambda_N^{A_{ik}}$ 的指数分布，当 $N\geq\min(F_{ik},S_{ik})$ 时，L 遵循参数为 $\lambda_N'^{A_{ik}}$ 的指数

分布。

$$P(N_{ik}|A_{ik}) = k \begin{cases} \lambda_N^{A_{ik}} e^{-\lambda_N^{A_{ik}} N_{ik}}, & N_{ik} < \min(F_{ik}, S_{ik}) \\ \lambda_N'^{A_{ik}} e^{-\lambda_N'^{A_{ik}} N_{ik}}, & N_{ik} \geq \min(F_{ik}, S_{ik}) \end{cases} \quad (2-22)$$

估计数是朴素贝叶斯学习的标准估计值,从数据中学习不确定性对参数估计的影响比较适合于调整参数估计值比在 θ 初始化期间任意设定效果更为合适。

本节根据文献(Li 等,2017)中给出的定理(详细参考附录 B),即:

定理 1:给定先验参数估计 $\theta_k = <\overline{p}_0, \overline{p}_1, \overline{\lambda}_E^0, \overline{\lambda}_E^1, \overline{\lambda}_H^0, \overline{\lambda}_H^1, \overline{\lambda}_F^0, \overline{\lambda}_F^1, \overline{\lambda}_F'^0, \overline{\lambda}_F'^1, \overline{\lambda}_S^0, \overline{\lambda}_S^1, \overline{\lambda}_S'^0, \overline{\lambda}_S'^1, \overline{\lambda}_N^0, \overline{\lambda}_N^1, \overline{\lambda}_N'^0, \overline{\lambda}_N'^1>$ 和指数分布的假设因素 E、H、F、S 和 N 中,存在一个最优解的 θ 使目标函数中最大化,且最优解是封闭形式(Li 等,2017)。

定理 1 中的参数估计的封闭形式解决方案不仅大大简化了基于 EM 算法的实现,并且提高了计算效率(Mclachlan 和 Krishnan,2007)。最后得到参数估计的 $\theta = <p_0, p_1, \lambda_E^0, \lambda_E^1, \lambda_H^0, \lambda_H^1, \lambda_F^0, \lambda_F^1, \lambda_F'^0, \lambda_F'^1, \lambda_S^0, \lambda_S^1, \lambda_S'^0, \lambda_S'^1, \lambda_N^0, \lambda_N^1, \lambda_N'^0, \lambda_N'^1>$。(Li 等,2017)潜在变量的概率密度可得:

$$f(N_{ik}|\theta) = f(N_{ik}|A_{ik}=1, \theta)P(A_{ik}=1|\theta) + f(N_{ik}|A_{ik}=0, \theta)P(A_{ik}=0|\theta),$$

再通过 Monte Carlo 方法来计算期望值来逼近资源获取概率 $P(A_{ik}=1|E_{ik}, H_{ik}, F_{ik}, S_{ik}, N_{ik})$ (Bishop,2006)。

(三)预测资源获取路径

在对创业网络中的潜在资源进行识别和建立获取链接后,需要针对资源成本与资源价值进行博弈,首先,让我们考虑一个问题:资源路径中存在较高的不确定性风险是否等同于资源具有更高的回报?一般而言,企业家作为追求利润的参与者,对高风险和高回报的决策有更大的容忍度。即使他们承担更多风险,他们也会考虑资源带来的价值。此外,如果获取资源的成本高于资源本身的价值,即使建立链接的概率极高也不能促进企业效益。由上节得到潜在资源状况 A 的获取概率,我们可以发现企业可能面临当前创业网络中不存在某种资源的获取路径,又或者存在一种或多种获取路径的可能性,由于直接联系与间接联系的差别,获取资源的成本也随着建立链接的复杂性和不确定性而升高,导致一家创业企业从网络中获取资源的价值也存在差异:

$$U_{ij} = P(A_{ij}=1|E_{ij}, H_{ij}, F_{ij}, S_{ij}, N_{ij}) \times V_{ij}, \quad V_{ij} > 0 \quad (2-23)$$

根据上节我们得到创业网络中每条潜在链接资源获取的概率,可以引入一个简单的最优化模型得到企业对于网络中资源获取行为的决策即为：

$$M_{ij} = \max(U_{i1}, U_{i2}, \cdots, U_{ik}, \cdots, U_{in}) \quad (2-24)$$

由此我们能得到新企业应该如何有效管理网络关系获取所需求的资源，创业企业能够根据网络特征的不同获取到具有差异性的信息和资源，但资源并不是完全有效的，需要企业的管理者利用敏锐的眼光去识别有价值的资源为之所用，以谋求创业企业稳健发展和可持续的经济效益增长。

五、实验设计、样本收集与实证评估

为了理解本节中解释的数学模型并简化先前公式的复杂性，我们进行了实验，以使用真实世界的社交网络数据来评估我们的方法。下面我们将描述样本和数据收集，详细说明我们的实验过程，并报告实验结果。

（一）样本和数据收集

Lechner 等（2003）将成立 10 年及以下的企业认定为创业企业，Rosenbusch 等（2011）则用公司全职员工数量为标准确定新企业和成熟企业，他们认为公司员工数量处于 500 人及以下的公司即为新企业。因此，本研究综合以上两项研究的观点，收集成立 10 年以下且公司员工数量处于 500 人及以下的企业数据。本节的实证数据为调研小组在全国范围内采用非随机抽样的方式所获得的。调研被试主要选择新创企业 CEO、总经理或其他中高管理层。组织了一个由重庆大学 8 名学生组成的研究小组，负责分发和回收问卷。共发放问卷 334 份，回收问卷 261 份，有效回收率为 78.14%。排除 60 份不符合基本要求的问卷，共获得 201 份有效问卷，有效率为 60.2%。调查的开始和结束日期分别为：2017 年 9 月 21 日和 2018 年 10 月 20 日。样本的基本条件如表 2-16 所示。

此外，在问卷调查的研究中需要重视两个关键的数据来源偏差，一个是无反应偏差问题（nonresponse bias），另一个是同源偏差问题（common method variance）。通过对正常回收的问卷的前 30% 和后 30% 进行 t 检验分析来检验无反应偏误，结果显示 t 值呈现非显著性，这表明本研究中无反应偏差问题并不影响分析结果。同时，我们通过 Harman 单因素检验来检查数据样本的同源偏差问题。在对整个问卷做完因子分析之后，我们发现在未旋转的情况下，第一个因子只解释了 34.364% 的方差。这表明调查问卷的结果是可信的，可以进行后续研究。附录 C 给出了问卷的变量测量，附录 D 给出了问卷量表的可靠性。

表2–16 样本基本信息（n=201）

分类项目		样本数量	百分比（%）	分类项目		样本数量	百分比（%）
成立年份	少于1年	26	12.94	行业	农副产品加工业	10	4.98
	1~2年	54	26.87		制造业	31	15.42
	3~5年	55	27.36		生物医药行业	10	4.98
	5~10年	66	32.83		电力、燃气等相关行业	7	3.48
员工数量	少于5人	21	10.45		建筑业和房地产业	19	9.45
	5~20人	61	30.35		运输、仓储和邮政服务	7	3.48
	21~50人	40	19.90		金融业	19	9.45
	51~100人	34	16.92		批发和零售	19	9.45
	101~200人	28	13.93		信息传递行业	8	3.98
	201~500人	17	8.5		计算机服务和软件产业	19	9.45
					住宿和餐饮业	11	5.47
					租赁和商业服务业	5	2.49
					其他	36	17.91

（二）实验设计和结果

本节的实验是基于201名真正的企业家的数据。它利用社交网络中的网络规模、关系强度、结构等价和异质性来描述缺乏确定性对应属性值的人力资源获取过程。本节中的实验使用了10倍交叉验证技术。对于每个实验，我们将数据集（201家公司）分成10个相等的部分，其中90%用于训练集，剩下的10%用于测试集。

步骤1：我们重复每个单独的实验10次。用于度量预测模型性能的度量标准是模型预测测试数据集的平均准确度。我们可以验证这些公司是否已根据后21家创业公司的社交网络数据建立了资源链接。同时，我们比较了EM-NB与SVM/KNN之间的准确性。

图2-9描绘了基于EM算法的朴素贝叶斯分类器与SVM/KNN方法之间的性能比较，其中类别预测模型建立在201个企业数据集上。横轴表示朴素贝叶斯算子和EM算法中的先验数据的样本数。从图2-10中可以看出，EM-NB算法在本节中的具体实现过程。支持向量机（SVM）是所有众所周知的算法中最强大和最准确的方法之一。它具有良好的理论基础，只需要十几个训练样本，并且对维数的数量不敏感。它已应用于手写数字识别，对象识别以及文本分类等任务。

KNN 方法是一种随机监督模式识别方法。它易于理解且易于实现分类技术。尽管它很简单,但它在许多情况下都能表现良好。

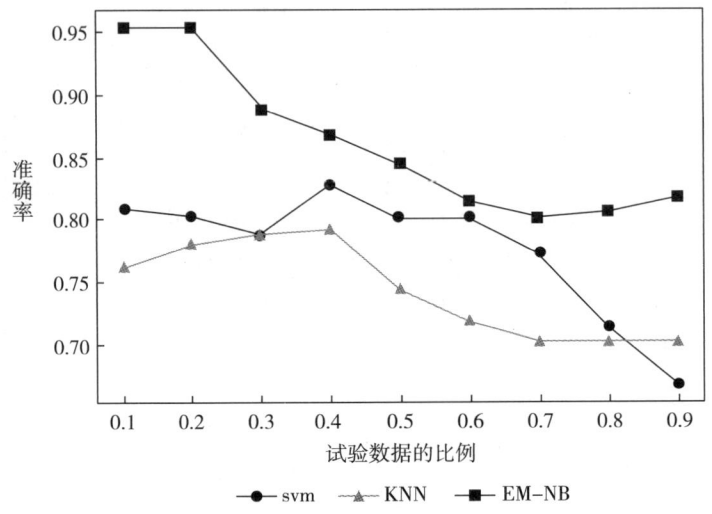

图 2-9 不同方法的预测准确率

步骤 2:为了使企业家能够更容易地在企业选择的实践中使用我们的方法,根据调查问卷和步骤 1 的结果,假设公司 A 中目前有五个人力资源链接,即 x_{ij}, $i=1$, $j=2$, 3, 4, 5, 6, i 代表公司 A,j 代表与公司 A 建立资源链接的其他公司。这五个资源链接存在于不同的社交网络维度中,决策者需要根据企业社交网络的当前状态和获取资源的效用。根据对网络结构的评估作为后验数据,初创企业的决策者可以构建朴素贝叶斯分类器来预测获取资源的网络链接概率 p_1,如表 2-17 所示。

使用 201 家公司的完整数据作为先验数据来估计这五条路径的后验概率,我们可以看到表 2-17 的结果,其中 F、S、E、H、N、V 分别表示联系强度、网络规模、结构等价、异质性、不确定性、资源价值,这些数据都是基于问卷数据。并且 p_1 表示建立资源链接的概率,U 表示资源获取的效用。通过比较五种资源的结果来获得效用,将选择优化资源获取路径为 $x_{1,6}$。我们可以看到 $x_{1,4}$ 的链接概率是 91.67%,远远高于链接 $x_{1,6}$ 的 74.42%。但当我们将价值和成本结合起来时,发现链接 $x_{1,6}$ 的效用高于链接 $x_{1,4}$ 的效用。换句话说,建立这种获取资源的链接的决定是最有效的。该过程表明,如果公司能够评估当前的社交网络维度指标,那么他们可以使用这些因素来估计访问资源的不确定性,从而通过预测资源的价值来基于资源的价值做出合理性和深思熟虑的创业决策,建立资源链接。

Input:
    Samples of enterprises with observed properties, tie strength F, equivalence E, relative network size S, and heterogeneity
    H, i. e. D = $\{F_{ij}, E_{ij}, S_{ij}, H_{ij}\}$
Initialize:
    stop certiron: ε
    k←0
    θ^0 ~ Gaussian Distribution
Repeat:
    a) Estep:
        Calculating $P(A_{ik}), P(E_{ik}|A_{ik}), P(H_{ik}|A_{ik}), P(F_{ik}, N_{ik}|A_{ik}), P(S_{ik}, N_{ik}|A_{ik}), P(N_{ik}|A_{ik})$
        as section 4.2, and, acquiring latent variable N_{ik} by calculating the mean of $f(N_{ik}|\theta^k)$ in formula (22).
    b) Mstep:
        Updating the parameter θ^{k+1} by maximizing formula (18) with probability from Estep.
Until: $\|Q(\theta_{k+1}|\theta_k) - Q(\theta_k|\theta_{k-1})\| < \varepsilon$
Output: Completion data set with uncertainty D = $\{F_{ik}, E_{ik}, S_{ik}, H_{ik}, N_{ik}\}$
Split data:
    DTrain: p percent of D where p is from 0.1 to 0.9
    DTest: the test of D
Prediction:
Calculating posterior probabilities $P(A_{ij}=1|F_{ij}, E_{ij}, S_{ij}, H_{ij}, N_{ij})$ of test enterprises by formula (12) with conditional independence assumption

图 2-10 EM-NB 算法

表 2-17 汇总结果

	$x_{1,2}$	$x_{1,3}$	$x_{1,4}$	$x_{1,5}$	$x_{1,6}$
F	2.5	1	3.5	4	4.5
S	4	1.5	5	2	3
E	3	2.5	4	1	2
H	1.5	3	2	0.5	2.5
N	3.4943	1.6809	1.9270	3.6843	2.1792
p_1	67.00%	26.92%	91.67%	13.45%	74.42%
V	3	2	4	1	5
U = p_1V	2.010	0.538	3.667	0.135	3.721

在上文中，我们证明了本节使用的方法首先在201个创业社交网络的实际数据中具有比SVM/KNN方法更好的预测率，并且随着先前数据量的增加，预测的准确性具有以下过程：首先减少然后增加。在我们的训练集中，EM-NB算法的预测概率超过80%，这意味着我们使用的方法在实际应用中具有很好的预测性能。

另外，我们假设了新公司人力资源获取路径的简单情况，本章阐述了该模型的基本用法。我们关注的实际应用是启动应该如何在现有资源链接中选择最合理的路径。由表2-16我们可以看出，资源获取能力并不只是与某一项网络结构有关，它是网络整体作用的结果，同时我们也要考虑一个问题，即是否正确评估了资源获取的成本和价值，如果一项资源获取链接的建立最终并不能够创造企业绩效促进企业发展，它是毫无用处的。

然而，由于不确定性的存在导致企业的成长和资源走向在未来并不一定完全按照预测方案发展，EM-NB模型计算结果并不是绝对准确的，而是预测各个方案的链接概率，获得最大概率路径的同时也提供替代方案的结果，可以根据网络动态变化和未来事件的发生采取其他的链接决策。本章介绍的新方法的主要优点是，它提供了未来可能出现的所有情景的更广泛的图景，并根据创业资源网络推荐了一个链接备选方案。

六、附录

附录 A：式（2-16）的推导

我们重复式（2-16）

$$Q(\theta|\theta_k) = \sum_{k=1}^{n} \ln[P(D_{ik}, N_{ik}|\theta)] P(N_{ik}|D_{ik}, \theta_k) d_{N_{ik}} \tag{A1}$$

其中，$P(D_{ik}, N_{ik}|\theta)$ 可以拓展为（Li 等，2017）：

$$\begin{aligned} P(D_{ik}, H_{ik}|\theta) &= P(F_{ik}, E_{ik}, S_{ik}, H_{ik}, N_{ik}, A_{ik}|\theta) \\ &= P(F_{ik}, E_{ik}, S_{ik}, H_{ik}, N_{ik}|A_{ik}, \theta) P(A_{ik}|\theta) \\ &= P(E_{ik}|A_{ik}, \theta) P(H_{ik}|A_{ik}, \theta) P(F_{ik}, S_{ik}, N_{ik}|A_{ik}, \theta) P(A_{ik}|\theta) \end{aligned} \tag{A2}$$

$$\begin{aligned} &P(F_{ik}, S_{ik}, N_{ik}|A_{ik}, \theta) P(A_{ik}|\theta) \\ &= P(F_{ik}, S_{ik}|N_{ik}, A_{ik}, \theta) P(N_{ik}|A_{ik}, \theta) P(A_{ik}|\theta) \end{aligned}$$

$$= P(F_{ik}|N_{ik}, A_{ik}, \theta)P(S_{ik}|N_{ik}, A_{ik}, \theta)P(N_{ik}|A_{ik}, \theta)P(A_{ik}|\theta)$$

$$= \frac{P(F_{ik}, N_{ik}|A_{ik}, \theta)P(S_{ik}, N_{ik}|, A_{ik}, \theta)P(A_{ik}|\theta)}{P(N_{ik}|A_{ik}, \theta)} \quad (A3)$$

$$P(D_{ik}, H_{ik}|\theta) = \frac{P(E_{ik}|A_{ik}, \theta)P(H_{ik}|A_{ik}, \theta)P(F_{ik}, N_{ik}|A_{ik}, \theta)P(S_{ik}, N_{ik}|A_{ik}, \theta)P(A_{ik}|\theta)}{P(N_{ik}|A_{ik}, \theta)}$$

(A4)

把（A4）代入（A1），我们可以得到式（2-17）。

附录 B：定理 1 的阐述

定理 1：给定先验参数估计 $\theta_k = <\bar{p}_0, \bar{p}_1, \bar{\lambda}_E^0, \bar{\lambda}_E^1, \bar{\lambda}_H^0, \bar{\lambda}_H^1, \bar{\lambda}_F^0, \bar{\lambda}_F^1, \bar{\lambda}_F'^0,$ $\bar{\lambda}_F'^1, \bar{\lambda}_S^0, \bar{\lambda}_S^1, \bar{\lambda}_S'^0, \bar{\lambda}_S'^1, \bar{\lambda}_N^0, \bar{\lambda}_N^1, \bar{\lambda}_N'^0, \bar{\lambda}_N'^1 >$ 和指数分布的假设因素 E、H、F、S 和 N 中，存在一个最优解的 θ 使目标函数最大化，且最优解是封闭形式（Li 等，2017）。

$$p_1 = \frac{\sum_{k=1}^n A_{ik}}{n} \quad (B1)$$

当零频率属性值出现的时候，这种概率估计方法就会产生一个有偏的过低估计概率。更极端的情况是，当零频率属性值出现的时候，就会使得某个概率值为 0，进而导致由式（B1）计算的整个量为 0。为避免此种情况发生，这里采用 Laplace 估计来平滑上述概率，其中 n_1 为类的个数。得到

$$p_1 = \frac{\sum_{k=1}^n A_{ik} + 1}{n + n_1} \quad (B2)$$

$$p_0 = 1 - p_1 \quad (B3)$$

$$\lambda_{E|1} = \frac{\sum_{k=1}^n A_{ik}}{\sum_{k=1}^n A_{ik}E_{ik}} \quad (B4)$$

$$\lambda_{E|0} = \frac{\sum_{k=1}^n (1 - A_{ik})}{\sum_{k=1}^n (1 - A_{ik})E_{ik}} \quad (B5)$$

$$\lambda_{H|1} = \frac{\sum_{k=1}^n A_{ik}}{\sum_{k=1}^n A_{ik}H_{ik}} \quad (B6)$$

$$\lambda_{H|0} = \frac{\sum_{k=1}^n (1 - A_{ik})}{\sum_{k=1}^n (1 - A_{ik})H_{ik}} \quad (B7)$$

$$\lambda_s^1 = \frac{\sum_k A_{ik}(2 - I_{ik})}{\sum_k A_{ik}[S_{ik} + \Gamma_{ik}^2 + I_{ik}\Gamma_{ik}^3 + (1 - I_{ik})S_{ik}]},\tag{B8}$$

$$\lambda_s^0 = \frac{\sum_k (1 - A_{ik})(2 - I_{ik})}{\sum_k (1 - A_{ik})[S_{ik} + \Gamma_{ik}^2 + I_{ik}\Gamma_{ik}^3 + (1 - I_{ik})S_{ik}]},\tag{B9}$$

$$\lambda_s'^1 = \frac{\sum_k A_{ik}(1 + I_{ik})}{\sum_k A_{ik}[S_{ik} - \Gamma_{ik}^2 + I_{ik}S_{ik} + I_{ik}S_{ik}^3]},\tag{B10}$$

$$\lambda_s'^0 = \frac{\sum_k (1 - A_{ik})(1 + I_{ik})}{\sum_k (1 - A_{ik})[S_{ik} - \Gamma_{ik}^2 + I_{ik}S_{ik} + I_{ik}S_{ik}^3]},\tag{B11}$$

$$\lambda_F^1 = \frac{\sum_k A_{ik}(1 + I_{ik})}{\sum_k A_{ik}[F_{ik} + \Gamma_{ik}^2 + (1 - I_{ik})\Gamma_{ik}^4 + I_{ik}F_{ik}]},\tag{B12}$$

$$\lambda_F^0 = \frac{\sum_k (1 - A_{ik})(1 + I_{ik})}{\sum_k (1 - A_{ik})[F_{ik} + \Gamma_{ik}^2 + (1 - I_{ik})\Gamma_{ik}^4 + I_{ik}F_{ik}]},\tag{B13}$$

$$\lambda_F'^1 = \frac{\sum_k A_{ik}(1 - I_{ik})}{\sum_k A_{ik}[F_{ik} - \Gamma_{ik}^2 + (1 - I_{ik})F_{ik} - (1 - I_{ik})\Gamma_{ik}^4]},\tag{B14}$$

$$\lambda_F'^0 = \frac{\sum_k (1 - A_{ik})(2 - I_{ik})}{\sum_k (1 - A_{ik})[F_{ik} - \Gamma_{ik}^2 + (1 - I_{ik})F_{ik} - (1 - I_{ik})\Gamma_{ik}^4]},\tag{B15}$$

$$\lambda_N^1 = \frac{\sum_k A_{ik}[1 + I_{ik}\Gamma_{ik}^3 + (1 - I_{ik})\Gamma_{ik}^4]}{\sum_k A_{ik}[(N_{ik} + F_{ik}) + \Gamma_{ik}^2 + I_{ik}(\Gamma_{ik}^3 + S_{ik}) + (1 - I_{ik})(\Gamma_{ik}^4 + F_{ik})]},\tag{B16}$$

$$\lambda_N^0 = \frac{\sum_k (1 - A_{ik})[1 + I_{ik}\Gamma_{ik}^3 + (1 - I_{ik})\Gamma_{ik}^4]}{\sum_k (1 - A_{ik})[(N_{ik} + F_{ik}) + \Gamma_{ik}^2 + I_{ik}(\Gamma_{ik}^3 + S_{ik}) + (1 - I_{ik})(\Gamma_{ik}^4 + F_{ik})]},\tag{B17}$$

$$\lambda_N'^1 = \frac{\sum_k A_{ik}}{\sum_k A_{ik}[\Gamma_{ik}^1 - (F_{ik} + S_{ik}) + I_{ik}S_{ik} + (1 - I_{ik})F_{ik}]},\tag{B18}$$

$$\lambda_N'^0 = \frac{\sum_k (1 - A_{ik})}{\sum_k (1 - A_{ik})[\Gamma_{ik}^1 - (F_{ik} + S_{ik}) + I_{ik}S_{ik} + (1 - I_{ik})F_{ik}]},\tag{B19}$$

其中：

$$I_{ik} = \begin{cases} 1, & F_{ik} > S_{ik} \\ 0, & F_{ik} \leq S_{ik} \end{cases}$$

$$Y_{ik} = \max(F_{ik}, S_{ik})$$

$$y_{ik} = \min(F_{ik}, S_{ik})$$

$$\Gamma_{ik}^1 = Y_{ik} + \frac{1}{\overline{\lambda'}_N^{A_{ik}}}$$

$$\Gamma_{ik}^2 = \frac{1}{\overline{\lambda}_F^{A_{ik}} - \overline{\lambda'}_F^{A_{ik}} + \overline{\lambda}_S^{A_{ik}} - \overline{\lambda'}_S^{A_{ik}} + \overline{\lambda}_N^{A_{ik}}} - \frac{y_{ik} e^{-(\overline{\lambda}_F^{A_{ik}} - \overline{\lambda'}_F^{A_{ik}} + \overline{\lambda}_S^{A_{ik}} - \overline{\lambda'}_S^{A_{ik}} + \overline{\lambda}_N^{A_{ik}})y_{ik}}}{1 - e^{-(\overline{\lambda}_F^{A_{ik}} - \overline{\lambda'}_F^{A_{ik}} + \overline{\lambda}_S^{A_{ik}} - \overline{\lambda'}_S^{A_{ik}} + \overline{\lambda}_N^{A_{ik}})y_{ik}}}$$

$$\Gamma_{ik}^3 = \frac{S_{ik} e^{-(\overline{\lambda}_S^{A_{ik}} + \overline{\lambda}_N^{A_{ik}} - \overline{\lambda'}_S^{A_{ik}})S_{ik}} - F_{ik} e^{-(\overline{\lambda}_F^{A_{ik}} + \overline{\lambda}_N^{A_{ik}} - \overline{\lambda'}_F^{A_{ik}})F_{ik}}}{e^{-(\overline{\lambda}_S^{A_{ik}} + \overline{\lambda}_N^{A_{ik}} - \overline{\lambda'}_S^{A_{ik}})S_{ik}} - e^{-(\overline{\lambda}_F^{A_{ik}} + \overline{\lambda}_N^{A_{ik}} - \overline{\lambda'}_F^{A_{ik}})F_{ik}}} + \frac{1}{\overline{\lambda}_F^{A_{ik}} + \overline{\lambda}_N^{A_{ik}} - \overline{\lambda'}_F^{A_{ik}}}$$

$$\Gamma_{ik}^4 = \frac{F_{ik} e^{-(\overline{\lambda}_S^{A_{ik}} + \overline{\lambda}_N^{A_{ik}} - \overline{\lambda'}_S^{A_{ik}})S_{ik}} - S_{ik} e^{-(\overline{\lambda}_S^{A_{ik}} + \overline{\lambda}_N^{A_{ik}} - \overline{\lambda'}_S^{A_{ik}})F_{ik}}}{e^{-(\overline{\lambda}_S^{A_{ik}} + \overline{\lambda}_N^{A_{ik}} - \overline{\lambda'}_S^{A_{ik}})S_{ik}} - e^{-(\overline{\lambda}_S^{A_{ik}} + \overline{\lambda}_N^{A_{ik}} - \overline{\lambda'}_S^{A_{ik}})F_{ik}}} + \frac{1}{\overline{\lambda}_S^{A_{ik}} + \overline{\lambda}_N^{A_{ik}} - \overline{\lambda'}_S^{A_{ik}}}$$

具体证明可参考文献（Li 等，2017）。

第五节 努力互补效应、非合作博弈与创业努力策略选择

在创业者社会网络中的一个不容忽视的链条就是创业企业家与投资者之间的联系。创业企业能否获得成功，很大程度上取决于创业企业家与投资者之间的合作。创业投资者与创业企业家在创业企业价值创造和成长的基础上，两者互补的努力水平将决定创业企业的价值和成长。因此，本研究通过对创业企业家与创业投资者在不同努力水平策略所获得的收益进行对比分析，从一次博弈、有限次重复博弈和无限次重复博弈三个角度分析组织不能达到帕累托最优解的原因，并找到合理分配系数的分布区间，为创业企业的收益分配研究提供参考，以求实现社会总收益最大化。

一、努力互补效应、非合作博弈与创业努力策略概述

创业企业在创立和成长的过程中拥有两种企业家资源：创业企业家和创业投

资者，他们是新创企业发展和价值创造的基础。从 Modigliani 和 Miller（1959）开始，众多管理理论逐渐形成，为研究创业企业家与投资者之间的关系提供了坚实的理论基础和新的视角，如委托—代理理论（Jensen & Meckling, 1976）、信息不完全理论（Myers & Majluf, 1984）与控制权理论（Aghion 和 Bolton, 1992）等。Timmons 等（1986）通过研究分析得出，新创企业在成长壮大的磨砺中应当更加注重与投资者的合作关系，而不是资金。企业家与投资者采取的互助协作铸就了新创企业的持久生存与发展：创业企业家在市场推广、产品开发与创新精神等方面具有优势，创业投资者则在企业的财务管理、融资、策略规划与外部金融机构的良好关系等方面具有优势。故而，创业投资者与创业企业家两者互补的努力水平将在企业价值缔造和发展壮大过程中成为主要的推动力。在满足此条件的前提下，能否满足创业投资者与企业家各自的回报要求和配给方案会成为影响新创企业生存和成长的决定性因素。据此可知，创建基于创业企业家和投资者努力水平的利益分配方法以使双方都满意是确保新创企业能够长久生存与持续发展的重要之策。国内学者张延锋等（2003）、顾新等（2004）以及李富昌和王勇（2010）使用博弈论方法分析了企业在收益分配方面的设计策略。白少布等（2011）基于供应链融资运作中企业间的合作关系，创建多主体无风险合约模型，对银行和企业可承受的贷款限额与利率范围、供应链融资参与主体间的无风险合约签订条件进行了研究分析，提出了企业努力水平与借贷利息率、借贷限定额度之间的促进关系。

众多研究已经证明，经济扩张与创业投资密不可分，那么按理说市场对创业投资的接纳度应当非常高才对。但现实情况却是，因现有监管条例和信用风险上的漏洞使得这些想要进入市场大干一场的新创企业难以利用常规的传统融资渠道进行创业融资。这就使得新创企业和创业投资者更在意融资过程中博弈行为所涉及的支付和收益。创投双方的博弈贯穿于新创企业成长扩张的每一个环节中，值得注意的是，各环节的博弈所提供的支付都与双方各自的努力水平相关，而各环节博弈所收获的回报都与两边可接受的分配方式相联系。并且可以看出，这一系列博弈行为在一般情况下并不是一次性的，相反，它们是多次的行为博弈，我们可以把这看作连续的重复博弈，因为在投融资过程中，每轮创投双方的博弈起始点都能视作公司进行的每次融资（陈逢文等，2012）。通过对文献的阅读和整理我们发现，现今文献对如此的多次博弈行为过程的系统性分析较少,而通过引入创业企业家与投资者的努力互补效应进行创投双方博弈行为分析的文献几乎没有。由此,本研究则将创业企业家和创业投资者的努力水平纳入投融资的博弈当中,从一次博弈、有限次重复博弈和无限次重复博弈三个角度出发,通过对比创投双方在不同努力水平策略下获得的收益来探讨组织不能够达到帕累托最优的症由所在,并欲找出能为新创企业进行合理利益分配提供参考思路以及能提高社会总收益最大化可能性的分配系数优值或优值区间。

二、创业企业家和创业投资者不同努力的模型设定

(一)模型假设

本研究借鉴觉兴华(2005)的理论模型来研究创投双方在新创企业融资过程中的行为选择,并提出以下假设:

假设1:创业企业的企业家资源由两部分组成:创业投资者和创业企业家,且已知公司收益、产出与两者努力水平有紧密联系。下文考虑到研究分析的方便性,研究设定创业企业的生产函数是线性函数,即 $Y = \alpha \sqrt{e_1} \cdot \sqrt{e_2} + \varepsilon$。式中,$\alpha$ 是创业投资者与创业企业家的合作系数,表示的是两方努力程度的互补效应,e_1 表示创业企业家 E 的努力水平,e_2 表示创业投资者 I 的努力水平,ε 测量外生不确定性,是符合均值为 0、方差为 σ^2 的独立同分布正态随机变量。

假设2:创业投资者与创业企业家进行合适努力水平抉择的基础即为公司收益分配方式,且双方的努力成本可与发布成本相等。其中,努力成本可与发布成本的函数分别为 $C(E) = 0.5e_1^2$ 与 $C(I) = 0.5e_2^2$。

假设3:创业投资者 I 与创业企业家 E 一同分享创业收益。为方便讨论,假设无息无税,创业企业回报仅由创业投资者与创业企业家分配,且创业企业家的收益分配系数为 β,且 $0 < \beta \leq 1$。

(二)利益最大化的静态模型

创业企业家与创业投资者均可通过非合作努力(即不考虑利益,仅考虑个人利益的努力)和合作努力(即同时考虑创投双方收益水平的努力)两个方面来选择努力水平。下面对不同选择的努力水平进行了讨论(见表2-18):

表 2-18 创业企业家和创业投资者的努力策略

创业企业家，创业投资者	（非合作努力，非合作努力）	（非合作努力，合作努力）
	（合作努力，合作努力）	（合作努力，非合作努力）

(1) 创业投资者和创业企业家参与博弈的努力选择决策都为非合作努力。依据前文假设可得：创业投资者 E 的期望收益为 $\pi(E) = \beta\alpha\sqrt{e_1} \cdot \sqrt{e_2} - 0.5e_1^2$，最优化下的努力水平为 $e_1^* = \sqrt[3]{\dfrac{\alpha^2\beta^2 e_2}{4}}$；创业投资者 I 的期望收益 $\pi(I) = (1-\beta)\alpha\sqrt{e_1} \cdot \sqrt{e_2} - 0.5e_2^2$，最优化下的努力水平为 $e_2^* = \sqrt[3]{\dfrac{\alpha^2(1-\beta)^2 e_1}{4}}$。联立双方努力水平的方程式，求解能够得到实现最优化收益的创投双方努力水平、预期收益和总收益如下：

$$\begin{cases} e_1^* = \dfrac{\alpha}{2}\sqrt[4]{\beta^3(1-\beta)} \\ e_2^* = \dfrac{\alpha}{2}\sqrt[4]{\beta(1-\beta)^3} \end{cases} \begin{cases} \pi(E)^* = \dfrac{3\alpha^2\beta}{8}\sqrt{\beta(1-\beta)} \\ \pi(I)^* = \dfrac{3\alpha^2(1-\beta)}{8}\sqrt{\beta(1-\beta)} \\ \pi^* = \pi(E)^* + \pi(I)^* = \dfrac{3a^2}{8}\sqrt{\beta(1-\beta)} \end{cases}$$

(2) 创业投资者和创业企业家参与博弈的努力选择决策都为合作努力。当创业者和创业投资者均以合作努力参与博弈时，最优决策问题变为 $\pi(e_1; e_2) = \alpha\sqrt{e_1} \cdot \sqrt{e_2} - 0.5e_1^2 - 0.5e_2^2$。同理，可以求出实现最优化收益的创投双方努力水平、预期收益和总收益为：

$$e_1^{**} = e_2^{**} = \dfrac{\alpha}{2} \begin{cases} \pi(E)^{**} = \dfrac{\alpha^2\beta}{2} - \dfrac{\alpha^2}{8} \\ \pi(I)^{**} = \dfrac{3\alpha^2}{8} - \dfrac{\alpha^2\beta}{2} \\ \pi^{**} = \dfrac{a^2}{4} \end{cases}$$

(3) 创业企业家参与博弈的努力选择决策都为合作努力，而创业投资者则选择非合作努力。由前文公式可以得到实现最优化收益的创投双方努力水平、预期收益和总收益为：

$$\begin{cases} e_1^{***} = \dfrac{\alpha}{2}\sqrt[4]{1-\beta} \\ e_2^{***} = \dfrac{\alpha}{2}\sqrt[4]{(1-\beta)^3} \end{cases} \begin{cases} \pi(E)^{***} = \dfrac{\alpha^2\beta}{2}\sqrt{1-\beta} - \dfrac{\alpha^2}{8}\sqrt{1-\beta} \\ \pi(I)^{***} = \dfrac{3\alpha^2(1-\beta)}{8}\sqrt{1-\beta} \\ \pi^{***} = \dfrac{a^2\beta}{8}\sqrt{1-\beta} + \dfrac{a^2}{4}\sqrt{1-\beta} \end{cases}$$

（4）创业投资者参与博弈的努力选择决策都为合作努力，而创业企业家则选择非合作努力。同理可得实现最优化收益的创投双方努力水平、预期收益和总收益为：

$$\begin{cases} e_1^{****} = \dfrac{\alpha}{2}\sqrt[4]{\beta^3} \\ e_2^{****} = \dfrac{\alpha}{2}\sqrt[4]{\beta} \end{cases} \begin{cases} \pi(E)^{****} = \dfrac{3\alpha^2\beta}{8}\sqrt{\beta} \\ \pi(I)^{****} = \dfrac{3\alpha^2}{8}\sqrt{\beta} - \dfrac{\alpha^2\beta}{2}\sqrt{\beta} \\ \pi^{****} = \dfrac{3a^2}{8}\sqrt{\beta} - \dfrac{a^2\beta}{8}\sqrt{\beta} \end{cases}$$

（三）创业企业家和创业投资者的努力策略

本节基于一次博弈、有限次重复博弈、无限次重复博弈三个方面逐步分析创业企业家与创业投资者的努力水平与收益分配的关系，欲探寻出创投双方是否可能在博弈过程中都选择合作努力，并探讨收益配置的变化。本节在进行数值分析时假设 $\alpha = 1$。

1. 一次博弈

（1）参与者的策略选择。

①当创业企业家以非合作努力参与博弈时，比较此条件下创业投资者选择合作努力与非合作努力分别获得的收益，即比较 $\pi(I)^* = \dfrac{3\alpha^2(1-\beta)}{8}\sqrt{\beta(1-\beta)}$ 和 $\pi(I)^{****} = \dfrac{3\alpha^2}{8}\sqrt{\beta} - \dfrac{\alpha^2\beta}{2}\sqrt{\beta}$，得到：当 $0 < \beta < \dfrac{11-\sqrt{13}}{18}$ 时，创业投资者进行合作博弈；当 $\dfrac{11-\sqrt{13}}{18} < \beta < 1$ 时，创业投资者进行非合作博弈。

②当创业企业家选择合作努力参与博弈时，比较此条件下创业投资者选择合作努力与非合作努力分别获得的相应收益，即比较 $\pi(I)^{**}$ 与 $\pi(I)^{***}$，发现与第①项的结果相同。

③当创业投资者基于非合作努力时,对比此条件下创业企业家选择合作努力与非合作努力分别获得的收益,即比较 $\pi(E)^* = \frac{3\alpha^2\beta}{8}\sqrt{\beta(1-\beta)}$ 与 $\pi(E)^{***} = \frac{\alpha^2\beta}{2}\sqrt{1-\beta} - \frac{\alpha^2}{8}\sqrt{1-\beta}$ 的大小,得到结果:当 $0 < \beta < \frac{7+\sqrt{13}}{18}$ 时,创业企业家进行非合作努力;当 $\frac{7+\sqrt{13}}{18} < \beta < 1$ 时,创业企业家进行合作努力。

④当创业投资者基于合作努力时,对比此条件下创业企业家选择合作努力与非合作努力分别获得的收益,即比较 $\pi(E)^{**}$ 与 $\pi(E)^{****}$ 的大小,发现与第③项的结果相同。

综上所述,可得创业企业家和创业投资者的努力决策(见表2-19)。

表2-19 创业企业家和创业投资者的努力决策类别表

创业企业家占有的分配比例 β 条件	努力策略选择	
	创业企业家	创业投资者
当 $0 < \beta < \frac{11-\sqrt{13}}{18}$ 时	非合作努力	合作努力
当 $\frac{11-\sqrt{13}}{18} < \beta < \frac{7+\sqrt{13}}{18}$ 时	非合作努力	非合作努力
当 $\frac{7+\sqrt{13}}{18} < \beta < 1$ 时	合作努力	非合作努力

当创业企业家可获得的配给比例"β"较小时,创业企业家优先考虑非合作努力,通过职务消费等对个体有利而对集体不利的行为来弥补个体努力所付出的成本;当创业投资者所获得的配给比例"$1-\beta$"较小时,创业投资者同样会做出非合作努力的决策以提高自己的收益。

(2)努力互补与收益分析。

由上述计算结果可知,分配系数 β 被划分为三个区间段,同时得到了每个区间创投双方的努力水平(见图2-10)。区间 $0 < \beta < \frac{11-\sqrt{13}}{18}$ 对应企业家非合作努力水平低于投资者合作努力水平;区间 $\frac{11-\sqrt{13}}{18} < \beta < \frac{7+\sqrt{13}}{18}$ 对应企业家和投资者的努力决策都是非合作努力,且两者努力水平都较小且相互交替,随着分配

系数的改变,获利较多者的努力水平变大,获利较少者的努力水平变小;区间 $\frac{7+\sqrt{13}}{18}<\beta<1$ 对应企业家合作努力水平大于投资者非合作努力水平。与此同时我们也发现,若博弈中一方的努力水平较小,则另一方的努力水平也较小,这是由于博弈双方的努力水平存在相互联系和相互约束的关系,一方偏低,其收益就受到影响,从而导致另一方抉择出的努力策略的实施程度也相对偏低。

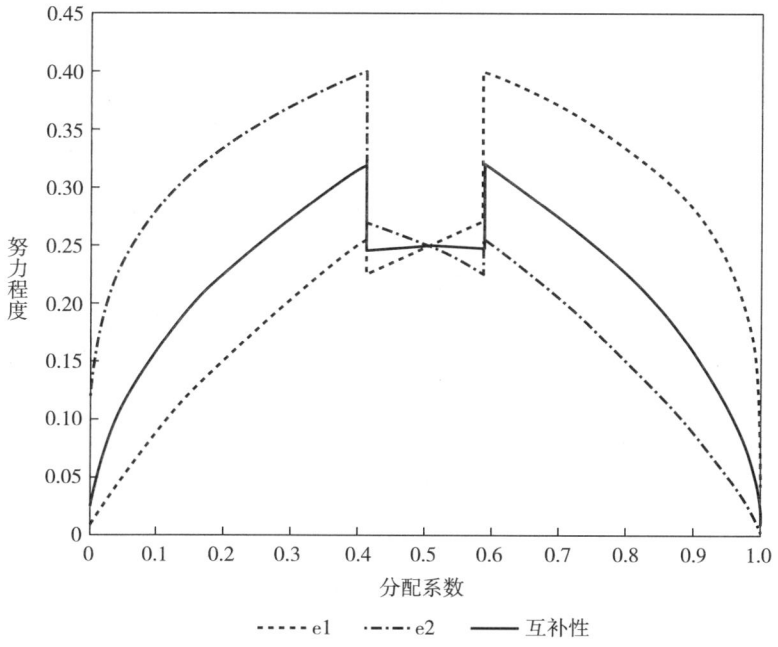

图 2-11 努力互补与分配系数

"互补"即为两个事物间彼此填补以提升自身功效的过程。用于我们所知的系统互补中,即可视其为系统与系统的相互补充。而系统的流通构成决定了其功能。在两个系统之间产生了联系的情况下,系统 A 的"输出"成为系统 B 的"输入",而系统 B 的"输出"又成了系统 A 的"输入"时,即可称系统 A、B 之间出现了互补。创业企业的努力互补即表现为,创业投资者和创业企业家个人持有的努力在被双方合作利用后获得的价值大于单独被任意一方利用带来的价值的情况,其中的机理效应即被称为努力互补效应(Dyer & Singh, 1998)。

Autrey(2005)进行的努力互补效应研究表明,投资吸引力的产生依赖于创业投资者和创业企业家各自拥有的资源，若双方都明晰对方持有自己所需的资源且断定对方在一定的条件下必定愿意提供此种资源给自己时，投资吸引力就产生了。从这里我们可以看出，努力互补效应与非资本增值服务十分相似。同时也可知，能够通过创投双方的投资吸引力来表示两方存在的资源需求和彼此依赖的关系。创业企业家和创业投资者基于互补调节机制（Fitas Moderating）形成的战略性契合（Strategic Fit），在计量中一般表现为积极的交互作用，创业团队中融资合约的安排通常作为决定创业团队互补效应发挥作用的关键要素。

为研究介于创业企业家与创业投资者之间的努力互补效应，假设 $\alpha\sqrt{e_1} \cdot \sqrt{e_2}$ 为努力互补效应，它的值将会随着分配系数变化而呈现出如图 2-11 所示的变化趋势。当分配系数偏大或偏小时，努力互补效应较小，这主要是因为收益分配过于偏向一方，另一边必然不会配合以发展创业企业。随着分配系数逐步均等化，努力互补效应逐渐提高。但当 $\frac{11-\sqrt{13}}{18} < \beta < \frac{7+\sqrt{13}}{18}$ 时，努力互补效应有所减小，其原因可能是当收益分配额相等时，双方都有可能偷懒，从而导致努力互补效应变小。

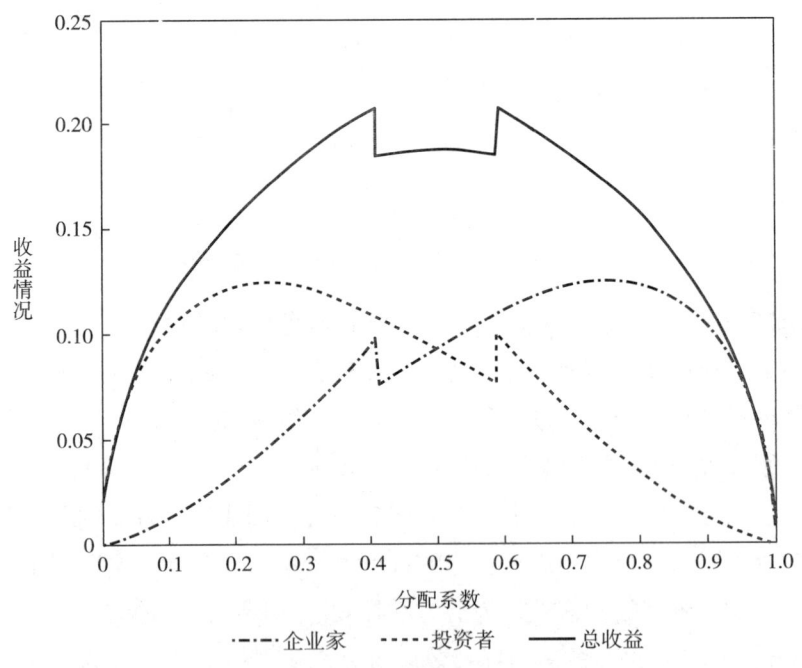

图 2-12　收益情况与分配系数

同时，仍然依据前文得出的三个分配系数区间，计算出创业企业家、创业投资者收益和总收益的情况（见图2-11）。首先，当分配系数 β 较小或者较大时，创业企业家、创业投资者收益和总收益都比较小，这与上文对创业投资者与创业企业家之间努力水平的相互制约有关。其次，创业投资者与创业企业家的收益随着分配系数 β 的改变而改变，双方的收益总呈现出此消彼长的现象。最后，从总收益的角度，当分配系数 β 在 $\frac{11-\sqrt{13}}{18}$ 和 $\frac{7+\sqrt{13}}{18}$ 时总收益最大，故社会应该鼓励创业企业家与创业投资者的分配系数位于这两点。

2. 有限次重复博弈

有限重复博弈是单次博弈决策的多次但有上限总次数的重复，因此可以认为有限次的重复博弈行为所获得的决策组合结果与前文分析得到的单次博弈的结果一致。其中，原因主要体现在以下三个方面：

（1）创业投资者与创业企业家之间的博弈属于一次或有限次博弈，因此双方不能向对方实施可置信的威胁。原因在于：若创投之间的博弈为无限次重复博弈，那么两边都有可能打破囚徒困境以促成合作，当创投双方拥有足够的耐心进行无限次重复博弈，此时发出的威胁就是可置信的了，最后结果即会变为任何一方因为一次的破坏行为所得的收益都可以忽略不计，所以一方面两方皆十分愿意构建一个合作的机制，另一方面他们还严惩机会主义行为。

（2）创业投资者与创业企业家之间的有效沟通不足。虽然双方都认为若他们都能以集体利益最大化为原则进行努力选择，那么此时双方都能获得最大的收益，但是双方却都抵不住短期的个人利益的诱惑以及对对方抢夺利益的防范而做出与此相左的努力决策。

（3）创业投资者与创业企业家之间缺乏应有的信任。创业投资者与创业企业家之间均不认为对方会选择"集体利益"策略，使得双方无法选择可以促使双方收益最大化的（集体利益，集体利益）策略组合。

3. 无限次重复博弈

为防止道德风险的发生，创业投资者在创业投资的实际运作中一般不会选择一次性投资，而是采取多阶段投资的方式。长期来看，创业投资者和创业企业家都遵循新创企业总体利益最大化原则做出能使得创投双方都获得由此带来的最大化价值的合作决策。如果把有限次重复博弈扩展到无限次，那么未来收益的时间价值判断［即时间因素（陈逢文等，2012）］将会成为需要研究的因素。其中，双方的时间贴现因子分别是：δ_1、δ_2（$0<\delta_i<1$；$i=1,2$）。

假设创业企业家和创业投资者最初均选择合作努力，创业企业家的收益为 $T\pi(E) = \left[\left(\dfrac{\alpha^2\beta}{2} - \dfrac{\alpha^2}{8}\right) + \left(\dfrac{\alpha^2\beta}{2} - \dfrac{\alpha^2}{8}\right)\delta_1 + \cdots\right]$，即 $T\pi(E) = \left(\dfrac{\alpha^2\beta}{2} - \dfrac{\alpha^2}{8}\right) \times \dfrac{1}{1-\delta_1}$；创业投资者的总收益为 $T\pi(I) = \left[\left(\dfrac{3\alpha^2}{8} - \dfrac{\alpha^2\beta}{2}\right) + \left(\dfrac{3\alpha^2}{8} - \dfrac{\alpha^2\beta}{2}\right)\delta_2 + \cdots\right]$，即 $T\pi(I) = \left(\dfrac{3\alpha^2}{8} - \dfrac{\alpha^2\beta}{2}\right) \times \dfrac{1}{1-\delta_2}$。若一方的决策是不合作，那么另一方即会依据实际情况做出是否改变最初策略的决策。假定先做决策的一方的策略是不合作方，且从开始并保持非合作努力状态，另一方在第一期的策略还是合作努力，之后便选择是否改变自己的策略并一直坚持自己最后选择的策略。创投双方的非合作无限次重复博弈由此展开。

（1）创业投资者为不合作者。如果创业投资者在决策初期都选择非合作努力，而企业家在决策初期选择合作努力，在第一期之后，通过前文的研究探讨结果可知，创业企业家会依据所处的 β 区间对应的收益比较结果做出应付出的努力水平决策。

当 $0 < \beta < \dfrac{7+\sqrt{13}}{18}$ 时，创业企业家做出非合作努力决策：$T\pi(I)^* = \dfrac{3\alpha^2(1-\beta)}{8}\sqrt{1-\beta} + \dfrac{3\alpha^2(1-\beta)}{8}\sqrt{\beta(1-\beta)}\dfrac{\delta_2}{1-\delta_2}$，当 $T\pi(I) \geqslant T\pi(I)^*$ 时，投资者才会选择合作努力，即 $\delta_2 \geqslant \dfrac{(1+\sqrt{\beta})[3(1-\beta)^2 - 3\sqrt{1-\beta} + 4\beta\sqrt{1-\beta}]}{3(1-\beta)^3}$ 时，并且满足 $0 < \delta_2 < 1$ 和 $0 < \beta < \dfrac{7+\sqrt{13}}{18}$，从而可以求解出 β 的范围。令 $Q1 = \dfrac{(1+\sqrt{\beta})[3(1-\beta)^2 - 3\sqrt{1-\beta} + 4\beta\sqrt{1-\beta}]}{3(1-\beta)^3}$，则在约束条件 $0 < \beta < \dfrac{7+\sqrt{13}}{18}$ 下，$Q1$ 的取值范围为 $[-0.0547, 0.7991]$。此种状态下，创业投资者没有理由选择不合作，因此应坚持合作努力决策。

当 $\dfrac{7+\sqrt{13}}{18} < \beta < 1$ 时，创业企业家做出合作努力决策：$T\pi(I)^{**} = $

$\frac{3\alpha^2(1-\beta)}{8}\sqrt{1-\beta}\frac{1}{1-\delta_2}$;当 $T\pi(I) \geqslant T\pi(I)^{**}$ 时,投资者会选择合作努力,通过求解发现在 $\frac{7+\sqrt{13}}{18} < \beta < 1$ 时,不存在这样的 β。

(2)创业企业家为不合作者。如果创业企业家在决策初期选择非合作努力,而投资者在决策初期选择合作努力,那么第一期融资博弈之后,创业投资者同样会依据所处 β 值区间对应的期望报酬做出努力水平决策。

当 $0 < \beta < \frac{11-\sqrt{13}}{18}$ 时,创业投资者做出合作努力决策:$T\pi(E)^* = \frac{3\alpha^2\beta}{8}\sqrt{\beta}$ $\frac{1}{1-\delta_1}$,只有当 $T\pi(E) \geqslant T\pi(E)^*$ 时,企业家才会选择合作努力,通过求解发现在 $0 < \beta < \frac{11-\sqrt{13}}{18}$ 时,这样的 β 是不存在的。

当 $\frac{11-\sqrt{13}}{18} < \beta < 1$ 时,创业投资者做出非合作努力决策:$T\pi(E)^{**} = \frac{3\alpha^2\beta}{8}$ $\sqrt{\beta} + \frac{3\alpha^2\beta}{8}\sqrt{\beta(1-\beta)}\frac{\delta_1}{1-\delta_1}$,只有当 $T\pi(E) \geqslant T\pi(E)^{**}$ 时,企业家才会选择合作努力,即 $\delta_1 \geqslant \frac{(\sqrt{1-\beta}+1)(3\beta^2+\sqrt{\beta}-4\beta\sqrt{\beta})}{3\beta^3}$,并且满足 $0 < \delta_1 < 1$ 和 $\frac{11-\sqrt{13}}{18} < \beta < 1$,从而可以求解出 β 的范围。令 $Q2 = \frac{(\sqrt{1-\beta}+1)(3\beta^2+\sqrt{\beta}-4\beta\sqrt{\beta})}{3\beta^3}$,则在约束条件 $\frac{11-\sqrt{13}}{18} < \beta < 1$ 下,$Q2$ 的取值范围为 [-0.0694, 0.7878]。所以,在这种情况下,创业企业家没有必要选择不合作,应该坚持选择合作努力。

(3)创业企业家与创业投资者均选择合作努力。综上可得,我们能够求出一个合适分配系数 β 的值,在考虑创投双方时间贴现因子的情况下,实现创投双方做出合作努力决策的长期收益高于非合作努力的长期收益。我们假设双方的时间贴现因子 δ_1 与 δ_2 是一个给定的数值,如果 β 满足上述约定,那么创业企业家和创业投资者就能破解"囚徒困境",实现长期有效合作,从而使得两方都能收获最大总收益。如用 δ 表示市场的平均收益,当满足 $\delta > Q1, Q2$,且 $\frac{11-\sqrt{13}}{18} < \beta < \frac{7+\sqrt{13}}{18}$ 时,创投双方均不会成为不合作者,其决策始终为合作努力(见

图2-13)。这意味着，只要满足 $\delta > Q1$，$Q2$，就能促使创投双方从始至终的努力决策均为合作努力，进而使社会得以获得总收益最大化。

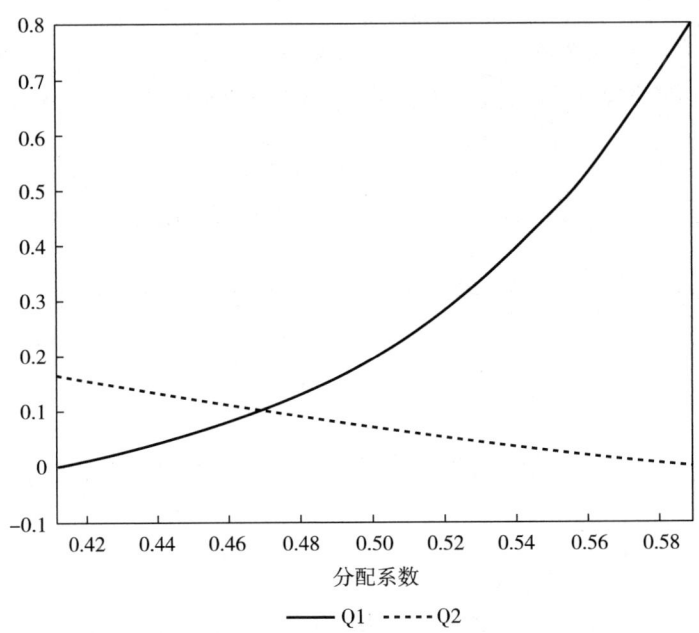

图2-13 集体努力的长期约束线

第六节 本章小结

一、社会资本与社会网络的结论及讨论

自20世纪90年代以来，社会资本在各学科领域取得了长足的发展，社会学、政治学、经济学、管理学等学科的学者通过不断地深入研究和扩展，分别从功能、互动、规范、网络和资源等角度，根据自己的学科特点对社会资本的内涵、特征、测量维度、实证模型等方面进行诠释并形成了一定的理论及模型框

架，虽然形成了以社会为中心的社会资本理论内涵和以个人为中心的社会资本理论思想，但社会资本理论依然呈现出错综复杂的局面，无论是其内涵还是外延都没能达成统一。近年来，我国对社会资本的研究逐渐深入、系统化，对社会资本的作用机制、测量维度及模型等都有许多创新，边燕杰（2000）是国内较早研究社会资本的学者之一。他从企业所拥有的社会资本多寡的角度切入。通过实证分析表明企业社会资本对企业绩效有着积极的正向影响，同时，他还探讨了企业社会资本的影响因素。储小平（2003）研究了社会关系资本在华人家族企业的创业及发展过程中的作用。王霄等（2005）探讨了社会资本与中小企业创新的关系。他们的研究无疑对社会资本理论的发展，特别是在我国的本土化研究上做出了有益的探索。但另一方面，国内社会资本的研究也出现了一些令人担忧的现象。

（1）与中国特色社会主义市场经济体系的契合度有待提高。由于我国经济体制的特殊性，国内研究者在借鉴国外有关社会资本的定义、测量维度等方面应结合我国本土文化、经济及政治各方面情况，创新实证模型，构建符合我国国情的理论及实证模型框架。

（2）广泛性与统一性的结合。社会资本在各学科领域都有了令人瞩目的成就，但正是由于跨学科性，每个领域的学者都从自身领域出发对其进行研究，各执一词，未来应该进一步明确社会资本在不同领域的内涵、特征、作用机制及实证进行准确的定义及诠释，避免混淆。

（3）更加关注社会资本的动态研究。现代市场经济瞬息万变，社会资本的构成要素网络、规范与信任也并非一成不变，以往的研究注重于社会资本的静态研究，忽略了以动态的视角对其进行分析，随着时间的推移，社会资本三种构成要素会发生变化，进而引起社会资本的变化，如何看待中国经济转型中社会资本的变化等问题亟待解决。

（4）缺乏统一系统的测量工具。目前，在选择社会资本测量的替代指标时往往根据社会资本的特殊表现形式获得社会资本的特殊渠道以及社会资本概念的范畴和研究对象来决定。由于不同学者关注的重点不同、对社会资本内涵的界定不同，他们通常根据自己的需求从社会资本的某一维度或某一分析层面选择替代指标，即便对于同一维度或某一分析层面，不同研究者选择的替代指标也存在较大差异，效度评估、测量等不够全面。

信息时代下互联网对社会资本构建的作用。随着互联网的广泛使用，社会资本不再局限于个体间有形的网,已经外延到计算机网络这张无形的网中。这种传播速度快、应用范围广、普及程度高的网络媒介从一定程度上促进了社会资本的扩张和更新,为研究社会资本提供了一个更为宽广的空间。因此,将互联网纳入考察体系,研究互联网在社会资本构建中的作用,有着重要的现实意义,充分体现与时俱进。

二、社会网络对企业经营绩效的影响总结

(一)相关结论

综合社会网络对企业经营绩效的影响研究,对于整个社会网络来看,我们可以得出以下结论:

(1)社会网络能对创业型企业的创业绩效产生正向影响,同时社会网络可以通过影响创业企业的资源获取来影响企业的经验绩效,因此企业家应注重社会关系的处理。一方面,一个强度更强、规模更广、更多样、具有更大影响力的网络对企业的经营绩效有着直接的正向影响。另一方面,社会网络可以帮助企业获取创业资源、包括资金、人力、新的知识和技能、创业机会等,从而对企业的经验绩效产生正向影响。

(2)在政府关系网络和商业网络中,社会网络、资源获取、环境的不确定性和企业的经营绩效之间的路径系数和相关系数更大,表明各因素之间的相互影响更为明显,在中国这样一个"关系型"社会而且政府在经济发展过程中起着重要的作用,良好的政府关系和商业关系将帮助企业拥有一个更加宽松的发展环境以及获得更多的创业机会,同时还会降低企业失败的风险。因此,创业型企业应该更加注重政府关系和商业合作伙伴之间的关系,企业可以注重联系更多的商业伙伴和政府部门,增加联系频率,并尝试和不同类型的企业建立联系,这样可以对企业经营起到积极的促进作用。

(3)环境的不确定性,特别是环境的动态性也能对企业的社会网络和资源获取产生正向影响,在一个竞争激烈的环境中,企业往往会更加注重其社会关系的处理,因此导致网络密度的增加。因此一个竞争更加激烈的环境也可以对企业的经营绩效产生促进作用。

(二)应用前景

企业经营的重要影响因素之一是社会网络,社会网络企业的一种有价值的、

稀缺的和竞争者难以复制、模仿的资源，可以为企业创造独特的优势。本章通过研究社会网络对企业绩效的影响，也对社会企业家及企业运营管理提出了一些应用前景的展望。不同的社会网络对企业在不同的发展时期会有不同程度的影响，在企业的实际管理运营过程中，经营者可以应用本章的方法和思想为企业的发展制定科学的社会网络发展方案，使得企业在不同阶段的发展过程中能够对社会网络的拓展和培植有所侧重。本章的研究也会有助于企业家清晰地分析企业在不同阶段对于不同社会网络的需求程度，使得企业家在拓展社会网络资源方面能够做到更有导向性，同时也增强企业抵御风险和环境不确定性的能力。

（三）不足和未来展望

通过引入"网络中心度"来描述企业发展阶段在国内的相关研究中是一次新的尝试，而且本次研究也基本上取得了预测的理论假设，但因自我能力局限以及客观资料取得途径的约束和限制，不可避免地存在许多不足。

（1）由于问卷涉及了企业的绩效数据，本研究的企业绩效数据虽然采取了一些研究者都运用实证检证过的相对绩效来获取，但由于这些数据获取的敏感性问题，致使研究结果有待进一步推敲。

（2）影响企业经营绩效的变量有很多，比如企业家精神等。本研究并没有控制其他的相关变量就开始研究社会网络对企业经营绩效的影响，这样可能导致结论并不准确。未来的研究可以研究企业家精神和社会网络对创业企业经营绩效的交叉影响。

（3）本研究虽然引入了"网络中心度"作为划分企业发展情况的指标，但是并没有具体分析社会网络对处于不同网络中心度的企业的不同影响。未来的研究可以注重设计一个动态的模型，来分析社会网络不同发展情况对企业经营绩效的影响。

三、供应链视角下创业网络构建的结论与讨论

（一）结论

随着创新创业活动在全国范围内的进一步深入，有关创业企业如何在当前经济转型背景下实现可持续发展的研究也在逐步丰富。本章通过聚焦于创业企业网络的构建过程，试图揭示新创企业在成长和发展过程中如何发现问题、解决问题以及建立优势和进行战略调整的，具体而言，通过单案例探索式研究方法对目标

企业进行扎根式的剖析，以当前政策因素影响下创业网络构建过程与一般市场环境中网络构建过程的差别切入，结合案例企业所处的烟花爆竹批发行业所具有的一定行业异质性，重点关注网络构建过程所涵盖的上、中、下游的供应链协同发展模式，对属于不同发展时期、不同侧面的创业网络构建过程进行分析。通过一系列资料收集、整理、译码、编码等步骤，结合案例研究结果，得出以下研究结论：

（1）由于案例企业在成立之初受到相关经营政策的严格限制，因此其创业网络的构建过程基本上围绕着获得经营许可证这一核心目标展开，包括公司注册、厂房建设与验收以及满足各监察部门的审核等。总体而言，创业网络的构建结果大多是基于创业者个人的社会资源展开的，而且各个潜在对象之间大多相互独立，因此建立的都是局部网络。

（2）随着公司获得经营许可资质正式进入区域市场，创业网络的构建过程也开始以供应链协调发展为目标进行，涵盖了案例企业在上、中、下三个层面所对接的各个潜在联系对象（厂商、竞争者、零售商等）。总体而言，本阶段创业网络的构建结果由创业者个人社会资源与企业信誉相结合而展开，各潜在对象之间开始出现一定的联系，因此建立的网络包含局部和整体。

（3）案例企业在经历与同区域竞争者的正面对抗之后，选择进行战略调整，包括"纵向一体化"以及区域"目标市场转移"，这一过程对于上游厂商网络以及下游零售商网络的冲击无疑是巨大的，就企业目前的经营状况来看，目标市场的转移在一定程度上减缓了竞争者带来的威胁，开拓了新的市场同时增强了与特定零售商的网络连接强度，但是减少了下游零售商的潜在对象数量。而"纵向一体化"战略目前还未真正实施，具有应用效果有待后期进一步探究。

（二）局限性

本章在梳理已有研究文献的基础上，运用单案例探索式的案例研究方法，从供应链视角对政策因素影响下的创业网络构建过程进行了研究，得出了上述结论。但考虑到笔者现有学术能力有限，以及在具体分析中存在的问题，本章仍然存在如下局限有待改进：

（1）在案例研究过程中，由于对案例企业跟踪调查的时间有限，因此笔者对于资料的收集及处理存在信度和效度不足的问题，表现在案例资料收集的详尽程度还有待提升。

(2) 在探讨供应链视角下的政策因素影响的创业网络构建过程时，对于供应链的理解层次仅停留在发展期的上、中、下游，同时对于政策因素的影响并未考虑其变化的影响，这在后期的研究中应进一步深入。

四、不确定情境下创业网络获取资源的路径总结

研究首先考察了不确定性在企业家精神中所起的作用。在研究了具有高度不确定性的企业行为时，需要考虑资源获取和创业网络，本研究试图通过分析创业网络的结构，可以表征出初创企业的资源获取路径和网络治理决策，通过关系强度、结构等价、网络规模、异质性和不确定性。在第五节中，环境不确定性的估计是建立经验模型需要解决的首要问题。实证评估中，我们证明了我们使用的方法首先在 201 个创业社交网络的实际数据中具有比 SVM/KNN 方法更好的预测率。使用 EM-NB 训练集，EM-NB 算法的预测概率高于 80%，这意味着我们使用的方法在实际应用中具有很好的预测性能。另外，我们假设了新公司的人力资源获取路径的简单情况，其中解释了模型的基本用法。

了解网络维度的类型可以有效降低不确定性的风险，提高获取资源的能力，可以促进企业家建立合理的网络治理机制。第五节的内容认为网络特征不仅是资源获取的负责机制，而且还是多维度和因素相互作用的动态机制。这项工作得到了以下结论：初创公司如何结合网络特征来访问稀缺资源，以推动业务绩效在不确定性下增长。

我们的研究有以下三个管理意义：

(1) 基于社会网络理论和资源理论，我们建立了一种预测企业获取资源链接概率的方法。然后通过 EM-NB 模型和决策过程，我们的研究证明了 EM-NB 算法在基于问卷数据集的社交网络链接预测中具有良好的性能。因此，它可以在具有企业家网络结构的实际应用中使用，并且存在不确定性时的资源获取。有鉴于此，企业家网络初创企业治理决策的经理可以有目的地提高联系可能性，使规划者和利益相关者都受益。这扩展了以往对创业网络文献偏向定性方法研究的特点。

(2) 强调企业家应该关注资源获取的效率而不是过度扩展的网络。全面评估当前的创业网络可以帮助管理者减少资源获取的不确定性和风险。外部环境的变化是不可避免的，但公司应该使用这种衡量方法来更谨慎地制定战略决策，以

避免过度嵌入关系。企业可以通过减少不确定性来更好地管理网络结构,从而利用我们的方法来增强其基于社交网络的目标获取稀缺资源。例如,在众筹背景中,众筹者通常是第一次创业。与其他创业金融机构的投资者不同,他们不能依赖投资银行刺激需求。成功的资助者采购的最重要途径是通过他们现有的社交网络,因此他们可以使用该模型来估计从社交网络获取资源的概率,或者建立更有效的网络链接以获得资金资源。

(3)同样重要的是,对难以衡量的环境不确定性的评估是本研究的重点。我们的研究结果支持并强化了所提出方法的动机,即利用包括环境不确定因素在内的更全面的关键因素来更好地预测链接概率。我们已经建立了一套实用的方法,用于国际和国内企业家如何应用社会网络维度来预测资源获取的链接概率,并考虑资源的价值和成本为企业家提供决策依据。总而言之,企业家网络中预测资源获取概率和企业治理决策的理论模型框架为企业家进一步增强可持续创业提供了新的思路。

但是,本研究仍存在以下三方面局限性:

(1)网络结构是决定从理论角度获取资源的关键变量,但应考虑资源获取路径中涉及的许多其他变量,以便从更全面的现实世界角度评估问题。

(2)由于朴素贝叶斯的属性条件独立性假设难以在现实中建立,未来的研究应该考虑如何释放朴素贝叶斯分类器的属性条件独立性假设。例如,结构扩展、属性选择和本地学习是一些更可行的改进。虽然计算复杂度增加,但这些方法可以进一步提高模型的预测效果。

(3)最重要的是现实世界的关系网络非常复杂,许多无法捕获的潜在关系可能以不同的方式调整最优解决方案。在未来的研究中,我们希望深入挖掘现实生活中更接近网络关系的数据,更准确地描述企业网络形成和发展的动力机制。

五、努力互补效应、非合作博弈对创业努力策略影响总结

新创企业之成功关键即为创业企业家和创业投资者的高合作努力水平。在现实的创投实践中,创业企业家与创业投资者的非理性行为可能会给双方带来一定的困扰,尤为重要的是利益分配方面的协调问题。如何建立一个合理的分配机制以促使创投双方做出长久合作努力的决策值得我们去重点关注。本研究即是希望通过研究分析得出对于现实中创投双方的博弈具有强力的指导意义的结论。研究

发现，创业企业家与投资者在有限次重复博弈实验中的决策与分配系数紧密相关，分配系数取任意值都不能让他们始终保持合作。在无限次的重复博弈中，创业企业家与创业投资者的努力决策受双方的时间贴现因子与两者之间的分配系数的影响，而博弈的无限性保障了双方都遵从集体利益最大化原则做出合作努力水平决策情形的发生。因而我们可以通过在贴现因子与分配系数的双重影响下，确定合理的分配系数，以使得促进创业企业家与投资者积极参与，且其在博弈过程中所采取的决策都以合作为出发点，保证合作双方的共同利益在博弈过程中不断壮大，进而实现新创企业生产运营周期的延续，投资者收益的保障，市场效率的提高，市场活力的增强。

第三章　企业家精神对经济增长的影响效应与实现机理

近年来，随着"大众创业，万众创新"热潮的兴起，以创业创新为内涵的企业家精神成为推动我国经济发展的重要力量，由此，对企业家精神的研究也从个体层面扩展到企业层面和宏观层面。为探究企业家精神与区域经济增长之间的关系，本章将分别基于人力资本与外资依存度的视角，构建面板数据模型对企业家精神与经济增长之间的关系进行实证分析，试图寻找企业家精神影响经济增长的内在逻辑。

第一节　企业家精神、人力资本与经济增长

随着企业家精神影响经济发展研究的不断深入，研究视角逐渐从微观转向宏观，同时关注焦点开始从企业家精神影响经济发展的单一路径逐渐转向融合多个影响因素的多元化体系构建。基于此，本节通过选取我国31个省份（不包含港澳台）2005~2014年的面板数据，构建包含企业家精神及人力资本的要素生产函数，分析其对中国经济发展的影响。将私营企业雇用率表示的企业家精神和人均受教育年限表示的人力资本作为解释变量，将地区生产总值表示的经济发展水平作为被解释变量，同时考虑将信息共享程度、政府参与程度和固定资产投资水平作为控制变量，构建全国层面的不变系数固定效应模型以及东部、中部、西部三个地区层面的不变系数固定效应模型进行实证研究。结果表明，企业家精神对中西部地区影响显著且中部明显强于西部，而对东部地区影响不显著，呈现出地理上的中间强、两边弱的区位特征；而人力资本的影响效应自东向西逐级递减，

呈现出东高西低的阶梯状发展趋势。

一、企业家精神研究概述

21世纪以来，关于企业家精神的研究视角逐渐从微观转向宏观，其对于宏观经济增长有着越来越强的解释力度，是工业化国家能够在多重不确定环境下提高技术水平、促进生产率提升以及扩大国民收入的重要保障（周方召等，2013；Holcombe，1998）。大量学者针对企业家精神所包含的创新创业内涵，提出了其作为经济繁荣前置动因的重要维度或测算指标（李宏彬等，2009）。然而，现有研究较多关注企业家精神的个体属性，忽视了其在地区层面所反映的整体效应。同时，对企业家精神影响经济增长的路径研究相对单一和线性，关注点多集中在企业家精神的边界刻画以及量化指标描述，而忽略了其人格化的基础及社会关系的约束，即企业家精神作为影响经济增长的重要因素，其创新创业本质会受到地区人力资本水平、社会网络关系、政府干预等因素的影响（Chang & Zhang，2015；Sharma，2013；Audretsch，2007）。

回顾改革开放以来中国经济的发展历程，其快速发展的根源主要归因于开放环境下形成的"三大红利"：体制红利、贸易红利、人口红利（逯进等，2017）。而究其本质，近乎无限量供给的适龄劳动力所带来的高劳动供给系数与低抚养负担系数是中国经济发展奇迹的根本保障，它所引发的高储蓄、高投资进而高增长的总体环境激发了其他红利的释放。同时，人口素质的大幅提升更进一步诱发经济发展的潜在动能，有利于中国经济朝着可持续发展的方向前进，已有关于人力资本影响经济增长的研究结论较为丰富，但多是直接考察"人力资本—经济增长"间的线性关系（Su & Liu，2016；Jin 等，2014；王宇和焦建玲，2005），而鲜有文献能够基于企业家精神与人力资本的双重视角，从地区层面深入考察经济发展的潜在动因和作用机理。

基于此，本节利用科学规范的量化手段从人力资本视角切入，聚焦于地区层面的企业家精神内涵，深入挖掘影响中国经济增长的新路径。研究将选取私营企业雇用率作为企业家精神的衡量指标，将人均受教育年限作为人力资本的衡量指标，同时利用信息共享程度表示地区社会网络水平、利用政府投资占 GDP 的比重表示政府干预程度、利用固定资产投资占 GDP 的比重表示地区投资水平。通过 EViews 7.0 进行面板数据分析，试图揭示不同地区的企业家精神和人力资本影响其经济发展水平的差异化路径,同时探究这种地区差异产生的原因,从而为现有研究提供新的洞见以及为相关政策制定提供建议。

二、企业家精神、人力资本与经济增长理论回顾与问题

(一)企业家精神与经济增长的研究

关于企业家精神的研究,最早可以追溯到经济学家熊彼特的经济发展理论。他指出创新是经济发展最重要的驱动力,同时也是企业家精神的最本质体现。在熊彼特之后,众多文献继承并完善熊彼特的创新理论,关注重点逐渐转为创新、企业家精神对经济增长的影响(Baumol,1990;Vallier 等,2009)。Miller(1983)最早提出了企业家精神这一概念,并在其著述中将其定义为"冒险性的、可以预见的以及十分剧烈的产品创新活动"。Burgelman(1984)将企业家精神理解为通过资源的重新整合以达到拓展公司竞争领域以及挖掘相应就业机会的动态适应过程。Wennekers 和 Thurk(1999)将企业家精神划分为个体、企业和宏观三个层面,个体层面表现为个人财富的增加、企业层面表现为企业业绩的提升、宏观层面表现为经济总量的增长。Sharma(1999)认为,企业家精神是与某一现有组织相关的个人或群体持续地进行更新或创造的过程。尽管国内学者对于企业家精神的研究起步较晚,但也取得了一些成果,焦斌龙等(2000)指出企业家是自愿的最终配置者,是经济增长方式转变的微观推动力。庄子银(2005)建立了一个包含企业家精神的内生化经济发展模型,认为企业家精神作为经济发展模式转型的动力和源泉,在国民经济实现可持续发展的过程中发挥着关键性作用。此外,有学者将企业家精神的主体进行划分,认为其既可以是企业家群体所共有的特质和价值观体系,也可以是企业家个体所具备的精神品质(时鹏程等,2006)。而徐静等(2016)在分析企业家精神时,认为其同时包含显性要素及隐性要素两个部分,企业家精神的显性构成要素主要是企业家的价值观体系和以风险偏好、冒险等为特征的企业家个人特质,是企业家对生活、事业、财富、风险等的认识和态度;企业家精神的隐性影响要素以文化制度环境、经济环境、社会环境等为主,更强调外部客观环境对企业家精神的影响作用。

就企业家精神与经济增长的研究来看,主流观点认为经济增长是企业家精神效用的间接体现,而企业家精神本身是研究的起点。Shane(2003)指出企业家精神是企业家识别潜在商业机会、获取创业资源以及创建企业的过程。企业家精

神是区域经济增长的内生动力和发展引擎（Christine，2012），实施企业家精神驱动的发展战略是实现区域经济发展和就业增长的主要途径之一。在对不同经济体的比较中，Vallier 和 Peterson（2009）发现企业家精神对发展中国家或落后地区经济发展更加必要。其中，部分学者在研究阿巴拉契亚山脉区域的落后国家及其类似落后区域时，指出企业家创业和创新精神对落后地区经济增长起到了至关重要的作用，而其他知识因素，譬如人力资本、高技术集聚和大学溢出效应，对经济增长的贡献不显著（Heather 等，2013）。此外，由于企业家精神在区域经济增长过程中发挥着不可或缺的重要作用，学者们开始从人口统计、人力资本、产业结构、研发活动和金融资本等角度探寻造成区域企业家精神差异的影响因素，以揭示更深刻的经济增长路径（Galindo 等，2008）。基于此，本节提出如下尚待探究的问题：

问题1：企业家精神对于促进地区经济发展是否一定具有显著的正向作用？

问题2：对于不同地区，企业家精神在发挥促进作用的效果方面是否存在显著差异？如何解释这种差异？

（二）人力资本与经济增长的研究

与企业家精神的相关研究类似，已有关于人力资本的研究主要关注其对于经济增长的直接影响效应。早期学者采用因素分析法论证了1929～1957年美国国民经济增长中有35%的比率要归因于教育及其产业的快速发展，而教育对于人力资本水平的提升无疑是最关键的（Denison，1967）。Arrow（1971）最早将技术进步作为内生变量进行分析，提出了"干中学"模型，认为积累的经验可以形成人力资本并由此带来递增收益。另有研究从正式教育、在职培训和其他人力资本投资等方面研究影响人力资本积累的因素，强调了教育与培训对形成人力资本的重要作用（陈晓光，2016）。此外，有学者在分析经济增长的过程中，将知识作为独立变量直接引入从而建构知识外溢模型，并在此基础上建立知识驱动模型，其把人力资本作为投入要素，认为有一定教育水平的工人更容易改进生产工艺，并且较快接受新技术和新设备，从而促进社会整体劳动生产率的提高，并进一步对经济增长做出贡献（Romer，1987）。Lucas（1988）等在研究区域经济的可持续发展时，认为人力资本投资和技术积累是影响该过程的两个重要内生因素，他们同时将物质资本、技术进步和人力资本三者内生化于内生经济增长模型中，利用跨国数据研究发现，人力资本可以解释40%以上的经济增速。随着研究的深入，有学者提出利用技术进步来解释新古典增长模型的重要作用，同时认为技术进步是由于人力资本的积累而产生的（Vinod & Karshik，2007）。Mamuneas 和 Stengos（2006）运用半参数方法分析了51个国家的要素产出弹性和社会回报率，研究发现，当人力资本积累存量较低时，其对经济发展几乎没有促进作用，而当人力资本积累存量较高时，其投资回报均衡稳定，能够有力地促进经济的发展，即高人力资本投资回报是经济增长的主动力。Alberto 和 Davide（2009）通过构建两部门内生增长模型，表明人力资本变化可能会对经济增长产生积极、消极或中立的三类影响，而这取决于在形成新的人力资本的过程中，物质资本和人力资本是互补还是替代关系。Batabral 和 Beladi（2013）通过研究半内生经济增长模型中人力资本和知识溢出交互影响的关系，讨论了人力资本引致经济增长出现规模效应的基础性条件。

就国内研究来看，崔玉平（2000）通过测算中国1982～1990年高等教育对经济增长率的贡献，得出了中国高等教育贡献率非常低的结论。而叶茂林等（2003）通过构造教育生产函数，运用1981～2000年的全国数据，计算得出教育对经济增长的平均贡献率为31.17%，其中，高等教育程度的劳动力的产出弹性最高。边静雅等（2004）分析了人力资本在我国东部地区和西部地区的区域差别，对人力资本积累影响各区域经济增长的程度进行了核算，得出的结果表明东部地区人力资本对经济增长的贡献强于西部。而陈铭和陈钊（2005）则通过将人力资本定义为人均受教育程度，实证分析了我国收入差距、教育及经济增长之间的相互影响，结论显示投资水平对经济增长的影响强于教育。郭志仪等（2007）认为，我国人力资本水平不断提高对经济增长具有较强的正外部性影响，且不同地区的人力资本产出弹性存在差距，表现为东部最大、西部最小，而且这种差距会随着投资效率及人力资本的积累而逐渐缩小。姚先国等（2008）应用动态面板数据方法考察了教育对地区收入差异的影响，分析结果表明，劳动力教育程度的提高对地区经济增长有显著积极的影响。王弟海（2012）的研究表明，如果经济中存在外生的技术进步，则人力资本可以扩大外生技术进步对经济的作用，从而加快经济增长率。李德煌等（2013）的研究发现，劳动力影响经济增长的路径已经发生变化，表现为其数量特征的影响效应逐渐弱化，而人力资本及技术进步的作用正进一步增强。逯进等（2017）的研究借鉴了卢卡斯人力资本溢出模型和有效劳动模型，利用实证分析的方法对我国省级面板数据进行收集处理，结论表明我国当前的人力资本积累及其利用率尚处于较低水平，经济发展模式还未脱离粗放高能耗式。本节认为尽管已有研究表明我国目前人力资本积累尚显不足，而且其对于经济增长的贡献率远低于物质资本对经济增长的贡献率，但这样的现状也真实地暴露了我国以扩大实物资本投入来促成经济规模发展为特征的粗放高能耗的经济增长方式的显著弱点，有利于对其针对性研究和治理。基于上述分析，本节提出以下亟待探讨的问题：

问题3：人力资本对于地区经济发展水平的影响是否一定具有显著的正向促进作用？

问题4：对于不同地区，人力资本发挥经济促进作用的效果是否存在差异？如何解释这种地区差异？

尽管已有文献对企业家精神、人力资本与经济增长的研究取得了许多有价值的结论，但仍然存在着关键概念界定不够清晰、指标量化不够科学、研究路径较为线性、关注视角过于微观、前因分析不够具体等问题。基于此，本节在总结前人研究的基础上，试图建立"人力资本+企业家精神—地区经济增长"的理论分析框架，并运用实证研究的方法着重考察企业家精神与人力资本同时作为影响地区经济增长的前因变量所引发的经济发展新路径探讨，其中，本节第一至第二部分为理论探讨，第三至第四部分为数据收集与实证分析，第五至第六部分为结果讨论与研究展望。

三、企业家精神、人力资本与经济增长的模型构建

（一）经济发展的指标选择及说明

本节采用地区生产总值（GDP）来刻画不同时期的经济发展状况，更进一步，结合已有文献的研究结论（Abeysingh & Rajaguru，2004；赵昕东，2013），剔除价格因素影响的实际GDP能够更好地反映该地区实际的经济发展水平，同时满足同时期不同地区或不同时期的同一地区间的比较分析，故本节选择2005年作为基期进行数据的标准化。

（二）企业家精神的指标构建及说明

根据国内外研究现状，衡量企业家精神的指标主要是从主客观层面进行选择：①主观层面：利用全球创业观察报告（GEM）、欧洲价值调查（EVS）、世界银行集团创业调查数据库（WBGESD）等各类调研机构提供的专业数据，结合

理论分析选择研究所需的题项并设计综合衡量指标（Ramos 等，2012；Beugelsdijk & Noorderhaven，2004），这一类指标的设定通常存在研究者自身主观认知偏误，因而容易导致研究结论差异较大；②客观层面：这一类指标比较常见的有"私营企业雇用率""新企业更替率""商业密度"以及"专利发明数量"等（Faggio & Silva，2014；Kasseeah，2016），采用客观层面的企业家精神指标的数据来源相对更加真实准确，对于实证研究的模型适应性也较好，但也存在解释力度不够全面的缺陷。由于前述各类调研机构在国内起步较晚，已有的数据时间跨度较短难以满足面板数据分析的要求；同时，相对于量表设计的主观解释，研究认为从客观层面选择指标来刻画企业家精神，能够更加真实准确地抓住问题的主要矛盾。因此，本节选择私营企业雇用率衡量企业家精神，进而构建地区企业家精神的衡量指标：

$$BS_{it} = \frac{pe_{it}}{tw_{it}} \times 100\% \qquad (3-1)$$

其中，BS_{it} 表示私营企业雇用率；i 表示第 i 个省份；t 表示第 t 年；pe_{it} 表示地区私营企业雇用员工数；tw_{it} 表示地区总就业人数。利用私营企业雇用率作为企业家精神的衡量指标，能够从宏观层面上展现出地区企业家精神的整体水平。相对于专利发明数量所量化的创新精神，企业雇用率能够较好地体现出整体经济中所包含的企业家精神，并且能够规避地区教育水平对专利发明数量所带来的潜在影响。

（三）人力资本的指标构建及说明

在人力资本与经济增长研究中，如何合理有效地刻画人力资本是研究首要解决的问题，入学率是一个最常见的指标，但是这个指标具有较大的争议，即入学率尽管在统计上显著，但实质上与人力资本分析并无太大的关系，对于经济增长的解释力度也十分有限（Pritchett 等，1996）。而成人识字率是另一个比较常见的指标，但是成人识字率在发展水平接近的国家和地区几乎都一样，缺少实证研究必需的变异性（Romer，1986）。另有研究将人力资本设定为由脑力素质与身体素质两大类指标构成的综合指数（逯进等，2013），这类指标虽然能较好地阐述人力资本的内涵，但是数据来源分析较为主观且难以规范落实。因此，本节借鉴已有研究结论（朱承亮等，2011），采用人均受教育程度来刻画人力资本，进而构建地区人力资本衡量指标，人均受教育程度是指地区内被调查群体的平均受教育年限数，反映了地区整体的人力资本质量及水平，其计算公式如下：

$$\begin{cases} EDU_{it} = \dfrac{edu_{it}}{ss_{it}} \times 100\% \\ edu_{it} = ps_{it} \times 6 + jh_{it} \times 9 + hs_{it} \times 12 + cs_{it} \times 16 \end{cases} \quad (3-2)$$

其中，EDU_{it}表示地区人均受教育年限；i表示第i个省份；t表示第t年；edu_{it}表示地区受教育年限总量（ps_{it}表示小学文化程度人口数；jh_{it}表示初中文化程度人口数；hs_{it}表示高中文化程度人口数；cs_{it}表示大专及以上文化程度人口数）；ss_{it}表示地区六岁以上抽样总人口。

（四）其他变量的指标选择及说明

1. 社会网络水平

前述人力资本对经济增长影响的考量主要是从人力资本的知识素质视角考虑的，然而基于中国社会的现实情况，人际关系网络在国民经济发展中也扮演着极为重要的角色，因此本节将地区社会网络水平纳入整体分析框架，作为人力资本影响地区经济增长的控制变量。参考已有研究对于地区社会网络水平的衡量标准，同时借鉴国内外相关学者选择的具体衡量指标，本节将尝试使用互联网使用率这一指标来衡量社会网络作为资源和信息流通渠道的联结特性与共享特性（Lans等，2015；严成樑，2012；Ishise，2009），计算公式如下所示：

$$INFS_{it} = \dfrac{np_{it}}{sp_{it}} \times 100\% \quad (3-3)$$

其中，$INFS_{it}$表示信息共享率；i表示第i个省份；t表示第t年；np_{it}表示地区使用互联网人数；sp_{it}表示地区人口数量。

2. 政府参与程度及固定资产投资水平

根据现有的研究成果，经济发展过程中资本因素会受到政府参与程度、固定资产投资比率等的影响，因此，为更好地探究企业家精神和人力资本对于地区经济增长的影响，本节将上述两个重要影响因素作为控制变量并纳入整体模型框架当中，借鉴已有文献的研究结论（郭庆旺等，2009；龙小宁等，2016），本节将政府参与程度与地区固定资产投资水平计算方法总结如下：

$$GOV_{it} = \dfrac{fe_{it}}{gdp_{it}} \times 100\% \quad (3-4)$$

$$INV_{it} = \dfrac{fi_{it}}{gdp_{it}} \times 100\% \quad (3-5)$$

其中，GOV_{it}表示政府参与程度；INV_{it}表示固定资产投资水平；i表示第i个省份；t表示第t年；fe_{it}表示地区财政支出；fi_{it}表示地区固定资产投资额；gdp_{it}表示地区生产总值。

（五）基本模型构建

本节将参考 Duranton 和 Puga（2001）对柯布—道格拉斯生产函数进行改进而得到的资本和劳动因素的生产函数，将企业家精神和人力资本引入模型当中。考虑到企业家精神的衡量指标是私营企业雇用率，反映了劳动因素的数量化特征；而人力资本的衡量指标是人均受教育年限，反映了劳动因素的质量化特征。同时，信息共享率水平、固定资产投资以及政府参与程度等将影响地区经济发展的资本因素及技术因素。因此，本节将模型设定为：

$$\ln GDP_{it} = a_i + b_{1i}\ln BS_{it} + b_{2i}\ln EDU_{it} + \gamma_{1i}\ln INFS_{it} + \gamma_{2i}\ln GOV_{it} + \gamma_{3i}\ln INV_{it} + \mu_{it} \tag{3-6}$$

其中，BS_{it}为私营企业雇用率，表示第i个省份第t年的企业家精神水平；EDU_{it}为人均受教育年限，表示第i个省份第t年的人力资本水平；$INFS_{it}$为信息共享率，表示第i个省份第t年的社会网络水平；GOV_{it}为政府参与程度，表示第i个省份第t年的政府参与经济发展的水平；INV_{it}为投资水平，表示第i个省份第t年的固定资产投资占生产总值的比率；μ_{it}为随机扰动项。式（3-6）即为本节的基本计量分析模型。

四、企业家精神、人力资本与经济增长的实证分析

（一）数据来源及描述性统计

本节通过采集我国31个省（市、自治区）2005~2014年的省级面板数据用以开展相关实证研究，选取地区生产总值为被解释变量，私营企业雇用率（BS）、人均受教育年限（EDU）作为解释变量，将信息共享率（$INFS$）、政府参与程度（GOV）以及固定资产投资水平（INV）作为控制变量。数据来源方面，所涉及变量指标的数据主要来自《新中国60年统计资料汇编》《中国人口统计年鉴》和各年度分省统计年鉴。为了保证面板数据应用的真实可靠，减少异方差，将所有的数据均进行取对数运算。样本数据的描述性统计结果如表3-1所示：

第三章 企业家精神对经济增长的影响效应与实现机理

表 3-1 描述性统计结果

变量	平均值	最大值	最小值	标准差
lnGDP	8.863396	10.88433	5.509393	1.062695
lnBS	-2.254194	-0.436858	-3.780323	0.650416
lnEDU	2.122245	2.487267	1.318662	0.157191
ln$INFS$	-1.422559	-0.300779	-3.532816	0.725563
lnGOV	-1.61315	0.25576	-2.52786	0.49252
lnINV	-0.49394	0.2169	-1.37209	0.323873

考虑到与宏观经济相关的数据或序列通常会存在非平稳性问题,从而影响回归分析的有效性。本节将通过对同时拥有时间序列特性和截面序列特性的面板数据进行面板单位根检验和协整检验,以精确地判断数据是否存在单位根或协整关系。

(二) 面板数据单位根检验

为了避免出现伪回归,同时确保模型估计结果的有效性,首先将对面板数据进行单位根检验。EViews 7.0 共有五种检验方法可供选择,分别是:LLC 检验、BR 检验、IPS 检验、ADF 检验以及 PP 检验。其中,LLC 检验和 BR 检验是基于相同根情形下的单位根检验,即假设面板数据的各截面序列有相同的单位根过程;IPS 检验、ADF 检验以及 PP 检验则是对于不同根情况下的单位根检验,即面板数据各截面序列允许存在不同的单位根过程。依据本节的实际情况,笔者认为 IPS、ADF 和 PP 三种检验方法的原假设都存在单位根,只有当这三种检验方法得出的结果都拒绝原假设时,才能认为序列不存在单位根,否则认为该序列为非平稳序列,因而具有更强的适应性,为本节的主要判断依据。表 3-2 列出了各序列的单位根检验结果。

表 3-2 面板数据单位根检验结果

变量	LLC		IPS		ADF		PP		是否平稳
	统计量	P 值	统计量	P 值	统计量	P 值	统计量	P 值	
lnGDP	3.8233	0.9999	4.7144	1.0000	26.8258	1.0000	16.0438	1.0000	否
ΔlnGDP	-13.1593	0.0000	-1.3007	0.0967	104.0540	0.0007	113.9610	0.0001	是
lnBS	-7.7817	0.0000	0.2526	0.5997	66.6945	0.3188	77.3467	0.0906	否

续表

变量	LLC		IPS		ADF		PP		是否平稳
	统计量	P值	统计量	P值	统计量	P值	统计量	P值	
ΔlnBS	-12.7457	0.0000	-1.5281	0.0632	107.5610	0.0003	208.8180	0.0000	是
lnEDU	9.5552	1.0000	1.3975	0.9189	3.0147	1.0000	1.2622	1.0000	否
ΔlnEDU	-16.0555	0.0000	-2.3833	0.0086	127.6130	0.0000	241.0610	0.0000	是
lnINFS	-12.0307	0.0000	1.4665	0.9287	50.5616	0.8502	16.9810	1.0000	否
ΔlnINFS	-28.3703	0.0000	-5.3815	0.0000	214.2170	0.0000	227.5050	0.0000	是
lnGOV	-3.9215	0.0000	1.2587	0.8959	49.4597	0.8752	67.5755	0.2926	否
ΔlnGOV	-17.5856	0.0000	-2.3639	0.0090	125.3300	0.0000	262.7920	0.0000	是
lnINV	-11.1692	0.0000	-0.7607	0.2234	79.3990	0.0675	71.6801	0.1876	否
ΔlnINV	-17.2681	0.0000	-1.4829	0.0690	105.7900	0.0004	128.8980	0.0000	是

注：Δ表示该变量的一阶差分。

由表3-2结果可以看出，各变量的原始数列均不平稳，通过一阶差分后都是平稳的，因此得出各个变量数列均为一阶单整序列，记为 I（1），这符合对面板数据进行协整检验的前提。

（三）面板数据协整检验

面板数据单位根检验的结果显示出，地区生产总值、私营企业雇用率、人均受教育年限、社会网络水平、政府干预程度以及地区固定资产投资水平均表现为一阶单整，可以进一步检验各变量之间是否存在协整关系。本节选用 Kao 检验和 Pedroni 检验两种方法进行协整检验，两种方法的原假设都是不存在协整关系，其中 Kao 检验只有 ADF 统计量；而 Pedroni 检验含有 Panelv、Panelrho、PanelPP、PanelADF、Grouprho、GroupPP 和 GroupADF 共七个统计量，其中 Panel 系列统计量和 ADF 统计量均采用联合组内维度（Within dimension）进行描述，而 Group 系列统计量则均采用组间维度（Between dimension）进行描述。与此同时，Pedroni（2003）指出，对于时间较短的情况（$T \leq 20$），第四个（PanelADF-Statistic）和第七个（GroupADF-Statistic）统计量有较高的效能，其他五个统计量效能相对较低。由于本节研究的时间跨度为2005~2014年（$T=10$），所以我们重点关注 PanelADF-Statistic 和 GroupADF-Statistic 这两个统计量的效果。根据协整检验的结果（见表3-3）可以看出，Kao 检验的 ADF 统计量、Pedrnoi 检验的

PanelADF – Statistic 和 GroupADF – Statistic 统计量都表明，在5%的显著水平上拒绝无协整关系的原假设，因此我国31个省（市、自治区）地区生产总值、私营企业雇用率、人均受教育年限、社会网络水平、政府干预程度以及地区固定资产投资水平之间存在着协整关系，可直接进行回归分析，不存在伪回归。

表3-3 序列 lnGDP、lnBS、lnEDU、ln$INFS$、lnGOV、lnINV 的协整检验结果

检验方法	统计量名称	统计量值	P 值
Kao 检验	ADF	-4.965968	0.0000
Pedroni 检验	Panelv – Statistic	52.09406***	0.0000
	Panelrho – Statistic	7.446647	1.0000
	PanelPP – Statistic	-3.674195***	0.0001
	PanelADF – Statistic	-1.844210**	0.0326
	Grouprho – Statistic	9.310669	1.0000
	GroupPP – Statistic	-13.14341***	0.0000
	GroupADF – Statistic	-5.266549***	0.0000

注：***、**和*分别表示在1%、5%和10%的水平下拒绝原假设。

（四）面板数据模型类型确定及检验

1. F 统计量检验确定模型的类型

为了验证上述序列适用于哪一种面板数据类型，即无个体影响的不变系数模型、变截距模型、变系数模型，进而开展回归分析，本节采用协方差分析检验（Analysis of Co – variance），即 F 统计量检验，从而更好地建立面板数据模型（Guzarati，2013）。

H_1：$b_1 = b_2 = \cdots = b_N$

H_2：$a_1 = a_2 = \cdots = a_N$；$b_1 = b_2 = \cdots = b_N$

首先，在假设 H_2 前提下检验统计量 F_2 服从相应自由度下的 F 分布，即：

$$F_2 = \frac{(S_3 - S_1)/[(N-1)(k+1)]}{S_1/[NT - N(k+1)]} \sim F[(N-1)(k+1), N(T-k-1)] \quad (3-7)$$

如果 F_2 统计量的值小于特定显著水平下的临界值，即 $F_2 < F_\alpha$，则接受假设 H_2，说明样本数据适合不变截距—不变系数模型。反之，若 $F_2 > F_\alpha$，则继续检验假设 H_1。其次，在假设 H_1 下检验统计量 F_1 也服从相应自由度下的 F 分

布,即:

$$F_1 = \frac{(S_2 - S_1)/[(N-1)k]}{S_1/[NT - N(k+1)]} \sim F[(N-1)k, N(T-k-1)] \qquad (3-8)$$

若 F_1 统计量的值小于给定显著水平下的相应临界值,即 $F_1 < F_\alpha$,则接受假设 H_1,认为样本数据符合变截距—不变系数模型。反之,若 $F_1 > F_\alpha$,则认为样本数据符合变截距—变系数模型(Guzarati,2013)。

本节运用 Eviews 7.0 分别对面板数据三种类型的模型进行回归分析,即对变系数、变截距、混合模型进行参数估计,计算变截距—变系数模型的残差平方和 S_1、变截距—不变系数模型的残差平方和 S_2、不变截距—不变系数模型的残差平方和 S_3。将求出的 S_1、S_2、S_3 等代入统计量 F,得到:

$F_1 = 11.579023 > F_{0.05}(150, 124) \approx 1.36$

$F_2 = 322.133888 > F_{0.05}(180, 4) \approx 5.655$

可以得到,拒绝假设 H_2,同时拒绝 H_1,从而认为在 5% 的显著水平下应该建立变系数面板数据模型更合理。

2. 豪斯曼(Hausman)检验确定模型的类型

为确定该面板数据模型适用于固定影响模型还是随机影响模型,本节选用豪斯曼检验方法进行检验(Guzarati,2013)。

H_0:个体影响与解释变量不相关(个体随机效应回归模型);

H_1:个体影响与解释变量相关(个体固定效应回归模型)。

若不拒绝 H_0,表明样本数据模型符合个体影响与解释变量不相关,即应该选用个体随机效应回归模型;若不拒绝 H_1,表明样本数据模型符合个体影响与解释变量相关,即应该选用个体固定效应回归模型。

本节运用 EViews 7.0 进行豪斯曼检验。结果得到,豪斯曼统计量的值是 137.59741,临界值为 5,相对应的概率是 0,说明检验结果拒绝了随机影响模型的原假设。因此,2005~2014 年我国 31 个省份的面板数据模型为个体固定效应回归模型。

综上分析,本节应在 5% 的显著水平下建立变系数固定效应面板数据模型。

3. 回归模型估计结果与分析

根据模型式(2-6),运用 EViews 7.0 并通过 LS - LeastSquares(A&R)估计可得企业家精神与人力资本影响地区经济发展水平的变系数固定效应模型:

$$\ln GDP_{it} = a_i + 6.0087757702 + b_{1i}\ln BS_{it} + b_{2i}\ln EDU_{it} + 0.199250005164\ln INFS_{it} +$$
$$(17.5847^{***}) \qquad\qquad (11.0625^{***})$$
$$0.199919187811\ln GOV_{it} + 0.150584125163\ln INV_{it}$$
$$(2.8715^{***}) \qquad\qquad (3.2424^{***})$$
$$i = 1, 2, \cdots, 31;\ t = 1, 2, \cdots, 10$$
$$R^2 = 0.998043;\ F = 1149.016;\ DW = 1.6024 \tag{3-9}$$

此外,模型估计的详细结果总结如表 3-4 所示。

表 3-4 变系数固定效应面板数据模型估计结果

省份	α_i	$b_{1i}(BS)$	$b_{2i}(EDU)$	省份	α_i	$b_{1i}(BS)$	$b_{2i}(EDU)$
安徽	0.560479	0.210706	1.454970***	江西	3.365233	0.440471***	0.141205
北京	-3.450750	0.419125***	2.811609***	辽宁	1.180502	0.677880**	1.482333*
重庆	3.676024	0.440241***	-0.150683	内蒙古	2.300764	0.697538***	0.940320
福建	1.783461	0.368399**	1.018613	宁夏	-1.063134	0.348571**	1.153912
广东	3.241483	0.546095***	0.968748	青海	-3.394223	-0.109300	1.767136***
甘肃	2.999979	0.328693	-0.132061	四川	-0.959311	0.153194	2.271906***
广西	1.517195	0.309477***	0.863277	山东	0.351188	0.347470	2.189047**
贵州	1.940227	0.190936**	0.262044	上海	-3.881797	1.193032***	3.364004***
河北	-0.864792	-0.272729	1.701333**	陕西	-5.521484	0.213637	3.957415***
河南	0.701336	0.152620*	1.601836***	山西	1.024228	0.268548	0.996928
黑龙江	-4.734530	-0.058289	3.422648***	天津	-7.481348	-1.331790***	3.226993***
海南	1.284898	0.516965***	0.394672	新疆	0.154255	0.458571**	1.331171**
湖北	1.702520	0.280961***	1.023815	西藏	1.307108	0.309919	-0.674231***
湖南	3.632263	0.464396***	0.350625	云南	-0.898057	0.033379	1.720240**
吉林	-3.730310	0.347454***	3.224733**	浙江	2.916226	0.494510***	0.739348
江苏	0.340368	0.272173	1.918639**				

注:***、**、*分别表示在1%、5%、10%水平显著。

从模型的总体来看,回归方程拟合效果良好,而且方程通过了 F 检验,得到的模型能较好地反映我国各省份企业家精神、人力资本对经济发展的实际影响。从模型的单个参数来看,$\ln INFS$、$\ln GOV$ 以及 $\ln INV$ 都通过了1%水平上的 t 检验,具有良好的信度与效度。

信息共享程度所代表的社会网络水平与地区经济发展水平之间显著正相关，相关系数为 0.19925，通过了 1% 的显著性水平 t 检验。说明在不考虑其他因素影响的前提下，信息共享程度每提高 1 个百分点，地区生产总值将提高约 0.2 个百分点，这意味着随着信息化水平的提高，使个人与个人、企业与企业之间的联系越发紧密，我国社会由来已久的"关系"网络对于宏观经济越发具有促进作用。

政府参与经济的程度与地区经济发展水平之间呈现显著正相关，相关系数为 0.19992，并且通过了 1% 水平下的显著性检验，这说明政府参与经济发展对国民生产总值的影响是显著的，政府参与经济发展程度每提高 1%，将使得地区经济发展水平提升约 0.2 个百分点，意味着在转型经济时期，政府与市场这两只无形的手必须相互协调，相互包容，要最大限度地发挥社会主义市场经济的优势，为宏观经济实现可持续发展保驾护航。

地区固定资产投资比率与地区经济发展水平之间呈现显著正相关，相关系数为 0.1505841，并且通过 1% 水平下的 t 检验。这意味着地区固定投资比率是我国经济发展的一个重要推动力，这与传统经济增长理论的观点是吻合的。

企业家精神与人力资本对于不同省份的经济发展水平有不同的影响。根据模型估计结果，就企业家精神和人力资本的弹性系数来看，除河北、黑龙江、青海、天津 4 个地区的企业家精神以及重庆、甘肃、西藏 3 地的人力资本的影响为负外，全国绝大多数省份的企业家精神和人力资本均对经济发展水平有正向促进作用。但是，其发挥作用的程度和显著性水平却存在着较明显的差异，即不同地区的企业家精神、人力资本对经济发展水平的影响程度不尽相同，如表 3-4 中数据所示：企业家精神发挥作用程度最大的省份是天津（-1.331790）和上海（1.193032），程度最小的是云南（0.033379）、青海（-0.109300）及黑龙江（-0.058289）等；同时，同一地区的企业家精神与人力资本在对经济发展水平产生作用的显著性方面，并非总能表现出一致性，如表 3-4 所示：企业家精神与人力资本能够同时显著影响地区经济发展水平的有 7 个省份；只有企业家精神或只有人力资本发挥显著性影响的分别有 12 个省份和 10 个省份；而两者影响均不显著的省份有 3 个，说明不同区域可能存在着企业家精神与人力资本在功能和效用上的差异化配置。因此，我们将对上述省份进行区域划分，进一步分析各区域的情况，以更好地解释上述差异产生的原因。

（五）东部、中部和西部地区的面板数据模型

本节选取的东部地区包括：黑龙江、吉林、辽宁、河北、北京、天津、上海、山东、江苏、浙江、福建、广东、海南13个省份；中部地区包括：河南、山西、湖北、湖南、安徽、江西、广西、内蒙古8个省份；西部地区包括：陕西、重庆、贵州、云南、四川、甘肃、宁夏、青海、新疆、西藏10个省份（王巍等，2015）。经过F检验与Hausman检验后，发现三个地区应建立不变系数个体固定效应模型，运用EViews 7.0对我国东部、中部、西部地区面板数据模型进行估计，结果见表3-5。

表3-5 东部、中部、西部的分组回归结果

变量	模型1 东部地区 个体固定效应	模型2 中部地区 个体固定效应	模型3 西部地区 个体固定效应
C	6.837078*** (7.783455)	7.844477*** (11.97748)	7.902458*** (14.34970)
lnBS （私营企业雇用率）	0.041772 (0.805775)	0.305652*** (6.772753)	0.149468*** (3.429790)
lnEDU （人均受教育年限）	1.856870*** (5.543208)	1.103941*** (4.852469)	0.508418** (2.110019)
lnINFS （信息共享率）	0.289051 (8.254874)	0.291628*** (10.16396)	0.212167 (5.420337)
lnGOV （政府参与程度）	0.619659*** (4.782199)	-0.119674 (-0.795418)	0.057469 (0.467267)
lnINV （投资水平）	-0.075486 (-1.204732)	0.098727 (1.154112)	0.492340*** (6.033638)
F值	761.8268	475.2237	986.3625
P值	0.000000	0.000000	0.000000
调整后的R²	0.990125	0.986308	0.992875
总样本数	130	80	100

注：括号内数字为估计系数的t值；***、**、*分别表示在1%、5%和10%的水平显著。

由表3-5可得，东部、中部以及西部三个地区的个体固定效应模型均通过

了1%水平下的t检验，同时可决系数R^2均大于90%，说明模型的拟合效果及解释力度较高。

通过对三个地区的模型估计结果进行比较分析，私营企业雇用率（BS）和人均受教育年限（EDU）的弹性系数均为正，说明这两个指标对于地区经济发展水平的影响处于相同方向，即企业家精神和人力资本可以同时促进地区经济发展水平的提升。但是对于不同地区，企业家精神与人力资本的作用力度是不同的，其中企业家精神对于中部地区经济发展的影响最为显著，西部地区次之，对于东部地区影响不显著；而人力资本的影响自东部向西部逐渐减弱。具体分析来看，私营企业雇用率所表示的企业家精神在发挥地区经济促进作用方面，主要是基于市场参与主体对资源的利用效率较低，同时劳动力的数量特征对于经济发展仍然作用显著的前提。因此，处于粗放型经济发展模式下的中部地区将更加依赖于私营企业雇用率提升所带来的劳动覆盖范围的进一步扩大而引致的初期经济发展基础的快速积累；与之相比，尽管西部地区的经济发展模式更加趋于粗放和原始，劳动力需求也更加旺盛，但由于其经济发展基础薄弱，各项设施建设以及市场条件都无法有效实现企业家精神所带来的劳动力数量优势的转化和吸收，因而在宏观上受到企业家精神的影响弱于中部；更进一步地，由于东部地区各项资源优势明显，加之改革开放以来的快速发展所积累的市场优势，高能耗、高污染产业已经逐渐实现转移，经济发展模式也由粗放式过渡到可持续发展式，因而对于劳动力数量的关注逐渐下降，而对劳动力质量的关注与日俱增，因此私营企业雇用率表示的企业家精神在东部地区无法显著影响经济发展水平。相对于企业家精神的影响，人均受教育年限表示的人力资本水平主要是从劳动力质量的视角对地区经济发展产生作用，延续前述分析可得，东部地区对于高劳动质量带来的技术及创新水平的提升需求巨大，因而影响最为显著；而中部地区正处于基础设施建设初步完善，经济发展模式尚未实现转型的过渡阶段，对于高质量劳动力的需求较高，因此，人力资本对于中部地区经济发展的影响较为显著；相比于东部与中部，西部地区面临着基础设施建设薄弱、市场规范程度低以及优势产业不集中等劣势，对于劳动力资源的需求重点关注劳动力数量特征，对于高质量劳动力资源的需求较低，因此人均受教育年限代表的人力资本对西部经济发展的影响最弱。

此外，地区信息共享程度（INFS）所表示的社会网络水平与各地区经济发展之间也存在正相关关系，反映出随着信息化水平的提升，我国社会人与人之间的关系网络已经逐步演化为企业与企业之间的商业网络,对于提升经济发展过程中的交易效率、降低交易成本、实现资源和信息的互动等发挥着至关重要的作用,值得深入研究。而对于政府参与经济的程度(lnGOV)以及固定资产投资水平(lnINV)而言,三个地区存在着一定的差异性:前者对于东部和西部的影响均为正(0.619659、0.057469),且对东部地区的影响显著强于西部地区,同时,政府参与程度对于中部地区的影响为负(-0.119674)且不显著,这进一步说明了东部地区虽然经济发展速度较快,但不可忽视的是该地区资本积累早期,很大程度上依赖于国家宏观政策所带来的政策红利,因此其受到国家参与程度的影响更为显著;后者对于中部和西部地区的影响均为正(0.098727、0.492340),西部地区经济发展受到投资水平的影响显著强于中部,而对于东部地区的影响则表现为负,同时结果并不显著,这说明进入21世纪以来,我国西部地区的经济发展势头更为迅速,相比于东部和中部地区,西部地区的经济发展对于资本的渴求更加旺盛,相应的预期投资回报率也将进一步提升。

第二节　企业家精神、外资依存度与经济增长

近年来,我国居民的创业热情持续高涨,创业企业不断涌现,由此,以创业创新为代表的企业家精神受到广大学者的关注。随着经济全球化的深入,外商直接投资总额不断攀升,引发了学术界对于外资依存度的广泛讨论。然而,在探究复杂情境下影响我国经济发展的多重动因时,却鲜有研究同时将这两者纳入分析之中。本研究以私营企业雇用比率作为企业家精神的代理指标,以实际利用外商直接投资总额占实际国内生产总值的比重来衡量外资依存度,利用2005~2014年中国31个省(市、自治区)的面板数据建立个体固定效应模型,实证检验我国企业家精神、外资依存度与经济增长之间的关系。研究结果显示,我国企业家精神对经济发展具有显著的正向作用,而外资依存度对经济增长具有阻碍影响。从分组回归结果来看,企业家精神对各区域的经济增长都具有推动作用,而外资依存度则呈现出不同的作用效果,其中外资依存度对东部地区经济发展的推动作用不明显,对中部地区经济发展的积极作用较为显著,而对西部地区的经济增长

虽造成一定的阻碍，但不显著。由此可见，外资依存度对地区经济的差异化影响与其自身发展基础有一定关联性。

一、企业家精神、外资依存度对经济增长的影响概述

改革开放以来，中国经济经历了前所未有的高速发展，在从计划走向市场、从封闭走向开放的发展过程中，取得了一系列举世瞩目的经济成果。而这一显著成就背后的影响机制引起了学术界和实业界的广泛关注，由此，作为中国经济增长源泉的企业家精神以及为中国经济发展做出巨大贡献的外商直接投资作为两个独立的命题掀起了一股学术研究的热潮。

随着社会主义市场经济体制的确立和完善，一大批具有创业创新精神的企业家不断涌现，大量创业创新型企业也随之产生。中国经济转型与高速增长的这段时期，也是企业家队伍从无到有、不断扩大与磨砺成熟的过程，理解企业家精神是理解改革开放以来中国经济高速成长和把握未来中国经济增长前景的基础。现有研究揭示了企业家精神是中国经济长期增长的真正源泉，是民营经济发展的根本动力，在增加就业、推动创新、促进产业结构调整等方面发挥着极其关键的作用，因此，对个人、组织和社会而言，企业家精神的重要意义日益凸显。

近年来，随着经济全球化进程的不断深入，对外开放成为各国增强本国国际竞争力的重要手段，更被视为经济增长的关键引擎。作为对外开放政策关键内容之一的外资利用，在我国经济发展过程中扮演着重要的角色。2005~2014年，我国在利用外资方面取得了举世瞩目的成就，实际利用外资总额由6032500万美元提升至11956200万美元，增长幅度约为98%。然而，学术界关于外资利用对经济增长的影响却存在着两种截然不同的观点。部分学者认为外商直接投资的引入，有助于我国增加投资资本、学习国外先进管理经验和技术，从而对经济增长产生重要作用；然而，也有部分学者认为过度依赖外资，将会给经济增长带来巨大的威胁。因此，从外资依存度的视角切入，探索我国外商直接投资利用情况与经济增长之间的关系，显得愈加重要。

基于上述背景，厘清我国企业家精神、外资依存度与经济增长之间的关系，对我国现阶段充分发挥创新创业及外资利用的作用具有重大意义，有利于制定符合我国国情的创新创业政策与外商直接投资政策，从而在经济增速日益放缓的新常态下，进一步深入挖掘新的具有可持续性的经济增长点。

二、企业家精神、外资依存度和经济增长理论回顾

（一）企业家精神与经济增长研究

熊彼特时期至今，企业家精神的研究领域呈现出不断扩张的趋势，Schildt（2004）指出，从文献被引用的频率来看，能代表研究主流的主题有15个，涉及经济发展、组织学习、文化等方面。然而具体而言，究竟什么是企业家精神，学术界尚未得出统一的结论，学者们普遍认同企业家精神的内涵为追逐财富、善于利用机会和创新等，同时，大量的研究结果显示以创业、创新为核心要素的企业家精神对经济增长具有积极的影响作用。

关于企业家精神，广大学者已经发表了许多富有建树的研究成果，形成多个主体的研究脉络。从个体层面来看，关于企业家精神的研究重点关注其显性构成要素和隐性影响要素，显性构成要素是以企业家的价值观体系与风险偏好等为特征的个人特质，而隐性影响要素则强调文化、经济、社会等外部环境对企业家精神的影响。从组织层面来看，公司企业家精神以创新、冒险和前瞻性为特点，可以通过组织学习影响组织绩效，其前因组织维度包括：薪酬体系、组织界限、工作自由度、时间可获得性以及高层管理者的支持。而从社会层面来看，企业家精神是一种文化现象，体现为创新创业精神，整体行为结果的综合作用表现为国家或地区的经济繁荣程度。在社会层面的研究中，许多学者关注企业家精神的影响因素，包括正向影响因素和负向影响因素。程俊杰（2016）的研究表明，制度的变迁和市场化的进程能够较大程度地激发企业家创新与创业精神。而郭凯明、余靖雯等（2016）选取2001~2010年我国30个省（市、自治区）的数据，研究发现老年抚养比的提高将导致专利申请数量和私营企业比重下降，表明人口转变对企业家精神的形成具有阻碍作用。因此，基于上述三个层面的研究内容来看，企业家精神既是一种微观现象，包括个体和组织，又是一种宏观现象。

由宏观视角切入，企业家精神对经济增长的促进作用已得到广大学者们的认同。从理论研究来看，学术界关于企业家精神与经济增长研究的讨论大致可以分为七大流派：一是注重企业家创新精神的德国学派，以熊彼特（1934）及Baumol（1990）为代表；二是强调企业家风险承担精神的芝加哥学派，以Knight（1921）为代表；三是关注企业家的机会识别能力的奥地利学派，以Krizner（1973）为代表；四是聚焦企业家精神与内生经济增长问题的内生增长理论；五

是探究正式与非正式制度对企业家精神影响的经济史学派；六是强调企业家精神在地区和行业差异的产业经济学；七是侧重于企业家精神、创新和学习的演进经济学。更进一步地，学术界也开始广泛关注企业家精神的配置问题与经济增长的关系，包括生产性和非生产性企业家精神。生产性企业家精神主要定义为企业家的创新、创业精神，而非生产性企业家精神体现于寻租、犯罪等不创造财富而仅重新分配财富的行为。但是，非生产性企业家精神数据往往体现在隐蔽的行为之上，导致数据获取的难度加大，因此，大量实证研究从生产性活动视角切入考察企业家精神与经济增长的关系。

现有实证研究表明，企业家精神在经济发展过程中具有重要作用。国内学者李宏彬等（2009）以中国 20 年的省级面板数据为样本，运用动态面板系统广义估计方法进行实证分析，研究表明中国企业家创新创业精神对经济增长具有积极作用。国外学者 Beugelsdijk 和 Noorderhaven（2004）发现，以自我雇用率为代理指标的企业家精神是导致战后欧洲 54 个地区的经济增长差异的关键因素。Mueller（2006）基于德国数据进行实证研究，发现企业家创新精神和研发强度对地区经济增长具有显著的正向作用。Glaear 等（2012）的研究表明，企业家创新创业的生产性活动促进美国 20 世纪中期矿产与煤炭资源型城市的经济增长，而且 1970 年自我雇用率指标能够预测美国城市之后 30 年的人口和收入增长水平。Lukas、Sandeep 和 Bodo（2014）首先应用计量经济增长回归模型来确定企业家精神对加拿大区域经济增长的影响。估计结果表明，以自我雇用率计算的企业家精神在确定加拿大的区域发展方面发挥关键作用。其次，他们采用动态向量自回归模型来模拟企业家精神影响下的长期区域增长效应。结果表明，与其他增长驱动因素相比，企业家精神在 1987~2007 年对区域发展具有更明显和长期的刺激性作用。而 González 和 Peña 等（2015）利用全球创业检测（GEM）数据，将机会导向型企业家精神分为国内导向和出口导向，以新企业所拥有的外国顾客的百分比来衡量出口导向型企业家精神，研究西班牙地区 2003~2013 年出口导向型企业家精神对区域经济增长的影响。结果表明，出口导向型企业家精神水平较高的地区表现出较高的经济增长率。综上所述，企业家精神可作为重要解释变量，纳入经济增长模型中。

（二）外资依存度与经济增长研究

经济增长始终是宏观经济研究的核心内容，而对外开放与经济增长之间的关系也是宏观经济的研究重点之一。对外开放是一个多层面、宽领域的概念，体现于经济、政治、文化等方面，但就其与经济增长的关系进行讨论时，国内外学者通常讨论外商投资与对外贸易这两个方面。随着对外开放的不断深入，外商直接投资大量流入，外资依赖成为我国经济增长模式的一大特征。

关于外资依赖与经济增长的理论研究可追溯到凯恩斯主义时期，凯恩斯主义的缺口理论认为，发展中国家普遍存在着储蓄、贸易、技术和管理经验等方面的不足，弥补这些不足的关键途径之一就是通过外商直接投资。因此，外商直接投资和其带来的外资依存度的上升对解决发展中国家的难题、促进经济增长等方面发挥重要作用。而新古典增长理论认为，短期内，外商直接投资能够促进发展中国家的经济增长，并且这一过程伴随着外资依存度的上升；在长期内，人口增长率和技术进步率等条件决定经济体的资本存量，而外资的流入不能导致这两方面因素的增长。内生增长理论认为，外资的流入能够直接和间接影响东道国的技术进步，从而对东道国的经济发展产生一定的影响。外资的直接影响表现为技术转移，包括母公司通过内部交易向子公司提供技术以及通过设备进口引进技术；而间接影响则是通过提高市场竞争压力、增加学习和模仿的机会等，进而对国内企业形成一定的技术溢出。然而，这一理论也得到了不少学者的质疑，他们认为外商直接投资是否能够促进东道国的技术进步还取决于东道国自身的发展基础。基于上述理论，张宇（2010）建立空间增长模型，从增长路径与技术进步两方面，探究外资依存度与经济增长之间的关系。该模型显示，外资依存度增加背后的原因——开放程度的扩大、技术差距以及制度约束，将导致其对经济增长产生不同的作用效果。

在实证方面，学术界广泛运用各种方法和模型，探究外资依赖与经济增长的关系（包括外商直接投资与外资依存度），但就不同国家或同一国家的不同地区的实证研究尚未得到一致的结论。其中，高铁梅等（2006）的研究表明，外商直接投资虽然对我国经济发展具有显著的正向作用，但其贡献率明显低于国内投资。而在考虑到外商直接投资的内生性问题以及地区差异的基础上，郭志仪、杨曦（2008）的研究表明，外商直接投资对不同区域的经济产生不同的作用效果，其中对东部地区具有显著作用，对中部地区影响作用不显著，对西部地区积极作用较小。刘晓玲等（2015）运用主流分析方法——协整分析方法，探究湖南省外商直接投资、进出口贸易与经济增长之间的关系，研究结果显示，外商直接投资及进出口贸易对经济增长具有较为显著的短期效应。此外，张宇（2010）以1999～2005年中国的31个省（市、自治区）为样本，建立固定效应模型和广义矩模型，探究外资依存度与经济增长之间的关系，结果表明，外资依存度的提高不一定带动经济的增长。在研究我国经济增长的影响因素时，朱承亮等（2009）引入以外资依存度和外贸依存度为代表的经济开放度，研究结果表明，外资依存度的影响力略高于外贸依存度，但总体而言，两者对经济增长效率的影响不大。由此可见，在实证研究中，外资依存度对经济增长的影响效果如何仍无定论。

综观国内外已有研究，由于研究对象、研究方法以及样本选取范围的不同，所得的研究结论也不尽相同。对于我国而言，东、中、西三大区域自身发展条件存在差异，创业创新的萌发以及外资利用水平也不同，因此不能简单地在全国水平上对这一问题进行探究。此外，在探索经济增长的动因时，尽管国内外学者均有单独考虑企业家精神与外资依存度的作用，但鲜有研究明确讨论这两者共同发挥的影响，也没有得出相关的经验证据。因此，本节将从全国及区域视角，创新性地研究企业家精神与外资依存度在区域经济增长中发挥的作用，以期为我国区域创新创业政策及外资引入政策的制定和调整提供参考依据。

三、企业家精神、外资依存度和经济增长的变量测度与数据

（一）变量测度

1. 经济增长

在本节所构建的计量模型中，被解释变量为经济增长，以"地区实际GDP/地区总人口"得到的人均实际GDP（亿元/万人）来衡量，用gdp表示。其中，地区实际GDP以相应的价格指数剔除价格因素，并平减以上一年为基期的不变值。

2. 企业家精神

为定量分析生产性企业家精神与经济增长之间的关系，现有文献主要根据Hébert和Link提出的创新与创业的生产性活动指标来衡量企业家精神，采用了包括自我雇用率、私营企业比率、申请专利数量等指标。此外，不少学者采用全球创业监测（GEM）的数据，利用早期总体创业（TEA）这一指标来衡量企业家精神。通过对上述企业家精神衡量方法的比较以及根据数据的客观性和可得性，借鉴李宏彬等（2009）衡量企业家精神采用的私人企业比率（地区个体和

私营企业雇用人数/地区就业总人口数）这一指标，考虑到我国国内存在大量的个体户未登记的现象，为尽可能减少误差，本节选择私营企业雇用比率（bs）来衡量企业家精神。具体计算公式如下：

$$bs_{it} = \frac{pe_{it}}{se_{it}}$$

其中，bs_{it} 表示私营企业雇用比率，$i = 1, 2, \cdots, 31$ 表示省份；$t = 1, 2, \cdots, 10$ 表示年度；pe_{it} 表示第 i 个省份 t 年的私营企业雇用人数；se_{it} 表示第 i 个省份 t 年全社会的总体就业人数。

3. 外资依存度

现有研究关于外资依存度的衡量方式较为统一，普遍的做法如李笋雨（2000）以"外商直接投资总额/国内生产总值"来衡量外资依存度；而张宇（2010）以"外资企业实际固定资产存量/地区工业实际固定资产存量"来衡量外资依存度，鉴于数据不易获取，本节不选用此种方法。本节借鉴朱承亮等（2009）所采用的衡量标准，即以实际利用外商投资总额占国内生产总值比重，来反映各省份实际所利用外商直接投资的相对规模。具体计算公式如下：

$$fdi_{it} = \frac{FDI_{it}}{GDP_{it}}$$

其中，fdi_{it} 表示外资依存度，$i = 1, 2, 3, \cdots, 31$ 表示省份；$t = 1, 2, 3, \cdots, 10$ 表示年度；FDI_{it} 表示第 i 个省份 t 年实际利用外商投资总额；GDP_{it} 表示第 i 个省份 t 年国内生产总值。其中，实际利用外商投资总额金额以美元计，因此运用时先以当年人民币对美元汇率的中间价折合成人民币，统一成以亿元为单位。

4. 控制变量

在总结以往研究经济增长影响因素的相关文献的基础上，综合考虑我国目前的现实情况，本节认为有三个变量可作为控制变量，分别是政府干预程度、投资水平和社会网络。

（1）政府干预程度。政府通过对市场进行宏观调控，弥补市场机制的不足及缺陷，实现资源优化配置，保证市场经济协调稳定地发展。因此，政府干预程度应作为经济增长的控制变量，纳入计量模型之中。本节以"地区财政支出/地区生产总值"来衡量政府干预程度，用 gov 表示。

(2) 投资水平。长期以来,投资具有一定的乘数效应,固定资产投资水平的不断增加,有利于我国扩大再生产,提高经济发展水平。因此,投资尤其是固定资产投资应作为控制变量纳入计量模型之中。本节以"地区固定资产投资/地区生产总值"来衡量投资水平,用 inv 表示。

(3) 社会网络。如今,社会网络作为一种社会资本,对企业发展与经济发展的作用不容小觑。本节借鉴 Temple 和 Johnson（1998）、Ishise 和 Sawada（2009）以及严成樑（2012）在研究中所采用的社会网络指标,本节采用互联网使用频率,即"地区互联网上网人数/地区总人口"来衡量社会网络,用 infs 表示。

(二) 数据说明

1. 数据来源

本节选取我国 31 个省（市、自治区）为研究对象,以 2005～2014 年的省份数据为样本观测值,考察企业家精神、外资依存度与经济增长之间的关系。原始数据均来源于《中国统计年鉴》、中国经济与社会发展统计数据库中 31 个省（市、自治区）统计年鉴。根据国家统计局划分办法及多数文献的划分标准,东部地区包括:北京、上海、天津、辽宁、河北、山东、浙江、江苏、广东、福建和海南;中部地区包括:吉林、黑龙江、安徽、河南、山西、江西、湖北和湖南;西部地区包括:内蒙古、宁夏、新疆、西藏、甘肃、青海、陕西、重庆、四川、广西、云南、贵州。本节的回归样本数据均为年度数据,每年 31 个数据,共计 310 个样本观测值。

2. 样本数据描述性统计

利用 EViews 9.0 软件对 2005～2014 年 31 个省（市、自治区）变量指标的数据进行描述性统计,统计结果如表 3 - 6 所示:

表 3 - 6 变量的描述性统计特征

变量	平均值	中值	最大值	最小值	标准差
gdp	10928.80	8423.311	53334.28	247.0011	9787.014
bs	0.133165	0.100859	0.646063	0.022815	0.113317
fdi	0.023902	0.018852	0.081914	0.000683	0.018683
gov	0.231782	0.186876	1.291443	0.079830	0.177027
inv	0.641275	0.637586	1.242220	0.253576	0.195445
$infs$	0.299195	0.292357	0.740242	0.029223	0.171210

3. 不同区域企业家精神与外资依存度比较

为了更为直观地观察和比较全国以及各个区域不同年度企业家精神水平与对外资依存度的差异和变化趋势,本节首先绘制全国及各区域 2005~2014 年各年度企业家精神水平及外资依存度的平均值比较图,分别如图 3-1、图 3-2 所示。

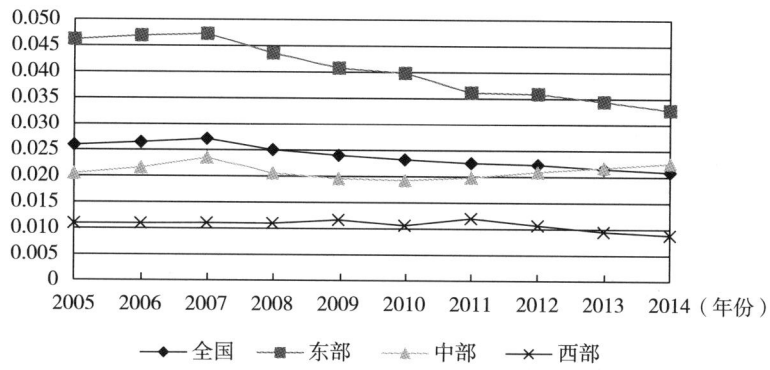

图 3-1 2005~2014 年企业家精神水平比较

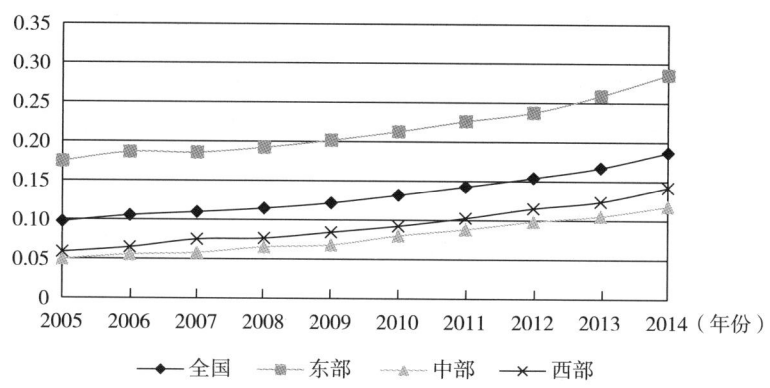

图 3-2 2005~2014 年外资依存度比较

由图 3-1,从时间序列上来看,全国及各地区以私营企业雇用比率衡量的企业家精神水平基本呈现逐年提升的趋势,可见我国私营企业发展较快,我国居民对私营企业主的创业行为已逐渐认可并且积极参与其中。而在同一时期,东部地区的企业家精神水平最高,其次为全国、西部和中部企业家精神水平,且从总体上看，各地区企业家精神水平差距基本保持稳定趋势。可以推断，相较于其他地区，在社会经济发展中，东部地区的市场化程度高，民营企业和创业企业处于较为公平的发展环境，容易获得较快的成长，因此更有利于该地区企业家精神水平的发展。而中西部地区，由于其地理位置、自然条件、市场竞争环境等因素的限制，民营企业发展较为缓慢，导致以私营企业雇用比率衡量的企业家精神处于较低水平，但也呈现出不断提升的趋势。

由图 3-2，从时间序列上来看，2008 年可视为全国、东部以及中部地区外资依存度的重要节点，在 2008 年以前，全国、东部以及中部地区外资依存度以较小的幅度提升，而在 2008 年均呈现大幅度的下降。这一重要节点的出现主要是由于 2008 年全球金融危机爆发，经济下行，市场需求减少，部分国家的货币市场与债务市场均出现周转危机，跨国公司投融资信心不足，因此大规模地减少对外直接投资。从同一时期来看，东部地区外资依存度最高，其次为中部和西部。这主要是由于外商直接投资具有聚集效应，为获取更高收益水平，外资倾向于投入到经济发展基础较好、地理位置较优越的地区，因此东部沿海地区往往是外商首选的投资之地。不过从总体来看，东、中部地区外资依存度差距具有逐渐减小的趋势，究其原因，是随着改革不断深入以及基础设施不断完善，中部地区及其部分产业的发展潜力逐渐显现，吸引了外资的投入。综上所述，我国外商直接投资和外资依存度在不同地区出现较大的差异，这表明我国对外开放中存在区域发展不平衡的现象。

四、企业家精神、外资依存度和经济增长的模型构建

以私营企业雇用率衡量的企业家精神水平在一定程度上反映了劳动力在实现私营企业发展过程中的重要地位；而外商直接投资所带来的资本、技术和管理经验为我国经济发展提供了物质条件与颇有价值的参考，也有利于经济水平的发展。此外，政府干预、投资水平与社会网络也被视为当今经济发展不容忽视的三大因素。

在现有经济增长的实证分析中，学者们广泛应用柯布—道格拉斯生产函数的分析框架，建立计量模型。传统柯布—道格拉斯生产函数 $Y = A(t) L^{\alpha} K^{\beta} \mu$ 中，$A(t)$ 所代表的综合技术水平取决于知识水平、生产工具和劳动者素质，通常假定为不随时间而变化，因而经济产出的改变主要由 L（劳动）和资本

（K）的变化决定。目前，对于我国而言，国营企业雇用人数和私营企业雇用人数两部分基本构成了 L（劳动），且 L（劳动）变化主要体现在私营企业雇用的改变上。而 K（资本）主要由内部资本和外部资本构成，在一定程度上，外资的变化直接反映了 K（资本）的改变。此外，所选择的其他考虑因素包括政府干预程度（gov），投资水平（inv）和社会网络（infs）对劳动（L）和资本（K）也存在着一定的直接或间接影响。基于上述分析，借鉴方先明等（2010）的研究对柯布—道格拉斯生产函数进行改进和拓展，本节认为经济增长与上述变量的关系可描述为：gdp = f（bs, fdi, gov, inv, infs），因此构建以下基本模型：

$$\ln gdp_{it} = \alpha_0 + \beta_1 bs_{it} + \beta_2 fdi_{it} + \beta_3 \ln gov_{it} + \beta_4 \ln inv_{it} + \beta_5 \ln infs_{it} + u_{it}$$

上述模型为线性模型，被解释变量为人均国内生产总值 gdp，解释变量为企业家精神 bs 与外资依存度 fdi，控制变量为政府干预程度 gov、投资水平 inv 与社会网络 infs。在模型中，为尽可能降低异方差的影响，增加平稳性，对被解释变量及控制变量做对数变换，分别为 lngdp、lngov、lninv、lninfs。而由于解释变量企业家精神 bs 与外资依存度 fdi 数据的值域均在 0~1，数值范围较小，因此不对其进行对数变换。此外，α 表示截距向量，β 表示回归系数向量，μ_{it} 为随机扰动项，i 表示省份（i = 1, 2, 3, …, 31），t 表示年份（t = 1, 2, 3, …, 10）。

五、企业家精神、外资依存度和经济增长的实证分析

（一）面板数据的单位根检验

宏观数据在进行回归分析之前需要检验各序列是否存在单位根，从而保证数据的平稳性及结果的稳健性。常见的面板数据单位根检验包含五种，分别为同质单位根检验的 LLC 检验、BR 检验，以及异质单位根检验的 ADF 检验、PP 检验及 IPS 检验。其中，LLC 检验方法、ADF - Fisher 检验方法和 PP - Fisher 检验具有相同的原假设，即存在单位根，当三者得出相同的结论时，检验结果更具稳健性。因此，结合样本数据情况，本节利用 EViews 9.0 软件，综合运用 LLC 检验方法、ADF - Fisher 检验方法和 PP - Fisher 检验方法进行面板单位根检验，当多种方法检验同时拒绝存在单位根的原假设时，我们认为检验序列为平稳序列，否则为不平稳序列，检验结果如表 3 - 7 所示。

表 3-7　面板数据单位根检验结果

单位根检验	检验方法		
	LLC 统计量（P）	ADF 统计量（P）	PP 统计量（P）
ln*gdp*	3.8233（0.9999）	26.8258（1.0000）	16.0438（1.0000）
bs	-2.3792（0.0087）***	62.1575（0.4705）	92.8764（0.0068）***
fdi	-5.5992（0.0000）***	63.6322（0.4187）	80.5330（0.0569）*
ln*inv*	-11.1692（0.0000）***	79.3990（0.0675）*	71.6801（0.1876）
ln*gov*	-3.9215（0.0000）***	49.4597（0.8752）	67.5755（0.2926）
ln*infs*	-12.0307（0.0000）***	50.5616（0.8502）	16.9810（1.0000）
ln*gdp*	-13.1593（0.0000）***	104.0540（0.0007）***	113.9610（0.0001）***
bs	-9.8762（0.0000）***	88.6327（0.0149）**	192.0980（0.0000）***
fdi	-24.7584（0.0000）***	170.2820（0.0000）***	207.7290（0.0000）***
ln*inv*	-17.2681（0.0000）***	105.7900（0.0004）***	128.8980（0.0000）***
ln*gov*	-17.5856（0.0000）***	125.3300（0.0000）***	262.7920（0.0000）***
ln*infs*	-16.1145（0.0000）***	100.3580（0.0015）***	126.0170（0.0000）***

注：括号里为对应系数的 P 值；***、**、* 分别表示在 1%、5% 和 10% 的水平显著。

由表 3-7 可知，序列 ln*gdp*、*bs*、*fdi*、ln*inv*、ln*gov*、ln*infs* 均存在单位根，因此为非平稳序列。但在一阶差分情况下，*bs* 在 5% 的显著性水平下拒绝原假设，其余序列 ln*gdp*、*fdi*、ln*inv*、ln*gov* 与 ln*infs* 均在 1% 的显著性水平下拒绝原假设，即不存在单位根。这表明各序列均为一阶单整序列，符合面板数据协整检验的前提条件。

（二）面板数据协整检验

由上述单位根检验结果可知，ln*gdp*、*bs*、*fdi*、ln*inv*、ln*gov* 与 ln*infs* 均表现为一阶单整，因此，以上序列可以进行协整检验，判断各个变量之间是否存在长期稳定的关系。

本节选用 Kao 检验和 Pedroni（1999）检验进行协整分析，其原假设均为不存在协整关系。其中，Kao 检验有一个统计量，即 ADF 统计量，而 Pedroni 检验含有 7 个统计量，分别为用组内维度描述的四个统计量：面板 v 统计量、面板 ρ 统计量、面板 PP 统计量和面板 ADF 统计量以及用组间维度描述三个统计量：组 ρ 统计量、组 PP 统计量、组 ADF 统计量。关于 Pedroni 检验中 7 个统计量的统计效能，陆静（2012）指出，样本的时间范围 T 会对其产生一定的影响，当 T≤20

时,面板 ADF 统计量(Panel ADF – Statistic)和组 ADF(Group ADF – Statistic)统计量统计效能更高。由于本节的所选取样本数据在这一时间范围内,因此重点关注上述两个统计量。

表 3 – 8 序列 lngdp、bs、fdi、lninv、lngov 与 lninfs 的协整检验结果

检验方法	统计量名	统计量值(P)
Kao 检验	ADF	– 6.712282(0.0000)***
Pedroni 检验	面板 v	– 6.797683(1.0000)
	面板 rho	4.753221(1.0000)
	面板 PP	– 1.88252(0.0299)**
	面板 ADF	– 1.572174(0.0580)*
	组 rho	7.215172(1.0000)
	组 PP	– 10.47066(0.0000)***
	组 ADF	– 5.336351(0.0000)***

注:括号里为对应系数的 P 值;***、**、*分别表示在 1%、5% 和 10% 的水平显著。

由表 3 – 8 可知,Kao 检验在 1% 的显著性水平下拒绝原假设;Pedroni 检验中 Panel ADF – Statistic 和 Group ADF – Statistic 这两个统计量分别在 10% 和 1% 的显著性水平下拒绝原假设。因此,两种方法均表明 lngdp、bs、fdi、lninv、lngov 以及 lninfs 之间确实存在着长期均衡关系,可进行回归分析。

(三)面板模型的选择

1. 全国样本面板模型选择

现有研究已分别探讨企业家精神与经济增长的关系及外资依存度与经济增长的关系,本节将这两个因素同时纳入经济增长影响因素的考虑之中。基于上文所构建的面板数据模型,为验证全国样本企业家精神、外资依存度与经济增长之间可能存在的线性与非线性关系,本节构建模型(1)至模型(4)。其中,模型(1)为线性模型,即最初所设定的模型;模型(2)在模型(1)的基础上加入了私营企业雇用比率的平方项;模型(3)在模型(1)的基础上加入了外资依存度指标的平方项;模型(4)在模型(1)的基础上同时加入了私营企业雇用比率的平方项以及外资依存度的平方项。

针对本节所构建模型的估计方法方面,首先利用 F 检验判断真实模型是混合

模型还是固定效应模型。该检验的原假设为真实模型是混合模型，备择假设为真实模型是固定效应模型。其次，进行 Hausman 检验判断应建立随机效应模型还是固定效应模型，该检验的原假设为应建立个体随机效应模型，备择假设为应建立个体固定效应模型。检验结果如表3-9和表3-10所示。

表3-9 模型（1）至模型（4）F检验结果

	模型（1）	模型（2）	模型（3）	模型（4）
SSE-r	75.36675	68.64638	71.53558	64.80051
SSE-u	2.269803	2.269308	2.267695	2.267358
F统计量	294.130774	266.174250	277.964124	250.056286
自由度	(30, 274)	(30, 273)	(30, 273)	(30, 272)
临界值（5%）	294.1307165	266.1742501	277.9640796	250.0563408

由表3-9中F检验结果可知，模型（1）至模型（4）均应拒绝原假设，即认为真实模型是固定效应模型。

表3-10 模型（1）至模型（4）Hausman检验结果

	模型（1）	模型（2）	模型（3）	模型（4）
H统计量	157.468218	154.030487	150.570981	147.247996
P值	0.0000	0.0000	0.0000	0.0000

由表3-10中 Hausman 检验结果可知，模型（1）至模型（4）均应拒绝原假设，即认为四个模型均应建立个体固定效应模型。

2. 区域样本面板模型选择

为进一步考察不同区域中，企业家精神、外资依存度对经济增长的差异性影响，以三大区域的数据为样本，本节构建东部模型、中部模型和西部模型。其中，以上三个模型均采用最初模型设定中的线性模型形式，以探究变量之间存在的线性关系。首先，分别进行 F 检验和 Hausman 检验，检验结果如表3-11、表3-12所示：

表 3-11　东部、中部、西部模型 F 统计量检验结果

	东部	中部	西部
SSE-r	22.15742	5.073321	31.3184
SSE-u	0.829773	0.206815	0.679342
F 统计量	241.6081046	225.2226123	422.3101143
自由度	(10, 94)	(7, 67)	(11, 103)
临界值（5%）	1.932934181	2.149652514	1.882814871

由表 3-11 中 F 检验结果可知，东、中、西三个区域模型均应拒绝原假设，即认为真实模型是固定效应模型。

表 3-12　Hausman 检验结果

	东部	中部	西部
H 统计量	37.412198	356.088694	83.846955
P 值	0.0000	0.0000	0.0000

由表 3-12 中 Hausman 检验结果可知，东、中、西三个区域模型均应拒绝原假设，即认为三个模型均使用个体固定效应模型。

（四）面板模型的实证分析

1. 全国样本企业家精神、外资依存度与经济增长的回归结果及分析

根据 F 检验和 Hausman 检验的结果，应用 EViews 9.0 建立个体固定效应模型，如表 3-13 所示。比较估计结果发现，考虑变量之间的非线性关系中，模型（2）至模型（4）的回归方程总体拟合程度较好，调整后的 R^2 均达到 0.99 以上，且 F 值均大于 1100，P 值均为 0.0000，由此可见值 F 大于临界值，回归方程的显著性水平都较高，但方程中平方项的系数未能在 10% 的显著性水平下显著，因此，本节认为，企业家精神、外资依存度与经济增长之间主要存在线性关系。

如表 3-13 回归结果所示，模型（1）中，回归方程调整后的 R^2 达到 0.9927，可见方程的拟合程度较好，而 F 统计量值为 1195.739，P 值为 0.0000，小于置信度（0.05），由此说明 F 大于临界值，因此回归方程的显著性水平高。由模型估计的结果来看，私营企业雇用率的系数为正，且在 1% 的显著性水平显

表 3-13 总体样本的回归结果

变量	模型 1 个体固定效应	模型 2 个体固定效应	模型 3 个体固定效应	模型 4 个体固定效应
c （常数项）	9.56109 *** (83.38412)	9.565794 *** (82.13272)	9.583095 *** (78.00810)	9.586223 *** (77.27966)
bs^2 （私营企业雇用率平方）		0.127883 (0.243960)		0.200825 -1.813244
bs （私营企业雇用率）	1.702473 *** (9.434138)	1.625557 *** (4.472853)	1.711748 *** (9.423823)	1.647781 *** (4.491968)
fdi^2 （外资依存度平方）			14.51456 (0.503766)	14.01073 0.4836
fdi （外资依存度）	-1.710615 * (-1.931944)	-1.701465 * (-1.916596)	-2.657143 (-1.278948)	-2.616716 (1.251433)
lngov （政府干预程度）	0.192834 ** (2.274544)	0.189881 ** (2.213483)	0.204216 ** (2.324598)	0.201377 ** (2.259288)
lninv （投资水平）	0.264266 *** (14.47299)	0.268309 *** (5.322653)	0.260661 *** (5.416438)	0.264132 *** (5.157472)
lninfs （互联网使用频率）	0.310646 *** (14.47299)	0.311597 *** (14.26028)	0.308803 *** (14.16361)	0.309653 *** (13.91859)
F 值	1195.739	1158.536	1159.365	1124.067
P 值	0.000000	0.000000	0.000000	0.000000
调整后的 R^2	0.992665	0.992639	0.992645	0.992619
总样本数	310	310	310	310

注：括号内数字为估计系数的 t 值；***、**、* 分别表示在 1%、5% 和 10% 的水平显著。

著，而外资依存度的系数为负，且在 10% 的显著性水平下显著，这表明，在全国范围内，私营企业雇用率的提高会对经济增长产生正效应，而外资依存度的提高对经济发展产生负作用。而关注方程中的控制变量可知，政府干预程度、投资水平、互联网使用频率的系数均为正，且分别在 5%、1%、1% 的水平下显著，其中，互联网使用频率的系数最大，但仍小于私营企业雇用率。由此可见，社会网络对经济增长的促进作用明显小于企业家精神对经济增长的促进作用。

平均而言，企业家精神每提高一个百分点，经济增长就提高 1.70 个百分点，而外资依存度每提高一个百分点,经济增长下降 1.71 个百分点。对此结果,可以解释为:首先,改革开放以来,市场环境和政策制度的转变激发了以创新创业精神为代表的企业家精神的萌芽与发展,企业家在追逐财富的过程中,不断发现并利用机会,创立和经营私营企业,将资源投入生产性活动之中,从而带动整个经济的飞速发展,因此,以私营企业雇用率为代表的企业家精神较大程度地推动了经济增长。其次,改革开放初期,由于存在"缺口"问题,我国政府积极引入外资,这一举措,有利于扩大国内资本规模,引入先进技术和先进生产管理经验,且外商直接投资集中于出口部门,极大程度地促进出口,进而推动我国经济的发展;然而随着外资的引入,外资依存度不断提升的同时,一些问题也逐渐凸显,包括外资成本高、加剧产业结构失衡、外商直接投资的投资收益最终汇出中国等问题,毫无疑问,这直接导致我国利用外资的综合效率降低,对我国经济发展产生潜在的不利影响。

2. 区域样本企业家精神、外资依存度与经济增长的回归结果及分析

由 F 检验与 Hausman 检验结果可知,三个区域模型均应建立个体固定效应模型。应用 EViews 9.0 建立个体固定效应模型,回归结果如表 3-14 所示。

表 3-14　区域样本的回归结果

变量	东部	中部	西部
	个体固定效应模型	个体固定效应模型	个体固定效应模型
c（常数项）	11.31044*** (41.09578)	9.335129*** (44.83419)	8.443808*** (82.71929)
bs（私营企业雇用率）	0.929453*** (3.638778)	4.622645*** (10.2832)	2.152452*** (7.483442)
fdi（外资依存度）	0.697211 (0.441073)	3.183687** (2.192383)	-0.908645 (-0.639126)
$\ln gov$（政府干预程度）	0.880981*** (5.014151)	0.063329 (0.465619)	-0.104216 (-1.004012)
$\ln gov$（投资水平）	0.018528 (0.221082)	-0.02431 (-0.323435)	0.468182*** (6.908827)
$\ln infs$（互联网使用频率）	0.294154*** (7.448559)	0.346742*** (10.83468)	0.297531*** (10.67738)

续表

变量	东部	中部	西部
	个体固定效应模型	个体固定效应模型	个体固定效应模型
F 值	654.3675	440.6255	1222.359
P 值	0.000000	0.000000	0.000000
调整后的 R^2	0.989000	0.985246	0.993947
总样本数	110	80	120

注：括号内数字为估计系数的 t 值，***、**、* 分别表示在 1%、5% 和 10% 的水平显著。

如表 3-14 所示，三大区域模型中，一方面回归方程调整后的 R^2 均达到 0.98 以上，可见方程的拟合程度较好；另一方面 F 大于临界值，说明回归方程的显著性水平较高。由分组回归结果可知，在各个区域中，以私营企业雇用率衡量的企业家精神水平对经济增长具有显著的促进作用，而外资依存度则呈现出不同的作用效果。

在东部地区的回归方程中，私营企业雇用率系数为正，且在 1% 的水平下显著，外资依存度系数为正，但是不显著，说明在东部地区，企业家精神对经济增长具有明显的促进作用，而外资依存度的影响效果并不明显。这一实证结果可以解释为东部地区自身资源较为丰富，地理位置具有优势，能够为企业家的创新创业活动提供充分的条件，进而提升"企业家精神"的利用效率，带动经济发展；然而由于近年来东部地区是我国经济最为发达的区域，自身所具备的资本较为充足，优势产业的投资已基本达到饱和状态，加之外商直接投资往往也未能实现核心技术的引入，导致外资依存度带来的经济效益相比于其他因素较为不明显。因此，如何调整外商直接投资政策，使外资依赖发挥对经济增长的积极作用应是东部地区亟待考虑的问题。从其他变量来看，政府干预程度系数在 1% 的水平下显著为正，投资水平系数不显著，互联网使用频率在 1% 的水平下显著为正，这说明对于东部地区而言，适当增加政府干预、增强社会网络的联结能够促进经济的增长。

在中部地区的方程中，私营企业雇用率的系数达 4.6226，且在 1% 的水平下显著，而外资依存度的系数达 3.1837，且在 5% 的水平下显著，同时这两者的系数均约为东部地区系数的 5 倍，由此说明，在中部地区，企业家精神水平与外资依存度对经济增长具有极大的促进作用。产生这一结果的原因可能在于：最初，我国中部地区由于地理位置劣势、基础设施不足、技术及投资资金缺乏等原因，经济发展水平一直处于中等状态，创新创业的热潮带来的私营企业群兴起较晚。因此，实际上，对于中部地区而言，以私营企业雇用比率为代表的企业家精神具有较大的边际效应，其对经济的促进作用具有较大的潜力。随着一系列政策的推进，地理位置缺陷得以弥补，基础设施得以改善，中部地区的优势也逐渐凸显出来，随之而来的外商直接投资不仅弥补了资本不足的问题，而且还为中部地区带来了先进的技术和为经济的发展提供基础条件，对于中部地区而言，外资依赖所带来的正向影响大于其负向作用，从而促进GDP的增长，因此，中部地区应积极培养企业家精神，同时坚持外资引入政策。进一步关注其他因素：政府干预程度系数为正但不显著，投资水平系数为负但不显著，而互联网使用频率系数为正且在5%的显著性水平下显著，因此，对于中部地区，增强社会网络联结对经济发展具有重要作用。

在西部地区的模型中，从回归的结果来看，私营企业雇用率系数在1%的水平下显著为正，而外资依存度系数为负但不显著，这说明在西部地区，企业家精神水平对经济增长具有较强的促进作用，而对外资依存度的影响效果并不明显。针对企业家精神的促进作用，西部地区与中部地区具有相似的原因，私营企业群兴起较晚，因此具有较高的边际作用。而针对外资依存度影响不显著的原因可能在于：首先，西部地区是我国较晚开始实施开放政策的区域，西部大开发中存在着一些阻力因素，而这些直接导致外商直接投资尚未发挥其优势作用；其次，西部地区人力资本、基础设施等条件较为贫乏，导致外商直接投资带来的核心作用——先进技术和管理经验未能被充分吸收，转换为生产力；最后，在西部这一欠发达地区，外商直接投资可能会挤出本地投资，导致本土企业的消亡。因此，对于西部地区而言，如何将外商直接投资转化为经济增长的驱动因素是一个值得深思的问题。而其他因素：在回归模型中，政府干预程度的系数为负，但不显著；投资水平的系数为正，且在1%的水平下显著；互联网使用频率的系数在1%的显著水平下为正。由此可见，加大固定资产投资建设、充分利用社会网络能够成为驱动西部经济增长的重要举措。

综上分析，在我国区域经济发展中，企业家精神具有举足轻重的地位，而外资依存度的区域影响却存在差异。由分析结果可知，外资依存度不存在一个最适的范围，必须根据地区发展的差异，寻找与之相匹配的外商直接投资政策，从而使外资依存度成为经济增长的一个积极因素。

第三节 本章小结

一、企业家精神、人力资本对经济增长的影响总结

第二节内容利用 2005~2014 年我国 31 个省（市、自治区）的面板数据，对企业家精神和人力资本影响地区经济发展水平的内在效应进行了实证研究，通过控制地区信息共享程度、政府参与程度以及投资水平等因素，建立全国范围固定效应模型以及东部、中部以及西部分组的固定效应模型。研究结论如下：

（一）企业家精神对于中西部地区影响显著，中部强于西部，而对东部地区不显著

从地区回归结果来看，私营企业雇用率表示的企业家精神对于中部、西部区域的影响弹性分别是 0.305652 和 0.149468，但对东部地区的影响弹性只有 0.041772，且不显著。这说明东部地区在具有较好经济发展基础的前提下应该致力于摆脱人口推动式的粗放型经济发展模式，即企业雇用率的提升对于发挥劳动力质量优势的作用越来越小，转而借助资本优势、技术优势以及地理位置优势等向可持续发展的创新推动型发展模式转变，这将是东部地区长远的发展规划；而中西部地区当前还处于以基础建设为主的初期发展阶段，其难以像东部地区利用各种有利位势以支撑高新科技以及高精尖人才的引进。因此，从提升私营企业雇用率方面入手，扩大劳动力的有效覆盖范围，刺激产业多样化以及人口就业率，从而进一步促进地区企业家精神对企业所联结的资源的利用效率，夯实发展基础，是现阶段我国有效推动中西部地区实现经济大开发的重要思路之一。

（二）人力资本的影响效应自东部地区向西部地区逐级减弱

从全国范围来看，人均受教育年限所代表的人力资本水平对于经济发展的影响效应存在着显著的地区差异。具体而言，分地区面板数据模型的回归结果显示人力资本自东部地区向西部地区逐级递减，依次为：东部（1.856870）、中部（1.103941）及西部（0.508418），呈现出明显的阶梯状特性。通过分析认为，一方面，自改革开放以来，东部地区由于经济发展一直处于高速状态，相应的地

区就业水平以及人均受教育年限都较高,在促进经济发展的过程中会由于边际效用递减规律而逐步趋于饱和状态,因此在大部分企业还未有效实现规模扩张的前提下,人力资本对于经济发展的促进作用是十分有限的;另一方面,由于西部地区经济发展相对落后,对于人力资本的需求更加旺盛,因而劳动力对于经济发展的边际效用较高。结合经济社会发展的实际情况,第二节内容认为该结论具有较强的准确性和稳定性。

(三) 社会网络对于转型期的中国经济发展的影响值得关注

从数据分析结果来看,由信息共享程度刻画的社会网络虽然只是本研究的控制变量,但对于我国经济发展的作用在三个地区内都具有一定的显著性,东部(0.289051)、中部(0.291628)及西部(0.212167)。这种关系网络的作用将随着信息产业的不断发展而越发凸显,同时网络的含义将更加多元,包括企业与企业之间、人与人之间、人与企业之间等的联系将进一步对现有的商业运营模式产生作用,从而带来更大的发展机遇和平台效应。这也是当下针对中国本土化经济发展研究的一个重要方向。

(四) 政府参与程度与投资水平是造成地区经济发展不均衡的动因

从模型设定以及数据处理结果来看,政府参与程度与投资水平对现有经济发展水平的影响具有一定的先验性,是我国改革开放以来东部地区与中西部地区经济发展水平产生巨大差异的根本原因之一。因此,现阶段无论是要着力推动西部大开发战略的实施还是针对东部发达地区的经济发展模式进行转型修正,控制好政府对经济的参与程度以及固定资产投资水平将是核心要务。随着中国经济开始步入新常态,关于如何解决社会主义市场经济的更多更尖锐的问题将逐渐成为学术界以及实业界共同关心的热点。

研究的主要贡献在于从社会总体层面上探讨了企业家精神与人力资本对不同地区经济发展水平的影响,并利用实证模型对预期结果进行了验证,得到了较为可靠的研究结果。在我国整体经济发展过程中,企业家精神所蕴含的创新创业内涵与地区人力资本水平的高低都能够影响经济发展的速度。适当地提升创业企业的比重,即提升私营企业雇用率,以及引进具有高教育水准的人才,对经济增长具有显著的促进作用。此外,已有文献从不同视角研究经济增长的影响因素,但是从企业家精神和人力资本的双重视角对地区经济发展水平的研究仍显匮乏。本研究选择私营企业雇用率对企业家精神进行衡量,同时结合人力资本对创业者的整体素质进行地区宏观层面的衡量，进一步增强了实证模型的协调性。

此外，研究也存在着如下局限：①研究的样本数据范围尚难以满足验证企业家精神及人力资本对地区经济发展作用趋势的要求，在后续的研究中，可以通过更长的时间维度来探究企业家精神、人力资本对经济增长的线性影响和非线性影响；②社会网络等其他因素作为转型经济时期影响创业企业发展壮大的重要因素，应该给予更多的关注，在后续研究中，可尝试调整其作为企业家精神影响地区经济增长的中介变量等。

二、企业家精神、外资依存度对经济增长的影响总结

（一）结论与讨论

第二节的内容以 2005~2014 年我国 31 个省（市、自治区）的数据为样本，通过控制政府干预程度、投资水平和社会网络三个要素，实证分析全国及三大区域的企业家精神、外资依存度与经济增长之间的关系，得到如下结论：

（1）在全国样本中，企业家精神对经济增长具有显著的正效应，而外资依存度对经济增长具有显著的负效应。这意味着企业家精神有利于全国整体经济发展，而外资依存度对经济增长呈现出不利的影响。

（2）三大区域分组回归结果表明，企业家精神对经济增长具有明显的促进作用，其中对中部地区经济发展的影响最为显著；而外资依存度对经济增长的影响则呈现出不同的结果，其中外资依存度对东部地区经济发展的推动作用不明显，对中部地区经济发展产生的积极作用较为显著，而对西部地区的经济增长的阻碍作用不显著。

一般而言，伴随外商直接投资而来的技术和资金在一定程度上有助于我国经济发展，但由于我国区域发展基础的差异，外资依存度呈现不同的影响效果。第二节的内容仅从实证的角度进行结果阐述，并未对其原理进行理论构建及验证，因此，在未来的研究中，可通过增加调节变量这一手段，探究企业家精神、外资依存度对经济增长影响的内在机理，以此深化研究主题。

（二）启示

根据上述研究结论，第二节的内容的主要政策含义如下：

（1）鼓励私营企业创立以及私营企业发展，提升企业家精神水平。加强对中小私营企业的政策扶持，切实保障贷款、税收、鼓励研发等政策有效落实，同

时建立私营企业服务体系、健全企业管理体制。如今，私营企业对我国经济社会发展和稳定具有关键性作用，通过建立统一的私营企业服务管理机构，对其提供政策引导、人力支持、市场准入等综合服务，解决私营企业"瓶颈"，促进私营企业平等发展、持续发展，有助于私营企业提供更多就业岗位，提高私营企业雇用比率，从而提升企业家精神水平。

（2）关注地区差异，合理利用外商直接投资。注重地区优势及不足的差异，采取差别化的政策措施。针对东部地区，可逐步取消外资优惠政策，使得国内投资商和外商得到公平的投资待遇。而针对中部地区，应持续优化中部地区的投资环境，包括基础设施和软环境，积极吸引外资。此外，可通过一系列税收减免措施，在各个领域有序开放外资准入限制，加大外商直接投资力度。针对西部地区，一方面应加快人才引进，增加基础设施建设等，提升西部自身的发展基础，使得外商直接投资的优势得以体现，提升外商直接投资的利用质量；另一方面持续推进西部大开发，进一步制定西部对外开放的政策，结合西部地区自身优势，通过与相邻的国家建立对外贸易和外资合作，促进西部地区的经济发展。

第四章 社会网络、企业家精神影响经济增长的实现机理

将社会网络与企业家精神有机结合起来，考察其对创业型经济的影响效应与实现机理显得尤其重要。本研究侧重从我国经济实际的视角理解我国不同区域的社会网络和企业家精神分布以及演变的不均衡性，通过选取我国31个省份2005~2014年的面板数据，构建包含企业家精神及基于面板数据模型，考察了企业家精神、社会网络与经济增长之间存在的潜在关系。企业家精神采用企业雇用率作为衡量指标，社会网络则采用信息共享率作为衡量指标，然后将其引入传统的经济增长模型中，并用个体固定效应模型测算了企业家精神、社会网络与经济增长之间的影响关系。实证结果表明：企业家精神对经济增长具有显著的促进作用，然而社会网络与经济增长之间存在更为明显的倒"U"型关系；相对于东部地区，企业家精神与社会网络在中部、西部地区的经济发展过程中发挥着更为突出的推动作用。

第一节 社会网络、企业家精神影响经济增长的背景和理论回顾

一、社会网络、企业家精神影响经济增长的背景

20世纪80年代以来，企业家精神已经逐渐成为影响宏观经济发展的重要因素。企业家精神的研究方向从微观视角逐渐转向宏观视角，经济学家认为企业家精神与经济增长之间存在着一种紧密的关系，探索这种关系具有较高的研究价

值。将企业家精神引入宏观经济理论中，在一定程度上提升了宏观经济理论对区域经济增长的解释能力。由于不同国家之间的企业家精神定义具有较为明显的差异性，因此企业家精神对不同国家经济增长影响的研究成果相对较为匮乏。此外，Temple（1998）指出社会网络理论将会在宏观经济研究的发展过程中扮演着重要的角色。社会网络理论不仅从生产因素角度对经济增长进行解释，并且还从资源获取角度对经济理论进行完善。因此，为了能够更好地解释区域经济增长的原因，本章探讨了企业家精神、社会网络与经济增长之间的关系，并利用面板数据模型验证企业家精神、社会网络对经济增长的线性影响与非线性影响。

二、企业家精神与经济增长的理论演变

企业家精神是管理学理论发展过程中重要的组成部分，地区经济发展也在很大程度上受到企业家精神的影响。Hebert 和 Link（1989）最早从两个方面对企业家精神进行定义，分别为创业精神和创新精神。为了能够更好地分析企业家精神对经济增长的影响，Wennekers 和 Thurik（1999）梳理了企业家精神对经济增长影响的研究成果，指出存在三种具有明显差异性的流派，依次为德国学派、新古典学派、奥地利学派。三种流派分别从创新能力、应对风险能力、识别机遇能力的视角出发，研究企业家精神的不同特点在经济活动中所发挥的作用。此外，许多学者也根据 Hebert 和 Link（1989）所提出的企业家精神定义进行了适当拓展。Audretsch 等（2003）将企业更替率带入到企业家精神的研究中，从定量的角度研究了其对区域经济的影响。然而，也有学者根据企业家精神的特点，使用自雇用率和专利发明数量表示创业精神和创新精神。Wong（2005）分别利用 GEM 数据库中创业活动指标衡量企业家精神以及专利数量指标衡量创新精神，发现企业家精神与创新精神能够对经济增长产生显著的促进作用。在许多经济增长的实证研究中，研究者发现企业家精神能够正向影响区域经济的发展。Mueller（2006）对德国的区域经济进行了实证研究，指出企业的科研投入能够显著促进区域经济的发展。Glaeser（2007）利用城市的企业家精神分析了区域经济发展的差异性，指出利用不同城市企业家精神发展水平能够预测该城市未来的经济发展趋势。随着中国经济的不断发展，越来越多的国内学者开始关注企业家精神对区域经济增长的影响机制。李宏彬（2009）利用企业雇用率和专利发明数量表示创业精神和创新精神，通过动态面板模型研究了企业家精神对经济增长的影响，指出创业和

创新精神能够正向影响经济增长。李杏（2011）从人口增长的视角出发，利用实证模型检验了人均播种面积对企业家精神与经济增长之间关系的调节作用，发现控制人口变量后，企业家精神对于经济增长的促进作用具有显著提升。唐国华（2012）利用企业家才能配置来衡量企业家精神水平，从生产性才能和非生产性才能两个方面考察了企业家精神对于经济增长的影响，发现企业家才能配置对经济增长的影响具有明显的地域差异。陈俊龙（2014）从微观视角构建了企业家精神对经济增长影响的模式，发现企业家精神能够从微观层面促进地区经济的发展，并且地区经济能够从宏观层面上展现出这种影响机制。杨勇（2014）提出企业家精神具有空间相关性，需要将空间相关性考虑到实证模型中，发现不同区域的企业家精神具有明显的空间溢出效应，邻近区域之间的企业家活动具有正向影响。

三、社会网络与经济增长的理论演变

相对于企业家精神的研究，社会网络在经济学理论中同样发挥了重要的作用。社会关系网络是企业资源获取和机会识别的关键路径，创业精神与创新精神对于经济增长的影响能够在关系网络中得到极大的增强。社会网络理论所关注的是网络成员间关系强度以及相互作用，现有的社会网络研究成果往往聚焦于企业间关系紧密程度、企业网络大小、机遇识别能力以及网络结构。此外，在许多经济学研究中，研究者从资本的视角对社会网络进行定义，进而研究其对经济发展的影响。Guiso等（2000）利用资本视角的社会网络，分析其对地区金融发展的影响，指出社会网络能够促进地区经济发展。Deng等（2012）从人力资源和政府效率的视角考察了社会网络对经济增长的影响，发现较强的人际网络能够提升人力资本的利用率，帮助政府提升管理效率，对经济增长具有正向促进作用。Putnam（1993）指出社会网络包括信任、规范、关系网络，这三个方面共同促进社会组织的运作效率。Durlauf（2005）认为，社会网络的核心在于信息共享、团队认知、群体合作，这三个方面是社会网络促进经济增长的关键要素。在我国整体经济的发展过程中，许多国内研究利用社会网络理论对一些经济问题进行了解释。张维迎（2002）利用不同省份的信任指标表示社会关系网络的强度，发现信任水平的高低能够直接影响到企业发展路径。为了能够更好地衡量我国不同地区的社会网络水平，许多研究者采用"春节拜年网"作为衡量社会网络强度的指

标,该指标不仅从我国传统文化层面上展示了地区的社会网络,并且还能够进行适当的量化分析。边燕杰(2004)利用春节拜年网络中亲朋好友的数量作为社会网络的衡量指标,研究了社会网络对收入的影响,发现社会网络能够正向促进地区的人均收入水平。杨俊等(2009)将创业企业的关系网络嵌入到社会关系网络中,对创业者个体网络与创业机遇之间的关系进行了实证分析,发现创业者的社会网络能够有助于创业机会的识别,从而促进创业企业的发展。杨宇(2010)根据社会网络的不同特征划分了不同类型社会资本,分析了不同社会资本对于经济增长的影响,发现信任指标能够对经济增长产生显著的正向作用,而网络规模则不能产生显著的促进作用。

综观国内外现有研究,企业家精神的研究往往集中于企业更替率、企业雇用率和专利发明数量等方面,研究者比较倾向于研究单个指标或两个指标(创新精神和创业精神)对经济增长的影响,使得研究结果过于关注创业企业微观层面对区域经济的影响,而没有充分考虑创业企业所产生的宏观层面影响。此外,在社会网络的研究中,研究者根据社会网络的不同特征,分别对信任水平、拜年网络、网络规模以及网络结构进行了细致化的研究。社会网络理论的研究结果不仅解释了地区关系网络与经济增长之间的关系,并且还对创业网络与创业机遇进行了分析,说明社会网络与企业家精神能共同影响地区经济的发展。从企业家精神和社会网络的研究成果来看,已有研究成果已经能够从单独一个方面解释其对经济增长的影响,但是很少有文献同时考虑企业家精神与社会网络两个方面对经济增长的影响。

本章从社会网络理论出发,创新性分析企业家精神、社会网络对不同区域经济增长的影响机制,为我国创业经济的结构和环境提供相应的参考依据。本章第二节介绍了企业家精神与社会网络的衡量指标。第三节构建了企业家精神与社会网络对不同地区经济增长的实证模型,介绍了数据来源和变量选择,并对全国的企业家精神与社会网络水平进行了统计性描述。第四节为全国不同省份样本和按区域分组样本的估计结果,并对结果进行了分析。第五节为研究结果。

第二节 企业家精神与社会网络的衡量

在早期的研究成果中，企业家精神与社会网络是两个相对独立的研究领域，随着两者在经济学研究中发挥着越来越重要的作用，企业家精神与社会网络已经逐渐开始共同影响地区经济的发展。

一、企业家精神的衡量

根据国内外企业家精神的研究成果，企业家精神的衡量指标有三种较为常见的形式，分别为企业更替率、企业雇用率、专利发明数量。三种不同的形式分别从创业精神和创新精神两个方面展示了企业家精神的内涵，通过比较不同的定义形式，本节选择李宏彬（2009）在研究中所使用的企业雇用率表示企业家精神，进而构建地区企业家精神的衡量指标，计算方法如下所示。

$$BS_{it} = \frac{se_{it}}{sw_{it}} \times 100\% \tag{4-1}$$

其中，BS_{it} 表示企业雇用率，i 表示第 i 个省份，t 表示第 t 年，se_{it} 表示地区私营企业雇用员工数，sw_{it} 表示地区就业人数。利用企业雇用率作为企业家精神的衡量指标，能够从宏观层面上展现出地区企业家精神的整体水平。相对于专利发明数量所表示的创新精神，企业雇用率能够较好地体现出整体经济中所包含的企业家精神，并且能够规避地区教育水平对专利发明数量所带来的潜在影响。

二、社会网络的衡量

通过梳理现有的社会网络研究成果，不同学者所采用的衡量指标具有较大的差异性，较为常见的社会网络衡量指标分别为信任水平、民间组织、网络规模以及信息交互水平。不同衡量指标具有不同的侧重点，这些指标能够展现出社会网络的不同属性。在本节的研究中，为了更好地展现出地区社会关系网络的整体水平，选择 Ishise（2009）在研究中所提出的利用信息共享水平来衡量地区社会网

络,并参考严成樑(2012)使用的互联网使用率指标来衡量社会网络的联结性和共享性,计算方法如下:

$$INFS_{it} = \frac{op_{it}}{sp_{it}} \times 100\% \tag{4-2}$$

其中,$INFS_{it}$表示信息共享率,i表示第i个省份,t表示第t年;op_{it}表示地区使用互联网人数;sp_{it}表示地区人口数量。利用信息共享率表示地区社会网络,能够从整个社会层面上刻画社会网络的特点,从而与企业家精神的衡量指标保持测量范围的一致性。此外,随着互联网技术的不断发展,采用邮箱使用率或电话人数衡量社会网络的方式已经难以展现出其整体联结性特点,而互联网使用率能够更好地体现出人际关系网络的特点。因此,本节采用信息共享率来对社会网络进行衡量。

第三节 社会网络、企业家精神影响经济增长的模型构建

一、模型构建

为了能够更好地研究不同省份企业家精神与社会网络对经济增长的影响,本节采用柯布—道格拉斯生产函数作为基础模型,参考了Duranton(2001)所改进的资本和劳动因素生产函数,将企业家精神与社会网络引入模型中,对柯布—道格拉斯生产函数取对数后,得到公式:

$$\ln GDP_{it} = \alpha_0 + \alpha_1 \ln L_{it} + \alpha_2 \ln A_{it} + \alpha_3 \ln K_{it} + \mu_{it} \tag{4-3}$$

其中,GDP表示地区生产总值,L表示劳动力因素,A表示技术因素,K表示资本因素,μ为随机扰动项,i表示第i个省份,t表示第t年,a_j($j=0,1,2,3$)为系数。

企业家精神的衡量指标为企业雇用率,该指标能够在地区经济发展过程中体现出劳动力因素的特点。同时,作为衡量社会网络的指标,信息共享率能够对地区技术水平产生影响。此外,根据现有的研究成果,资本因素在经济发展过程中

受到了政府参与程度、开放程度以及固定资产投资比率的影响,因此可以对式(4-3)进行改写,改进模型如下:

$$\ln GDP_{it} = \beta_0 + \beta_1 BS_{it} + \beta_2 INFS_{it} + \beta_3 \ln GOV_{it} + \beta_4 \ln OPEN_{it} + \beta_5 \ln INV_{it} + \mu_{it}$$

(4-4)

其中,BS_{it}为企业雇用率,表示第i个省份第t年企业家精神水平;$INFS_{it}$为信息共享率,表示第i个省份第t年社会网络水平;GOV_{it}为政府参与程度,表示第i个省份第t年的政府参与经济发展的水平;$OPEN_{it}$为开放程度,表示第i个省份第t年经济开放的水平;INV_{it}为投资水平,表示第i个省份第t年固定资产占生产总值的比例;β_j($j=0,1,\cdots,5$)为系数。式(4-4)为研究企业家精神、社会网络对地区经济增长影响的计量模型方程。

二、变量选择与描述性统计

本节选择的样本区间为2005~2014年,共10年时间,数据包括了全国31个省份的GDP数据(为了避免价格影响,以2004年作为基期的不变价格计算)、各省份的企业雇用率、信息共享率、政府参与程度、开放程度以及投资水平,其中企业雇用率和信息共享率分别使用式(4-1)和式(4-2)进行计算,政府参与程度GOV_{it}为地区财政支出占生产总值的比重,开放程度$OPEN_{it}$为地区进出口总额占生产总值的比重,投资水平INV_{it}为地区固定资产投资总额占生产总值的比重,数据均来自2006~2015年国家统计局网站、《中国统计年鉴》及个别省市统计年鉴。样本数据的描述性统计如表4-1所示。

表4-1 变量的描述性统计

变量	平均值	最大值	最小值	标准差
$\ln GDP$	8.863396	10.88433	5.509393	1.062695
BS	0.133165	0.646063	0.022815	0.113317
$INFS$	0.299195	0.740242	0.029223	0.17121
$\ln GOV$	-1.61315	0.25576	-2.52786	0.49252
$\ln OPEN$	-1.6618	0.543186	-3.33206	0.990751
$\ln INV$	-0.49394	0.2169	-1.37209	0.323873

第四章　社会网络、企业家精神影响经济增长的实现机理

第四节　社会网络、企业家精神影响经济增长的实证分析

一、面板数据单位根检验

在回归模型分析过程中，不同变量之间的回归模型可能会存在伪回归问题，为了能够保证回归模型结果的有效性和准确性，需要对面板数据进行单位根检验，确保数据是平稳的。本节选择 EViews 9.0 中所提供的三种单位根检验方法，分别为 LLC 检验、ADF 检验以及 PP 检验。LLC 检验是在检验序列具有相同根的情况下，对序列进行单位根检验的方法；ADF 检验与 PP 检验是在检验序列具有不同根的情况下，对序列进行单位根检验的方法，这两种检验方法允许不同单位根存在于面板数据每个截面序列中。相对于其他单位根检验方法，这三种检验方法具有较高的准确性，特别是在时间较短（T≤20）的情况下，使用这三种单位根检验方法能够获得更为准确的检验结果。因此，当三种检验结果都拒绝原假设的情况下，面板数据序列才具有平稳性，否则将无法进入回归分析阶段。

在表 4-2 中展示了面板数据单位根检验结果，lnGDP、BS、lnFS、lnGOV、lnOPEN 与 lnINV 为原始数据序列，其单位根检验结果显示不具有平稳性。DlnGDP、DBS、DINFS、DlnGOV、DlnOPEN 与 DlnINV 为原始数据序列进行一阶差分后的序列，其中仅有 DBS 序列的 ADF 检验通过 5% 显著性水平检验，其余序列均在 1% 的显著性水平下通过检验，这表示进行一阶差分处理后的面板数据序列是平稳的，各个变量是一阶单整的，满足面板数据模型协整检验的前提条件，因此可以进行后续的协整检验分析。

二、面板数据协整检验

根据面板数据单位根检验结果，可以发现对地区 GDP、企业雇用率、信息共享率、政府参与程度、开放程度以及投资水平进行一阶差分处理后，面板数据序列具有平稳性，这表明各个变量可以进行协整关系检验。为了能够更好地对序列

表4-2 面板数据单位根检验结果

变量	LLC		ADF		PP		是否平稳
	统计量	P值	统计量	P值	统计量	P值	
ln*GDP*	3.8233	0.9999	26.8258	1.0000	16.0438	1.0000	否
BS	-2.3792	0.0087***	62.1575	0.4705	92.8764	0.0068***	否
INFS	-1.8037	0.0356**	46.4246	0.9300	51.1033	0.8369	否
ln*GOV*	-3.9215	0.0000***	49.4597	0.8752	67.5755	0.2926	否
ln*OPEN*	-9.2295	0.0000***	71.8741	0.1833	103.4910	0.0007***	否
ln*INV*	-11.1692	0.0000***	79.3990	0.0675*	71.6801	0.1876	否
Dln*GDP*	-13.1593	0.0000***	104.0540	0.0007***	113.9610	0.0001***	是
D*BS*	-9.8762	0.0000***	88.6327	0.0149**	192.0980	0.0000***	是
D*INFS*	-31.3271	0.0000***	163.1360	0.0000***	214.9640	0.0000***	是
Dln*GOV*	-17.5856	0.0000***	125.3300	0.0000***	262.7920	0.0000***	是
Dln*OPEN*	-16.5990	0.0000***	114.4080	0.0001***	208.7940	0.0000***	是
Dln*INV*	-17.2681	0.0000***	105.7900	0.0004***	128.8980	0.0000***	是

注：***、**和*分别表示在1%、5%和10%的水平通过显著水平检验。

ln*GDP*、*BS*、ln*FS*、ln*GOV*、ln*OPEN*与ln*INV*进行协整关系检验，本节选择了Kao检验和Pedroni检验两种方法，两种协整关系检验方法的原假设均为序列不存在协整关系，其中Kao检验的统计量为ADF统计量，Pedroni检验的统计量包含七个，分别为面板v、面板rho、面板PP、面板ADF、组rho、组PP和组ADF。在Pedroni的研究中，指出在时间较短（T≤20）情况下，面板ADF统计量和组ADF统计量的P值具有较高的参考价值，其余五个统计量的参考价值较弱。因此，本节在协整关系检验过程中，将重点考察Pedroni检验中的面板ADF统计量和组ADF统计量（见表4-3）。

在表4-3的协整检验结果中，可以发现Kao检验的统计量在1%的水平下通过显著水平检验，Pedroni检验中的面板ADF统计量和组ADF统计量也均在1%的水平下通过显著水平检验，说明地区GDP、企业雇用率、信息共享率、政府参与程度、开放程度以及投资水平存在长期稳定的关联关系，可以进行回归分析。

表4-3 面板数据协整检验结果

检验方法	统计量名	统计量值	P值
Kao 检验	ADF	-8.799442***	0.0000
Pedroni 检验	面板 v	34.30537***	0.0000
	面板 rho	7.948679	1.0000
	面板 PP	-4.064***	0.0000
	面板 ADF	-3.014997***	0.0013
	组 rho	9.762385	1.0000
	组 PP	-14.42869***	0.0000
	组 ADF	-6.852198***	0.0000

注：***、**、*分别表示在1%、5%和10%的水平通过显著水平检验。

三、全国样本的回归结果

在对面板数据模型进行分析之前，需要对模型类别进行判别，本节选用F检验与Hausman检验对面板数据模型的类别进行检验。在F检验过程中，该检验方法主要用于判别模型是否存在个体固定效应，其原假设为真实模型为混合模型，备择假设为真实模型为个体固定效应模型。在Hausman检验过程中，该检验方法主要用于判别模型为个体随机效应模型还是个体固定效应模型，其原假设为真实模型为个体随机效应模型，备择假设为真实模型为个体固定效应模型。根据表4-4的模型类型判别结果，可以发现F检验的P值小于5%，应当建立个体固定效应模型；Hausman检验的P值小于5%，应当建立个体固定效应模型。

表4-4 面板数据模型类型判别结果

检验方法	原假设	统计量值	P值
F 检验	真实模型为混合模型	530.300235	0.0000
Hausman 检验	真实模型为个体随机效应模型	160.565209	0.0000

在面板数据模型回归分析环节中，首先对全国31个省（市、自治区）的样本进行了回归计算，结果如表4-5所示。模型1是基于式（4-4）的计算结果，主要考察企业家精神、社会网络与地区经济增长之间的线性关系。模型2是在模

型 1 的基础上加入了企业雇用率的平方项，模型 3 是在模型 1 的基础上加入了信息共享率的平方项，模型 4 是在模型 1 的基础上同时加入了企业雇用率和信息共享的平方项，以此来考察企业家精神、社会网络与经济增长之间的非线性关系。

表 4-5 全国样本的回归结果

变量	模型 1 个体固定效应	模型 2 个体固定效应	模型 3 个体固定效应	模型 4 个体固定效应
常数项	8.874437*** (83.97577)	8.807008*** (80.62402)	8.611434*** (71.50061)	8.607582*** (71.32513)
BS^2 （BS 平方项）		-0.954233** (-2.220247)		-0.317178 (-0.693834)
BS （企业雇用率）	0.635591*** (3.976336)	1.232858*** (3.9472)	0.791997*** (4.958851)	0.979485*** (3.119697)
$\ln FS^2$ （INFS 平方项）			-0.74323*** (-4.174562)	-0.690778*** (-3.568459)
$\ln FS$ （信息共享率）	1.656784*** (21.90391)	1.63768*** (21.66432)	2.216758*** (14.49418)	2.170889*** (13.01872)
$\ln GOV$ （政府参与程度）	0.191681*** (3.096393)	0.205124*** (3.321152)	0.123211** (1.976898)	0.132511** (2.076704)
$\ln OPEN$ （开放程度）	0.080989*** (4.10383)	0.065005*** (3.113885)	0.067082*** (3.447841)	0.06275*** (3.068336)
$\ln INV$ （投资水平）	0.298786*** (8.237588)	0.262613*** (6.643784)	0.239432*** (6.30229)	0.231597*** (5.838308)
F 值	1919.967	1893.542	1979.028	1921.896
P 值	0.000000	0.000000	0.000000	0.000000
调整后的 R^2	0.99542	0.995485	0.995679	0.995671
总样本数	310	310	310	310

注：括号内数字为估计系数的 t 值；***、**、* 分别表示在 1%、5% 和 10% 的水平通过显著水平检验。

根据表 4-5 的回归结果，可以发现四个模型中企业家精神与社会网络对经济增长均有显著的正向影响。在模型 1 的结果中，企业雇用率与信息共享率的回归系数均大于 0，并且两个指标在 1% 的水平下通过显著水平检验，说明企业家精神或社会网络的提升都会对经济增长产生显著的促进作用。同时，该结果也证明了企业家精神与社会网络对经济增长的影响不是独立的，而是共同促进经济发展。对于模型1的结果，企业家精神在经济发展过程中体现了创业经济的发展，创业企业不仅能够实现地区资源的最大化利用，并且还能激励技术创新，从微观层面和宏观层面促进地区经济发展。社会网络代表的是地区人际关系网络的紧密程度，较高的社会网络水平代表地区资源具有较高的可获得性，从资源层面上促进地区经济的发展。

结合现有的研究成果，企业家精神、社会网络与经济增长之间可能会存在非线性影响关系。因此，在模型2、模型3以及模型4中分别加入了企业雇用率平方项和信息共享率平方项。

模型2对企业家精神与经济增长之间的非线性关系进行了检验，结果显示企业雇用率与信息共享率的系数为正，并且在1%的水平下通过显著水平检验，而企业雇用率平方项在5%的水平下通过显著水平检验，其回归系数为负，这说明企业雇用率与经济增长之间存在着倒"U"型关系。用地区生产总值GDP对企业雇用率BS求偏导，得到：$\frac{\partial \ln GDP_{it}}{\partial BS_{it}} = 1.232858 - 1.908466 BS_{it}$，令其值为0，得到$BS_{it} = 0.64599$，此时曲线达到极值。随着企业雇用率的不断增长，地区生产总值也会逐渐增长，但增长速度逐渐减缓，说明此时企业家精神对经济增长具有促进作用；当企业雇用率达到64.599%时，地区生产总值的增长速度为零；当企业雇用率超过64.599%时，地区生产总值逐渐减少，说明此时企业家精神对经济增长具有阻碍作用。根据表3-14的变量统计性描述结果，可以发现企业雇用率的最大值为0.646063，说明在全国31个省（市、自治区）中，部分省（市、自治区）的企业家精神对经济增长的促进作用已经接近最大化水平。

模型3对社会网络与经济增长之间的非线性关系进行了检验，其中企业雇用率与信息共享率的拟合结果与模型1和模型2类似，两个变量都对经济增长具有显著的促进作用，然而信息共享率平方项的回归系数为负，并且在1%的水平下通过显著水平检验，这说明信息共享率与经济增长之间存在着倒"U"型关系。用地区生产总值GDP对信息共享率$INFS$求偏导，得到：$\frac{\partial \ln GDP_{it}}{\partial INFS_{it}} = 2.216758 - 1.48646 INFS_{it}$，令其值为0，得到$INFS_{it} = 1.4913$，此时曲线达到极值。随着信息共享率的不断增长,地区生产总值会逐渐增长,但增长速度逐渐减缓,说明此时社会网络对经济增长具有促进作用;当信息共享率达到 1.4913 时,地区生产总值的增长速度为零;当信息共享率超过 1.4913 时,地区生产总值逐渐减少,说明此时社会网络对经济增长具有阻碍作用。然而,根据表 3-14 的变量描述性统计结果,可以发现信息共享率的最大值为 0.740242,说明全国 31 个省(市、自治区)的社会网络能够促进地区经济的快速增长。

模型 4 对企业家经济、社会网络与经济增长之间的非线性关系进行了检验,其中企业雇用率和信息共享率的回归结果与前面三个模型的结果类似,都对经济增长具有显著的促进作用,但相对于企业雇用率平方项,信息共享率平方项对地区生产总值的影响具有更强的显著性(回归系数为负且在 1% 的水平下通过显著水平检验),这说明企业家精神、社会网络对经济增长产生非线性影响关系时,社会网络与经济增长之间具有更为明显的倒 U 型关系。

四、东部、中部、西部分组的回归结果

在全国样本的分析过程中,发现企业家精神与社会网络会对经济增长产生不同程度的影响,为了能够更好地了解我国不同地区的差异性,本节采用国家统计局网站对中国东部、中部和西部省市划分方法。东部地区包括北京、天津、河北、辽宁、上海、江苏、浙江、福建、山东、广东、海南 11 个省份,中部地区包括山西、吉林、黑龙江、安徽、江西、河南、湖北、湖南 8 个省份,西部地区包括内蒙古、广西、重庆、四川、贵州、云南、陕西、甘肃、青海、宁夏、新疆和西藏 12 个省份。根据东部、中部和西部地区的划分,对全国样本进行分组处理,以此得到模型 5 至模型 7。经过 F 检验与 Hausman 检验后,发现三个模型应建立个体固定效应模型,得到的结果如表 4-6 所示。

表 4-6 东部、中部、西部的分组回归结果

变量	模型 5 东部地区 个体固定效应	模型 6 中部地区 个体固定效应	模型 7 西部地区 个体固定效应
常数项	9.629893*** (41.18076)	8.67221*** (53.50892)	7.540255*** (61.30662)

续表

变量	模型 5 东部地区 个体固定效应	模型 6 中部地区 个体固定效应	模型 7 西部地区 个体固定效应
BS （企业雇用率）	0.388564 *** (1.98728)	1.613151 *** (3.10912)	1.276704 *** (4.427349)
$\ln FS$ （信息共享率）	1.310411 *** (11.36668)	2.12585 *** (12.14623)	2.165786 *** (16.17325)
$\ln GOV$ （政府参与程度）	0.451055 *** (3.73954)	0.193185 * (1.81045)	-0.050279 (-0.695988)
$\ln OPEN$ （开放程度）	-0.06715 (-1.360914)	0.110756 ** (2.42977)	0.027941 (1.124556)
$\ln INV$ （投资水平）	0.228902 *** (3.93298)	-0.010218 (-0.137071)	0.187337 *** (3.226866)
F 值	1225.604	1017.288	2104.386
P 值	0.000000	0.000000	0.000000
调整后的 R^2	0.994101	0.993564	0.996476
总样本数	110	80	120

注：括号内数字为估计系数的 t 值；***、**、* 分别表示在1%、5%和10%的水平通过显著水平检验。

根据表4-6的回归结果，可以发现企业家精神与社会网络对经济增长都具有显著的促进作用。在模型5的结果中，企业雇用率与信息共享率的回归系数均为正数，并分别在5%和1%的水平下通过显著水平检验，说明东部地区的企业家精神、社会网络会对经济增长产生显著的正向促进作用，而东部地区的社会网络指标比企业家精神指标具有更强的显著性，这体现了东部地区的人际关系网络在经济发展过程中具有更为重要的作用。在模型6与模型7的结果中，中部地区和西部地区的企业家精神、社会网络都会对经济增长产生显著的促进作用，并且这两个地区的企业雇用率与信息共享率回归系数均为正数，且都在1%的水平下通过显著水平检验。

通过对比模型5、模型6和模型7的回归结果可以发现，在东部地区、中部地区和西部地区中，东部地区的企业家精神对经济增长的促进作用最弱，而中部地区最强，这说明在经济较为发达的地区，创业经济可能难以展现出自身的优势，对于经济发展的贡献并不明显，但是在经济欠发达的地区，创业经济能够较好地推动地区经济的发展，扮演着重要的角色。此外，西部地区的社会网络对经济增长的促进作用最强，中部地区的结果与之相近，而东部地区最弱，这说明中西部地区的经济增长需要依托于较为紧密的社会关系网络，而东部地区的依赖性较低。在三个地区的回归结果中，可以发现不同地区的企业家精神、社会网络对经济增长的影响具有明显的差异性，这种现象的出现不仅源于地区经济的发展水平，也受到了关系网络的影响。

第五节　本章小结

　　企业家精神和社会网络源于两个不同的研究领域，但是两者对经济增长具有显著的促进作用。为了验证企业家精神、社会网络与经济增长的关系，本章选择企业雇用率、信息共享率作为衡量企业家精神、社会网络的指标，以《中国统计年鉴》中我国31个省份2005~2014年的数据为样本，对企业家精神、社会网络与经济增长之间的关系构建了面板数据模型，利用个体固定效应模型对全国数据样本进行了回归分析，并根据我国东部、中部、西部地区划分，对不同地区分组进行回归分析，得到如下结果：

　　（1）在全国样本中，企业家精神、社会网络都会对经济增长产生显著的促进作用；随着企业家精神或社会网络的不断增长，经济增长的速度逐渐减缓，当超过特定值时，地区经济出现负增长现象，说明在适当范围内，企业家精神或社会网络能够促进经济增长，但是超出范围后，企业家精神或社会网络会阻碍经济增长；相对于企业家精神，社会网络与经济增长之间具有更为明显的倒"U"型关系。企业家精神是创业经济的重要因素，而在经济发展过程中，产业多样性能够从根本上促进地区经济的发展。此外，社会网络衡量的是地区人际关系网络的紧密程度，更为紧密的人际网络能够加速信息共享以及提升资源利用效率，实现各项资源的最优化配置。

　　（2）在东部、中部和西部地区的分组回归结果中，东部地区企业家精神、社会网络对经济增长的影响力度最弱,而中部和西部地区企业家精神、社会网络对经济增长的影响力度较强,这说明在经济较为发达的东部地区,企业家精神与社会网络对经济发展所发挥的作用较为有限,而在中部、西部地区,企业家精神与社会网络对经济发展能够发挥重要的推动作用。东部地区的企业家精神与社会网络的指标数据均高于中部和西部地区,结合全国样本的分析结果,可知东部地区企业家精神对经济增长的影响接近极值水平,进而地区经济增长的速度接近零;而在中部和西部地区中,企业家精神和社会网络的指标数据较低,表明这两个地区企业家精神、社会网络对经济增长具有较强的促进作用,但是随着企业家精神与社会网络的指标数据不断增长,两者对经济增长的影响力度会逐渐降低。

本章的主要贡献在于从社会总体层面上探讨了企业家精神与社会网络对不同地区经济增长的影响,并利用实证模型对预期结果进行了验证,得到了较为可靠的研究结果。在我国整体经济发展过程中,创业经济的发展与地区人际关系网络的紧密程度都能够影响地区经济的发展速度,适当地提升创业企业的比重以及增强人际关系网络的强度,对经济增长具有显著的促进作用。此外,已有许多文献从不同视角研究经济增长的影响因素,但从社会网络视角研究企业家精神对经济增长的研究却仍显匮乏。本章选择企业雇用率对企业家精神进行衡量,该指标不仅体现出企业家精神的创业精神,并且还与衡量社会网络的信息共享率在测量维度上能够保持一致,两个指标都是从地区宏观视角来展示企业家精神与社会网络,使得实证模型在宏观层面上具有较强的协调性。

本章的数据样本是从全国范围内进行选取,能保证数据的全面性和准确性,但是在企业家精神、社会网络与经济增长的非线性影响关系分析结果中,两个指标的结果均受到了样本数据范围的影响,未能较好地利用实际数据来验证企业家精神或社会网络对经济增长的倒U型关系。在后续的研究中,可以通过更长的时间维度来探究企业家精神、社会网络对经济增长的线性影响和非线性影响。

第五章　创业型经济背景下大学生创业能力的培养

在当代创业型经济的背景下,大学生被视为国家发展的最优动力,各大高校积极响应国家"大众创业,万众创新"的号召,大学生创新创业的人数规模取得了显著的突破,然而创新创业成功率却未达到预期水平,尤其是欠发达地区,开放、创新的意识相对缺乏,创业教育水平局限,创新创业成果明显不足。基于此,本章从大学生创新创业影响因素与创业能力培养两个角度,分析当前国内外大学生创业能力培养的理论研究的基础上,通过综述媒体报道、专家意见以及现有研究成果得出了大学生成功创新创业的五个影响因素,同时探讨了我国西部地区高校大学生创业教育的特点,提出提升大学生创新创业水平与创新创业成功率的对策。

第一节　"双创"背景下的大学生企业家精神与创新创业

创新与创业已成为现代经济体系中不可或缺的内容,大学生作为国家发展的最优动力,其对于国家"大众创业,万众创新"号召的响应大力提升了我国创新创业水平,大大拓展了我国创新创业规模。目前,我国大学生投身创新创业的人数规模虽在不断扩大,但创新创业成功率却较低。如何提升大学生创新创业水平、提高创新创业成功率需要明晰大学生成功创新创业的影响因素。本节通过综述媒体报道、专家意见以及现有研究成果得出了大学生成功创新创业的五个影响因素,为大学生创新创业教育与实践提供了参考指导。

一、大学生创业能力培养的政策支持

学者姜彦福曾表示,新创企业和创新企业在经济发展中扮演着举足轻重的角色,是经济体中不可或缺的内容,创业活动能够体现出一个国家和地区经济的活跃水平。而在中国共产党执政的中国经济中,创新创业活动更是异常活跃。《光明日报》的报道中指出,2016年仅前11个月,我国全新开设的企业就有4983千家,平均每天新增14.9千家,这表示平均每分钟就有10家企业注册登记加入创业大流,并且企业的活跃度一直维持着70%左右的水平。新创企业与创新企业作为饱含生机的新生力量,为社会提供了大量的就业机会,为工业技术的创新发展提供了强有力的助推剂,为人们的美好生活创造了大量新财富。新创企业与创新企业已逐渐成为国家与地区社会经济增长难以替代的助攻。近年来,国家和各级政府颁布了众多有关创新创业的优惠政策(有关融资、开业、税收、创业培训、创业指导等),以鼓励人民大众积极参与创新创业活动。2015年,国务院还发布了《关于大力推进大众创业万众创新若干政策措施的意见》,在全国范围内掀起创新创业的大潮。大学生作为国家和地区经济的最近一棒接力者,在推动创新创业的发展过程中具有较强的知识优势、活力优势、创意优势和机遇优势。近年来,在众多鼓励大学生进行创新创业实践的经济政策和文化宣传的推动下,我国越来越多的大学生选择通过创新创业来实现自我人生价值、推动中华民族的复兴进程。智联招聘公布的其对2015年毕业的大学生就业情况的调查结果显示,我国大学毕业生自主创业的比例已高达6.3%。

目前,我国大学生投身创新创业的人数规模正在逐年扩大,但创新创业成功率却较低。作为当代的大学生如何才能成功实现创新创业?哪些因素又影响着大学生创新创业的成功?这是两个备受社会关注又亟待解决的社会问题。本节希望通过对媒体报道、专家观点以及学术研究成果的定性整合分析能够探索出上述问题的答案,以得出影响我国大学生创新创业的影响因素,并提出促进创新创业成功的政策措施。

二、大学生创新创业成功因素分析

(一)做一个有使命感的创造者

在党的十九大报告的主题里,"不忘初心、牢记使命"这八个字其实已经揭示了当代大学生成功创新创业的关键之一，即他们需要做一个有使命感的创造者。

2017年12月30日，在2017 CCTV中国创业榜样颁奖典礼上，优客工场创始人、董事长毛大庆在为获奖者姜义亮颁奖时赞许道：这些获奖的创业公司都是有使命感的创造者。他指出，这种造福子孙后代的使命感是无法用钱财和市值进行测算的。西安锦华生态秉承为人民谋福利、为民族谋复兴的历史使命，改善生态环境，营造健康土壤，保障绿色有机农业生产安全，提高绿色发展的竞争优势，促进生态文明和谐发展，其所产生的经济价值和社会财富都是无法用工具去度量的。

在创新创业实践活动中，大学生也需要拥有如姜义亮这样的社会使命感。就像杭州泰美汽车用品有限公司董事长彭四兵所坚信的：人这一生是一定要有使命感。彭先生将他此生的使命感概括为12个字——"奉献社会，帮助他人，成就自己"。也正是秉承这样的使命观，彭四兵才为大学生们树立了一个杰出的创业者榜样。

大学生创新创业要有使命感。使命感，是我们来到人间的心灵地图。21世纪的今天，中国人民最伟大的历史使命就是实现共产主义、实现中华民族伟大复兴。大学生对实施创新创业的认识应该不仅是自身价值实现的方式，也更应该是践行为人民谋福利这一初心的途径，以舍我其谁的国家使命感来为民族复兴做贡献。作为当代社会主义现代化建造者的大学生更需要认识到唯有国家强大了，百姓才能安生服业。习近平主席曾强调，国家要强大，发展是第一要务，人才是首要关键的资源，创新则是不可或缺的核心动力。走创新驱动的中国特色社会主义发展道路，新旧动能才可实现顺利转换，国家才能真正富强壮大起来。

目前，大学生创业的政治、经济与社会支持环境都相当乐观，但想要做好一个有使命感的创造者却不那么容易。有使命感的创造者需要洞悉社会的需求与时代发展的方向，秉承强烈的社会责任感、承担社会的责任，承载奋斗的痛苦与风险，而给大"家"创造幸福与快乐。

（二）大学生创新创业要顺应时代要求

2014年9月，李克强总理在夏季世界经济论坛上第一次提出了"大众创业，万众创新"的号召。"千夫创业"的巨浪瞬间在国内被激起，激情热忱的当代大学生更是被感染得热血澎湃，纷纷投身于创新创业实践活动中去。然而，大学生创新创业所需要的不仅仅是一腔热血就能成功、就能承担起国家与人民赋予我们的历史使命。大学生成功实践创新创业需要顺应时代的要求。

当前经济态势正在快步向前推进,随之产生的是变化迅速的市场需求,在这样的社会经济背景下,竞争已成为基本的生存方式。市场淘汰机制无形中已经形成,大学生创新创业需要时刻关注市场变动,创新创业项目也需要满足时代要求。南京工业大学教授、中国工程院院士欧阳平凯就指出创新要从国家的重大需求、企业的现实需求中发现问题、提出问题、解决问题,进而推动发展。厦门大学海洋与地球学院教授、中科院院士焦念志也认为,自主创新绝不能关起门来做,要看有没有解决国家各方面的需要,能解决问题是关键。故而无论是科技创新还是商业模式创新,抓住时代症结、找到突破口解决问题是实现创新创业历史使命的重要原则。

目前,我国的经济形势整体上维持着稳中向好的发展趋势。国内生产总值规模从2012年底的5.4万亿元扩展到2017年底的8.27万亿元,平均每年提高7.1个百分点,对世界经济产值的贡献率提高了3.6个百分点,对世界经济增长的贡献率也已超过30%。这表明我国经济实力又上了一个台阶。从消费的角度来看,居民消费对我国经济产生的贡献有所提升,整体提升了3.9个百分点,已在我国经济体量中占到58.8%的比重。整个消费产值中,服务业已占到51.6%,提升了6.3个百分点,已占据我国经济增长的核心动力;此外,这五年里,高技术制造业也发展迅猛,年平均产值增长率达11.7个百分点。这表明近年来,我国消费重心逐渐偏向服务业,高技术制造业市场"紧俏"、成为"香饽饽"。创新是引领发展的第一动力,深入认识到我国这些经济社会发展的创新需求、勤于思考、抓住创业机会,不仅能够使得创新创业活动事半功倍,而且能更好更快地将"实现人民富强、实现中华民族伟大复兴"这一历史使命融于我们的行动当中。

(三)大学生创新创业要明确目标

一个缺少方向指引的创业者是无法找到通往成功的道路的。创新创业的首要任务就是要明确一个方向和目标,方向和目标是贯穿整个项目的核心,只有明确方向,围绕这个方向努力下去,才可能有结果。不管是凭借考察调研所得还是依靠个人的实践经验总结,我们可以看到创业成功的公司与创新成功的公司都有各自不同的实现成功方法与途径,但它们都拥有一个相同的"秘诀":有明晰的目标。哈佛大学曾做了一个非常经典的关于目标对人生影响的30年跟踪调查,研究结果表明：那3%的拥有非常清晰的长期目标的人，相比其他被试者，他们更加勇于坚持、奋斗、积极向上、一往直前、坚定不移，30年后收获了最高的成就，在这个时代占据了资本大亨、行业领袖、精英人士的席位。一个人的人生是如此，细化到创新创业这一人生事件来说，明确目标的作用将会更加强大。

明确的目标是大学生创新创业的行动指南。目标明确，能进一步反映创业之人奋勇向前的决心和自信。明确的目标指引了创新的突破点，指示了创业的里程点。拥有了明确的目标就能采取行动，无论是去搜集信息确定创新创业过程中所需要的资源、资源比例与资源来源，还是去学习完成目标欠缺的知识，抑或是去招揽队友、组织团队，都可以很清晰地与之匹配。

大学生创新创业需要明白，今朝的科技繁荣不由今朝所决定，它是我们过去创新奋斗目标的结果；明日的科技繁荣也不由未来主宰，它会成为我们今朝创新奋斗目标的成果。

（四）大学生创新创业要有企业家精神

创新创业是在识别并捕获有价值的商业机会的基础之上，通过整合各方资源对商业机会进行加工并开发出能够满足市场需求的新产品新技术，抑或是凭借这一机会不断改进自身服务模式体系、提升服务水平，进而实现商业机会的潜在效益的过程。而创新创业也是创业者们不停否定自我，突破自我，战胜自我，向自己挑战，向未来每一天提出挑战的过程。这以创新、冒险和前瞻性为特点的创业导向即被称为企业家精神。企业家精神并非单个人的战略方针，而是整个创业团队的价值观融合与灵魂渗透。随着竞争格局的变化，越来越强劲的全球经济竞技氛围以及日新月异的技术进步使得大学生创新创业乃至所有经济单位都必须重视企业家精神在增强企业核心竞争力上的巨大价值。

已有研究成果显示，拥有打破常规、善变革新这一核心特质的公司企业家精神能紧密联结产品和技术与市场创新间的关系。随着研究的深入与实践的验证，企业家精神已经被视为推动公司产业升级、产品创新的关键因子。越来越多的文献已经证明，企业家精神是企业有效应对市场需求变动，攻克渠道依赖，博取连续竞争优势的关键秘诀。Zahra等（2000）以海外企业作为研究对象开展实证探索发现，公司的企业家精神与海外企业的整体绩效显著正相关。马卫东等（2012）则以苏北地区233家企业作为研究对象，探究了企业家精神、开拓能力和组织绩效之间的作用与联系。实证结果同样得到企业家精神能够对企业的财务收益（销售收入）、企业发展（市场占有率、利润增长率）有积极的作用效果。

除了探究企业家精神与创新创业活动之间的相关性和作用效果，研究者们也通过整合宏观数据资料探查企业家精神对区域经济增长的影响。杨勇等（2014）在其研究中指出，企业家精神在增加就业、催生新市场、驱动技术创新、开发新产品或新服务品种以及提升国家或区域产业生产效率和核心竞争力、加快国家或地区经济繁荣上起着至关重要的作用。袁红林等（2013）也认为，企业家精神在促进国家经济繁荣、增加就业、推动创新和催生产业中发挥着极其关键的作用。马晓静等（2013）通过对1990～2010年中国省际面板数据进行了实证分析，分析结果显示：在控制了人口与制度环境因素后，企业家精神对我国各省区的经济增长存在显著的积极影响。Banda（2007）则是运用22个国家的数据，从世界经济的角度分析得出了企业家精神与经济增长之间的正向关联。Aghion等（1992）则是从企业家的创新行为层面来分析验证创新于经济增长的正面影响。

综合国内外学者的研究成果，不难发现企业家精神确实在创新创业实践过程中扮演着重要的角色。大学生在创新创业方面虽然拥有无穷尽的想法，但仍然需要有"创造性破坏"的创业精神将这些想法更为切实有效地实施下去。

（五）大学生创新创业要有社会责任感

企业社会责任是指一个组织对社会应当肩负并履行的责任。一个企业的经营运作需要在考虑自身与股东的利益价值的同时，对公司以外的社区与环境的利益价值担负责任。当代中国市场经济中，企业已渗入了人们生活的方方面面，且影响日益扩大。大众的利益价值逐渐被企业所侵蚀和占有，人们对于企业履行社会责任的诉求也越来越大。大学生是新一代社会核心价值观的领航人，是祖国的未来和民族的希望，无论是为了满足时代的需求还是自身历史使命的践行，大学生创新创业都更应以社会之责为己之责，既做好时代的榜样，也为自身创新创业的发展创建一个稳定和谐的社会环境。

大学生在创新创业实践过程中勇于承担社会责任的行为是其肩负人类发展、社会建设使命的重要信号。这不仅是对社会利益的承诺，也是给民众信任企业、信任企业产品的置信抵押。以人为本是科学发展观指导思想的关键指示，企业扮演的是市场主体的角色，它直接与个人、市场、社会打交道。大学生创新创业中如若可以尽其所能地去肩负起自己应尽的社会责任，保护广大群众的切身利益，保障经济、社会在不确定性环境下的和谐可持续发展，就能引导社会形成信任无边、奉献无畏的良好风气，推动人类发展的思想进程。而从大学生自身来看，其在创新创业过程中积极承担社会责任将对产品服务或企业竞争力的提升、经营风险的规避有着难以替代的作用。学者何晓民就表示积极履行社会责任是企业做大做强、拥有世界一流企业具有的国际竞争力的内在要求。现今《财富》和《福布斯》等权威商业杂志在企业排名评比时也都已加上了"社会责任"这一考核指标。而在国内，企业社会责任承担和履行的情况也已成为了影响一些中介机构评审企业商誉的关键因素。积极履行社会责任能够提审企业的公众形象，拉近企业与政府及社区之间的关系，快速获取客户和投资者的信赖，占领更多的市场份额，拓展品牌影响力，提高客户忠诚度。

所以，大学生创新创业要勇于承担社会责任，为创新创业实践建立良好的品牌形象、促进创新创业实践的成功与发展，这同样也是在为实现社会和谐、保障民生承担应尽的义务。

第二节 西部欠发达地区高校大学生创业能力培养对策

创业教育是高等教育发展的新趋势，是顺势时代发展的现代教育理念。当前，我国高校大学生创业教育还处于初级阶段，作为西部欠发达地区的高校在这一领域面临的挑战尤为突出。文章在分析当前国内外大学生创业能力培养的理论研究的基础上，探讨了我国西部地区高校大学生创业教育的特点，随后提出如构建同步、有针对性的创业教育课程体系，注重创业意识、创业理念的培养等对策，旨在完善西部地区创业教育体系，提升西部高校创业能力教育水平。

一、西部高校大学生创业能力培养现状分析

党的十七大提出"提高自主创新能力"，建设"创新型国家"和"促进以创业带动就业"的发展战略。创新与创业密切相关，创业的本质在一定程度上就是一种创新的过程。创业教育作为世界教育发展的一个新理念正受到日益广泛的重视。创业在促进就业、发展经济、推动技术创新方面发挥了重要作用，尤其是高

校学生的创业活动已经成为推动世界经济发展的巨大动力。2002年，为适应社会经济发展对高等教育人才的需要，提高人才培养质量，促进高等学校创业教育活动的开展，教育部确定中国人民大学等九所高等院校为创业教育试点学校。目前，各试点院校的创业教育活动各具特色，同时也带动了东部、沿海发达地区的高校创业教育。经过十余年的发展，总体来讲，东部地区高校大学生创业教育发展迅速，而西部高校的创业教育仅仅才开始起步。

作为仍属欠发达地区西部地区，社会层面都还存在一定程度的自足、自安，缺乏开放、创新的意识，创业教育还处于刚起步阶段，并且面临着诸多挑战。同时，"十二五"时期是西部地区经济社会、教育改革发展的关键时期，其创业教育及创业活动具有许多有利条件：产业国际化分工新趋势工业化、城市化加速发展阶段的内在动力以及成渝统筹城乡综合配套改革试验区的建设。西部地区开展创业教育机遇和挑战并存。如今如何选择适合中国西部欠发达地区高校创业教育发展模式成为新时期中国高校创业教育的重要战略任务之一。

鉴于当前针对西部地区创业教育领域的研究较为局限，本节在分析当前国内外大学生创业能力培养的理论研究的基础上，探讨了我国西部地区高校大学生创业教育的特点，随后提出如构建同步、有针对性的创业教育课程体系，注重创业意识、创业理念的培养等对策。

二、大学生创业能力的内涵

大学生创业教育是大学生素质教育、创新教育的一部分。创业教育的兴起，使创业能力成为一项重要的教育培养内容。创业能力是大学生创业教育的重要培养目标。创业能力被概括为直接影响创业实践活动效率，促使创业活动顺利进行，并能够创立和发展一项或多项事业的主体心理条件。大学生创业能力既具有创业能力的基本内涵，又富有其自身特色。大学生因其自身的思想先进性、时代创新性、高知识能力等特点，其创业欲望、创业能力、创业活动都具有更加丰富的内涵。在我们的研究体系中，大学生的创业能力可分解为专业知识运用能力、创新能力、社会能力（捕捉市场信息及市场分析的能力，经营管理及理财能力，人际交往能力，团队合作能力，发现人才和使用人才的能力、适应变化和承受挫折能力）等。

无数的创业成功案例表明：专业运用能力是构成创业能力的前提，创新能力是创业能力的基础，社会能力是创业能力的核心。大学生创业能力的培养就是以专业教育为切入点，以增强学生创业意识，提升创业各方面能力为目标，通过进一步的体系性激励、内化，可以使大学生较其他人群更强的创业潜力。

三、国内外大学生创业能力培养的理论回顾

（一）国外研究现状及理论探索

创业教育研究和实践在欧美国家开始较早，其中美国是最早进行创业教育研究的国家。20世纪80年代初，随着美国"创业革命"的出现，许多著名高校开始兴起创业教育（Enterprise – education），以适应社会经济变革对高等教育的冲击，美国在探索和实施创业教育过程中，逐步形成了自己的大学生创业能力培养的特点：①从战略的角度，总体设计创业教育的培养目标；②构建完善的创业教育教学体系；③创业实践活动助推社会经济的发展；④注重对教师的培训，要求教师具备一定的创业体验、创业知识和创业技能。美国高校创业教育是典型的"市场驱动模式"，通过市场需求的变化调整创业教育供给；与美国相比，欧盟高校创业教育是典型的"政府驱动模式"。

现在的创业教育在美国、澳大利亚等国家已经形成了比较完善的教学模式和稳定的专家研究队伍，并取得了显著的教育和研究成果；日本和印度也较早形成了本国特色的创业教育理念和模式。1988年10月5~9日，联合国教科文总部召开了自该组织成立以来首次有115位教育部部长、2800多名高等学校校长、教育专家参加的世界高等教育会议，大会发表的《高等教育改革和发展的优先行动框架》强调指出"高等学校必须将创业技能和创业精神作为高等教育的基本目标"。

美国学者Deborah H. Streeter对美国38个最佳创业教育项目进行分析后指出，10所高校（26%）采用聚焦模式，28所高校（74%）采用全校性创业教育模式。全校性创业教育已成为美国高校创业教育的主流。欧盟的报告也反复强调，高校应该"构建跨学科方法，使所有学生有机会接受创业教育，构建团队开发和利用商业创意，将经济、商业的学习与其他学院和不同背景的学生混合在一起学习"。美国高校通过多种形式推进跨学科的创业教育。以工程学科为例，美国很多高校重新进行了课程设计，将创业精神融入到课程计划，培养未来的创业型工程师。据统计，美国目前有400多个工程学院通过各种形式为学生提供创业教育。主要途径包括：在工程学院开设创业课程；依托商学院、管理学院或工程

学院，构建完整的创业教育项目；跨校整合优势资源，共建创业教育项目。

国外高校重视对大学生创业能力的培养，纷纷开设大学生创业管理教育有关的课程，不少高校还设立创业学首席教授职位和成立创业活动中心等研究机构来培养大学生的创业能力，而且颇具规模。有的高校甚至专注于创业领域的研究和教学，作为发展的策略重心与竞争优势来源，以求在新经济的趋势下，及早站稳制高点。例如，著名的哈佛大学商学院将大学生必修的《一般管理学》改为《创业管理学》，到2001年为止，开设了创业课程15门，芝加哥大学共开了23门，斯坦福大学共开了17门，加州大学洛杉矶分校的创业相关课程已高达28门。在美国，能够提供至少一门创业教育课程的大学和学院从1970年的16所增加到了1995年的400所，至少有50所大学在创业领域提供四门以上的课程，以便学生选择方向、专业和学业。在许多一流大学的商学院，创业学已经成为工商管理硕士的主修或辅修专业，有不少大学从20世纪90年代中期就已经开始培养创业学方向的工商管理博士。

国外高校不仅为大学生开设创业教育管理有关课程，而且大力支持大学生创业实践活动。一个很重要的实践活动，就是定期举办大学生创业计划大赛。国外大学生创业计划大赛最早起源于美国，1983年美国得州大学奥斯汀分校举办了首届商业计划大赛，从此以后，世界有20多所著名大学每年都举办这样的竞赛，许多大公司像著名的Yahoo、Excite、Netscape等就是在斯坦福校园里的创业氛围中诞生的。同时，麻省理工学院的"五万美元商业计划竞赛"几乎每年都要催生五六家新企业，并且有相当数量的创业计划被高新技术企业以百万美元买走。据麻省理工学院1999年的一项统计，自1990年以来，该校毕业生和教师平均每年创办150家新公司，仅1994年这些公司就雇用了110万人，销售额达到2320亿美元，对美国经济发展做出了重要贡献。

目前创业教育早已波及世界其他许多国家的政府和大学，德国、美国、法国、日本、韩国、澳大利亚、新加坡等国都提出，要吸收美国的经验，鼓励大学培养大学生创业的创业能力，并且在实践和理论上都取得了一定的进展。在欧洲、日本、印度、韩国等地的许多高校也纷纷开设了创业管理教育课，大力培养大学生的创业能力。

(二) 国内研究现状及理论探索

随着科技创新战略的实施和我国就业压力的凸显，大学生创业能力的培养已上升到国家政策的层面,也成为全国各高校研究探索的任务之一。教育部2002年召开普通高校创业教育试点工作,指出培养具有创新精神和创造、创业能力的高素质人才,是当前高校的重要任务。国内学者对大学生创业能力培养的研究主要从意义、模式、途径及存在的问题等方面进行研究。

1. 创业教育的内涵与目标

倪师军(2004)分析了创业教育的概念内涵,认为创业教育的核心内涵是激发学生成就一番事业的欲望并指导、帮助其做好实现理想的知识技能与综合素质准备。徐铁辉(2007)认为创业教育的总体目标应当是使受教育者具有较高的创业意识、具备高层次的创业能力和竞争能力,并能够开创自己的事业。严毛新(2009)分析了我国创业教育发展的目标定位,指出培养企业家精神应当成为我国创业教育发展的目标。虽然国内学者对于创业教育的内涵和目标的论述视角不尽相同。但研究者普遍认为创业教育是大学生素质教育、理想教育、创新教育的纵深化和具体化。

2. 大学生创业能力培养作用和意义

施险峰(2009)认为,培养大学生创新创业能力是推动创新型国家建设的需要,也是实现高等教育跨越式发展的需要,是实现自我人生价值的需要。徐献红(2009)对金融危机下大学生创业能力培养进行研究,发现提升大学生创业能力,不仅可以缓解就业难的困境,而且可以培养知识型的企业家,为建设创新型国家提供大批创新型人才。祝春梅等(2007)提出培养大学生创新创业能力,具有重大意义,应积极探索创新创业能力培养的有效途径。

3. 大学生创业能力培养模式

木志荣(2006)从建设合理的创业教育课程体系和非课程体系以及组织培养优秀的创业教育师资两个层面,构建了我国大学生创业教育模式。邓立治(2009)构建了以创业理论教育、创业模拟训练、创业挂职锻炼、创业项目孵化为主体,以整合高校各类创业教育资源为目标的高校创业教育"四位一体"培养模式。李一中(2009)吸收浙商成功的创业经验,构建以培养高职大学生的商业精神和创业精神为核心,以及具备创业精神、企业家品质和企业家能力的综合素质为目标的高职院校创业教育模式。

李志刚(2006)在探讨了如何基于创业导向与创业能力的本科培养体系,提出构建创业导向与创业能力相结合的本科培养体系的重要性,培养方案要具有系统性、创新性、实践性、教学内容与课程设置的灵活性与互动性。朱晓丹（2007）研究了如何构建大学生创业意识与能力培养体系，认为要构建实用的大学生创业能力培养体系，将素质教育和实践教育相结合，进而提高竞争能力和创业能力。

4. 大学生创业能力培养途径

郭涛（2007）指出以开展校园科技、文化、艺术、体育等课外活动为主要内容的"第二课堂"是推动大学生创业教育的有效途径和实践手段。郭志平（2009）从统一创业教育认识、构建创业教育课程体系等五个方面探讨了大学生创业教育的途径与方法。霍宏（2008）研究校园文化活动与大学生创业能力培养的关系时，发现校园文化活动对大学生创业能力培养影响重大，培养对策应包括转变高校工作观念，在校园内开展各种创业教育活动等。施险峰（2009）认为，培养大学生创新创业能力需要建立渗透创新创业教育内容的教育课程体系，加强创新创业教育师资队伍建设，增强学生创新意识和创业精神，开展各种创新创业教育活动，以科技竞赛为依托提高学生创新创业能力。

5. 大学生创业能力培养过程中存在的问题

吴友石等（2009）提出目前大学生创业面临的难题在于创业资金缺乏，创业环境也不理想。钱强（2005）在结合实际情况，从高校教育主体分析了高校创业能力培养中存在以下问题：高校管理者和大学生对创业教育的认知失之偏颇；创业教育在定位上只局限于创业实务层面，没能开展全方位的创业教育；创业教育的课程结构和体系的研究与构建仅仅展现雏形；缺乏优化的创业教育环境。刘东菊（2009）分析了大学生创业能力培养在我国高校的发展历程与现状，总结出：我国高校大学生创业能力培养存在创业教育的认识不到位，定位局限于创业实务层面；课程设置不合理；缺乏明确的教育目标与学科内容，实施规程不完善；师资队伍不健全，专业师资力量不足等问题。

四、西部地区高校大学生创业教育的特点

由于西部欠发达地区与东部发达地区在教育对象、教育环境等方面存在差异性，因此创业教育模式也有着一定的不同。西部地区相较于整个大学生创业教育而言，有自身的特色和发展规律。

（一）西部地区创业教育模式的独特性

目前我国高校培养大学生创业教育的主要有四种模式：一是以中国人民大学

为代表的"以学生整体能力、素质提高为重点的创业教育",其特点是将创业教育融入素质教育之中,强调创业教育"重在培养学生创业意识,构建创业所需知识结构,完善学生综合素质",将课内教学与模拟实践相结合开展创业教育。二是以北京航空航天大学为代表的"以提高学生的创业知识、创业技能为侧重点的创业教育",其特点是商业化运作,设置专门机构,开设创业教育课程,建立大学生创业园,教给学生如何创业,并为学生创业提供资金资助与咨询服务。三是以上海交通大学为代表的"综合式创业教育",其特点是将创新教育作为创业教育的基础,在专业知识的传授过程中注重学生基本素质的培养,为学生提供创业(创办公司)所需资金和必要的技术咨询服务。四是"黑大模式",即是开办创业教育学院在基础层面和操作层面开展创业教育。

西部地区高校在创业教育模式的选择方面,在结合地区特色上,更多是整合上述四种模式的优势,创造出西部地区特有的"西部模式"。在学校创业教学方面,注重学生创业意识的培养,开设相关的创业通识、专门和实践课程,激发学生创新、创业意识和精神,理论上为创业实践进行指导。在创业实践教育方面,从大学一年级开始,开展对学生的创业实践教育,利用周末、寒暑假,将学生引入企业,培养创业的基本素质。在创业支持方面,不仅成立了大学生自主创业办公室,从学校层面予以高度关注,而且对自主创业者提供技术、资金上的服务,指派专家进行全程的追踪服务。

(二)西部地区创业发展前景相较东部更大

随着改革开放和西部大开发战略的深入实施,特别是成渝经济特区和关中经济区向四周辐射的范围逐渐扩大,西部经济不断发展,而且诸多省份的发展速度明显已经超越东部,这些变革带来的商业环境蕴藏着无限创业生机,为西部欠发达地区的大学生创业提供了机遇和切入点。据统计,一半以上的学生认为西部经济发展潜力巨大,仅有极少部分学生认为没有发展前景。东部发达地区的高校大学生自主创业已呈规模式的发展,西部地区仅初具雏形,一旦各方面体制完善之后,其发展势头绝对可以比超东部地区。

西部经济的发展相较于东部而言,虽然比较缓慢,但其潜在的资源优势和独特的地域民族文化,这又为大学生创业提供了一个不可多得的机遇,可以选择具有民族特色和地域文化的产业。此外,政府对大学生创业扶持力度日渐增长,特别是对微型企业的投资。政府行为吸引了一大批本来不准备自主创业的大学生进行自主创业。

(三) 西部地区大学生创业领域的特殊性

对西部地区大学生的创业主体来讲,实用性高于艺术性,机会型和生存型创业较发达地区更为突出。源于经济基础的薄弱,更多的创业者是为了解决生存问题,严峻的就业形势和家庭经济迫使他们在初次创业过程中选择投资小的服务性领域。据调查,近55%的调查者的理想创业方向为餐饮、加工贸易和教育培训机构,不到28%的调查者期望在网络、计算机、通信等高科技产业领域创业。

五、提高西部高校大学生创业能力培养的对策

通过对西部欠发达地区大学生创业能力的分析和东西部地区高校创业教育实施基础和实践经验的比较研究,立足现实,分析两地区在高校创业能力培养中的区别与优劣,构建具有针对性、实效性的创业能力培养途径,构建符合地域特点的创业教育实施途径,推动创业教育的实施。学界对如何提高大学生创业能力已有不少研究,为此,笔者特提出两点针对性和实用性更强的对策。

(一) 学校创业教育课程要有针对性,与学生需求同步

创业教育的本质是一种素质教育,其基本内涵是培养大学生的创业精神和创业能力。创业教育课程既是创业教育的形式,也是创业教育的平台和依托。

高校创业教育课程的目标体系包括四个主要方面,即树立创业意识、健全创业心理、提高创业能力、掌握创业知识。

目前的状况是西部地区从教育主管部门到高等院校普遍对创业教育重视不够,创业教育相当薄弱、有的甚至是空白。大学毕业生自主创业人数很少、水平低下,而且在素质、能力、知识、技能等方面尽管本科院校的学生显然优于高职院校,但由于创业教育的缺失,其创业潜能远未能显现和发挥。

针对当下形势,必须大力加强学校正规的创业教育,一方面,开展专项性创业能力培养活动容易,将创业能力培养融入专业教育和人才培养全过程;另一方面,传授创业知识的同时,内化学生的创业能力。创业教育必须具有针对性,切勿随意开设课程,浪费资源,需要随时更新课程,与学生的需求同步,为大学生自主创业能力提供理论基石。有学者曾做过调查,结果显示沟通能力、吃苦耐劳能力、创新思维能力、心理承受能力位列前四(见表5-1)。由此可见,现阶段大学生希望学校开设更多能够提升学生沟通能力、创新思维、心理承受能力等各

方面能力的创业基础课程。为此,建议西部高校借鉴东部地区的已经比较成熟的课程,如《创新思维与方法》《创业思维和品质》《创业技术和方法》《沟通管理和协调能力》《风险与危机管理》《管理心理学》等。这些课程的内容也必须追随市场和政策的变化,每年进行修订,以便更好地为创业服务。

表 5-1 创业需要具备能力比例 单位:%

沟通能力	挑战精神	领导管理及艺术	吃苦耐劳	创新思维	心理承受能力	专业知识	其他
22.9	11.6	10.9	17.9	17.6	12.7	6.2	0.2

(二)转变观念,营造大学生创业的氛围,鼓励大学生自主创业

西部地区大学生自主创业缺失,主要原因是创业教育观念落后,对大学生创业教育的重要性和必要性认识不足。未来必须要转变学生的就业观念和培养观念,大学生自主创业是更高层级的就业,不仅能够缓解当下严峻的就业形势,而且大学生创业可以形成集聚效应和示范效应。大学生自主创业最大的需求是实践经验(见表 5-2),实践经验不足迫使整个团体缺乏动力。政府部门对大学生自主创业的扶持力度不够,使部分创业者得不到足够的资金保障而被迫中途放弃。整个社会对创业者缺乏足够的耐心,对创业者急功近利。大型企业往往不愿意传授更多的经验给大学生,他们缺乏更多实践的机会,也就没有创业的信心和底气。因此,营造大学生的创业氛围,鼓励大学生自主创业,不仅是学校创业教育的责任,更是政府、企业和社会的责任,四者应发挥联动效应,转变观念,互相配合,通力合作。

表 5-2 大学生自主创业的需求意愿比例

实践经验	创业资金	创业项目	政府部门支持	其他
35.4	30.3	21.6	10.1	2.6

此外,还应发挥经管类或财经类大学生创业的龙头效应。面对西部创业教育的实际,经管或财经类大学生接受的创业教育更加完整和系统。自主创业相较其他专业的学生有着得天独厚的优势,必须发挥其龙头作用,以经管类学生为试点,带动更多的学生加入这一行列。

第三节 本章小结

一、大学生创业能力与企业家精神的培养

通过对媒体报道、专家观点以及学术研究成果的定性整合分析，本章探索出影响我国大学生成功创新创业的五大关键因素，即影响创新创业初心与决心的历史使命感、影响创新创业价值的时代需求、影响创新创业奋斗方向的目标导向、能够在创新创业过程中有运筹帷幄的企业家精神以及系缚创新创业社会价值观的企业社会责任感。第一节的研究结论为我国的大学生创新创业教育和大学生创新创业实践提供了指导。

一个时代的人有其存在于这个时代的意义与使命，当代大学生所肩负的历史使命就是为人民谋幸福、为民族谋复兴、努力实现共产主义。大学生创新创业要切实提高自我品德修养、提升综合素质，敢于承担时代赋予的历史使命和社会责任。不忘初心，牢记使命。当代大学生既然选择了社会和时代最需要的创新创业为承担使命的途径，就要在这条道路上坚定目标与方向，秉承一颗有饱含创业精神与社会责任感的赤诚之心，为将中华民族伟大复兴中国梦变为现实挥洒热血、奋勇向前。

二、西部欠发达地区大学生创业能力培养的重要意义

加强西部高校大学生创业能力培养的研究，促进西部高校大学生知识能力提升，满足西部地区经济发展对创新型人才的需求。在理论意义上可以进一步完善大学生创业教育理论知识体系，构建西部欠发达地区创业教育的特色模式，进而完善西部高校大学生创业教育理论知识体系，实现就业指导、创业教育、创新型人才培养的统一与结合，推动创新型人才培养模式的发展和创新，促进西部地区教育水平的跨越式提升。在实践意义上一方面实现西部地区高校大学生的全面发展，学生综合能力，竞争力的显著提升；另一方面地方经济的发展需要大量高素质的创业型人才作支撑，而西部地区往往是创新型人才缺乏的地方，通过高校创业教育模式的构建和创新，培养大量具有创业意识、创业精神和创业能力的高素质创业型人才，满足当地经济、社会发展的需要。

第六章 结论与展望

第一节 结论

通过对以上内容的深入研究,本书分别从社会网络的内涵、构建机理、对于中国创业型经济增长的影响、企业家精神在人力资本、对外开放等因素影响下,对于中国经济增长的影响以及两者共同作用于中国经济增长路径的机理研究等方面,得出了如下可供参考的重要结论:

(1)基于社会网络在创业活动中表现出的联结特性,从资源依赖理论和资源基础理论出发,从联合依赖和非对称依赖的双重视角解析创业企业联结组合的结构,通过挖掘创业企业资源组合机制随依赖结构的变化而变异,同时反向推动依赖结构演进的互动过程,以揭示创业企业提升绩效水平的诱因,从而建立"结构—资源—绩效"的理论模型。同时,以中国民营企业数据反映创业型经济发展,从社会网络视角考察其对经济发展的影响效用。此外,运用社会学研究方法,基于不确定性情景下,探究可持续资源获取路径,并通过构建创业企业家与创业投资者的博弈模型,探索探讨组织不能够达到帕累托最优的症由所在。通过上述研究,得出如下结论:

第一,社会网络对创业型企业的创业绩效之间产生正向影响,同时社会网络可以通过影响创业企业的资源获取来影响企业的经验绩效,因此企业家应注重社会关系的处理。

第二,社会网络规模的扩大、网络强度的增强都有助于提升新创企业绩效,在其作用机制中,风险承担扮演着中介的角色,同时,环境不确定性对其具有调节作用。

第三,在政府关系网络和商业网络中,社会网络、资源获取、环境的不确定性和企业的经营绩效之间的路径系数和相关系数更大,表明各因素之间的相互影响更为明显,在中国这样一个"关系型"社会而且政府在经济发展过程中起着重要的作用,良好的政府关系和商业关系将帮助企业拥有一个更加宽松的发展环境以及获得更多的创业机会,同时还会降低企业失败的风险。

第四,受政策因素影响的创业企业在创立初期需集中资源以获取市场准入许可,否则将失去市场机会;发展期注重上、中、下游整体供应链业务模式的协同发展,网络构建将根据所处环境的不同特点逐步进行;调整期将根据企业现实情况实施诸如"目标市场转移"以及"纵向一体化"等调整和应对策略。

第五,基于社会网络分析(SNA)理论的基于社会网络分析的 EM 算法的朴素贝叶斯分类的探索性模型设计,填补缺失数据的不确定性,描述企业网络资源获取的路径,建立从网络结构和资源价值之间动态模型来预测链接概率。

第六,通过对创业企业家与创业投资者在不同努力水平策略所获得的收益进行对比分析,从一次博弈、有限次重复博弈和无限次重复博弈三个角度分析组织不能达到帕累托最优解的原因,并找到合理分配系数的分布区间,为创业企业的收益分配研究提供参考。

(2)结合人力资本、外资依存度等变量对企业家精神影响中国经济增长的研究将进一步揭示中国情境下企业家精神对于经济增长的内在影响机理。得出结论如下:

第一,企业家精神对于中西部地区影响显著,中部强于西部,而对东部地区不显著。这说明东部地区在具有较好经济发展基础的前提下应该致力于摆脱人口推动式的粗放型经济发展模式,而西部地区则更应该从提升私营企业雇用率方面入手,扩大劳动力的有效覆盖范围,刺激产业多样化以及人口就业率入手,以进一步促进地区企业家精神对企业所联结的资源的利用效率。

第二,从全国范围来看,人均受教育年限所代表的人力资本水平对于经济发展的影响效应存在着显著的地区差异,呈现出明显的阶梯状特性。

第三,外资依存度对经济增长的影响呈现出不同的结果,其中外资依存度对东部地区经济发展的推动作用不明显,对中部地区经济发展产生的积极作用较为显著,而对西部地区的经济增长的阻碍作用不显著,伴随外商直接投资而来的技术和资金在一定程度上有助于我国经济发展，但由于我国区域发展基础的差异，导致外资依存度呈现不同的影响效果。

（3）从社会网络与企业家精神共同作用于中国经济增长的视角切入，探讨转型经济背景下经济发展的新路径。得出如下重要结论：

第一，在全国样本中，企业家精神、社会网络都会对经济增长产生显著的促进作用；随着企业家精神或社会网络的不断增长，经济增长的速度逐渐减缓，当超过特定值时，地区经济出现负增长现象，说明在适当范围内，企业家精神或社会网络能够促进经济增长，但是超出范围后，企业家精神或社会网络会阻碍经济增长；相对于企业家精神，社会网络与经济增长之间具有更为明显的倒 U 型关系。企业家精神是创业经济的重要因素，而在经济发展过程中，产业多样性能够从根本上促进地区经济的发展。此外，社会网络衡量的是地区人际关系网络的紧密程度，更为紧密的人际网络能够加速信息共享以及提升资源利用效率，实现各项资源的最优化配置。

第二，在东部、中部和西部地区的分组回归结果中，东部地区企业家精神、社会网络对经济增长的影响力度最弱，而中部和西部地区企业家精神、社会网络对经济增长的影响力度较强，这说明在经济较为发达的东部地区，企业家精神与社会网络对经济发展所发挥的作用较为有限，而在中部、西部地区，企业家精神与社会网络对经济发展能够发挥重要的推动作用。东部地区的企业家精神与社会网络的指标数据均高于中部和西部地区的数据，结合全国样本的分析结果，可知东部地区企业家精神对经济增长的影响接近极值水平，进而地区经济增长的速度接近零；而在中部和西部地区中，企业家精神和社会网络的指标数据较低，表明这两个地区企业家精神、社会网络对经济增长具有较强的促进作用，但是随着企业家精神与社会网络的指标数据不断增长，两者对经济增长的影响力度会逐渐降低。

（4）从当代大学生创新创业视角切入，探讨大学生成功创新创业的影响因素，分析我国西部地区高校大学生创业教育的特点，提出构建同步的、有针对性的创业教育课程体系，注重创业意识、创业理念的培养等对策。得出如下重要结论：

第一，影响我国大学生成功创新创业的五大关键因素为：影响创新创业初心与决心的历史使命感、影响创新创业价值的时代需求、影响创新创业奋斗方向的目标导向、能够在创新创业过程中有运筹帷幄的企业家精神以及系缚创新创业社会价值观的企业社会责任感。

第二，学校创业教育课程要有针对性，与学生需求同步，营造大学生创业的氛围，鼓励大学生自主创业。

第二节 未来展望

本书所研究的三个板块内容较为丰富，在研究过程中不可避免地由于自身知识局限以及条件限制等，存在一些不足，有待后期研究进一步改正。

（1）在案例分析部分，由于本研究是基于单一案例的研究，尽管采用了多重嵌入单元的研究设计，但研究对象仍较为有限。同时，在第二章第三节的研究中选择的是科技型创业企业，从创业者特质到创业企业的伙伴选择都偏重技术型，使得研究结论在高科技行业相比在其他产业中的普遍性更高。因此，研究在技术型创业范畴中更具有理论效度。未来研究一方面应增强对某一技术行业的抽样数量，进行多案例研究或大样本研究，增强对特定行业研究结论的论证；另一方面进行跨行业的研究检验，提高研究结论在多行业中的普适性。

（2）在实证研究部分，一方面由于问卷涉及了企业的绩效数据，部分研究的企业绩效数据虽然采取了一些研究者都运用实证检验过的相对绩效来获取，但由于这些数据获取的敏感性问题，致使研究结果有待进一步推敲。另一方面部分实证研究的样本数据时间跨度较小，尚难以满足验证社会网络、企业家精神、外资依存度及人力资本对地区经济发展作用趋势的要求，在后续的研究中，可以通过更长的时间维度来探究企业家精神、人力资本对经济增长的线性影响和非线性影响。最后，从变量指标的设定与选取方面来看，部分研究仍需要进一步深挖变量内涵，同时结合数据获取的实际情况，选取最优化的数据组合以提升研究的信度与效度。

参考文献

[1] 白少布,刘洪,孔锦. 面向供应链融资的企业无风险收益合约研究[J]. 科研管理,2011,32(3):137-144.

[2] 边雅静,沈利生. 人力资本对我国东西部经济增长影响的实证分析[J]. 数量经济与技术经济研究,2004,21(12):19-24.

[3] 边燕杰. 城市居民社会资本的来源及作用:网络观点与调查发现[J]. 中国社会科学,2004(3):136-146.

[4] 曹鹏,陈迪,李健. 网络能力视角下企业创新网络机理与绩效研究——基于长三角制造业企业实证分析[J]. 科学学研究,2009,11(27):1742-1748.

[5] 陈逢文,王伟,张宗益. 创业企业努力水平与收益分配的治理机制研究[J]. 学术探索,2012(1):78-81.

[6] 陈俊龙,齐平,李夏冰. 企业家精神、企业成长与经济增长[J]. 云南社会科学,2014(3):84-88.

[7] 陈钦约. 基于社会网络的企业家创业能力和创业绩效研究[D]. 南开大学博士学位论文,2010.

[8] 陈晓光. 教育、创新与经济增长[J]. 经济研究,2006(10):18-29.

[9] 程俊杰. 制度变迁、企业家精神与民营经济发展[J]. 经济管理,2016(8):39-54.

[10] 储小平. 社会关系资本与华人家族企业的创业及发展[J]. 南开管理评论,2003(6):8-12.

[11] 崔玉平. 中国高等教育对经济增长率的贡献[J]. 北京师范大学学报(社会科学版),2000(1):1-5.

[12] 党兴华,赵巧艳,黄正超. 基于努力程度的创业投资最优股权分配模

型［J］．系统工程，2005，23（9）：70-73．

［13］邓立治，何维达．高校创业教育"四位一体"培养模式研究［J］．经济师，2009（1）：78-79．

［14］方先明，孙爱军，曹源芳．基于空间模型的金融支持与经济增长研究——来自中国省域1998~2008年的证据［J］．金融研究，2010（10）：68-82．

［15］高铁梅，康书隆．外商直接投资对中国经济影响的动态分析［J］．世界经济，2006（4）：22-30．

［16］古扎拉蒂．计量经济学原理与实践［M］．北京：中国人民大学出版社，2013．

［17］顾新，郭耀煌，罗利．知识链成员之间利益分配的二人合作博弈分析［J］．系统工程理论与实践，2004，24（7）：24-29．

［18］郭金龙．经济增长方式的国际比较［M］．北京：中国发展出版社，2000．

［19］郭凯明，余靖雯，龚六堂．人口转变、企业家精神与经济增长［J］．经济学（季刊），2016（2）：989-1010．

［20］郭庆旺，贾俊雪．地方政府间策略互动行为、财政支出竞争与地区经济增长［J］．管理世界，2009（10）：17-27．

［21］郭涛．"第二课堂"：实施大学生创业教育的有效途径［J］．中州学刊，2007（5）：125-127．

［22］郭志平．大学生创业教育实施途径与方法探讨［J］．中国大学生就业，2008（22）：58-59．

［23］郭志仪，曹建云．人力资本对中国区域经济增长的影响——岭估计法在多重共线性数据模型中的应用研究［J］．中国人口科学，2007（4）：42-49．

［24］郭志仪，杨曦．外商直接投资对中国东、中、西部地区经济增长作用机制的差异——1990-2004年地区数据的实证检验［J］．南开经济研究，2008（1）：75-86．

［25］何平，金梦．信用评级在中国债券市场的影响力［J］．金融研究，2010（4）：15-28．

［26］霍宏．校园文化活动与大学生创业能力培养初探［J］．中国市场，2008（22）：104-105．

[27] 江浩. 集群化是培育和提升个私民营企业竞争力的有效途径 [J]. 中共合肥市委党校学报, 2007 (4): 19-22.

[28] 姜卫韬. 基于结构洞理论的企业家社会资本影响机制研究 [J]. 南京农业大学学报 (社会科学版), 2008 (2): 21-28.

[29] 蒋春燕, 赵曙明. 社会资本和公司企业家精神与绩效的关系: 组织学习的中介作用——江苏与广东新兴企业的实证研究 [J]. 管理世界, 2006 (10): 90-99.

[30] 焦斌龙. 中国企业家人力资本 [D]. 西北大学, 2000.

[31] 孔令涛, 侯合银. 基于演化博弈的创业投资辛迪加网络生成机制研究 [J]. 科技管理研究, 2015, 35 (9): 207-211.

[32] 李德煌, 夏恩君. 人力资本对中国经济增长的影响——基于扩展Solow模型的研究 [J]. 中国人口·资源与环境, 2013, 23 (8): 100-106.

[33] 李富昌, 王勇. 基于努力水平的第四方物流企业与第三方物流企业非对称进化博弈分析 [J]. 管理评论, 2010, 22 (8): 103-108.

[34] 李宏彬, 李杏, 姚先国, 张海峰, 张俊森. 企业家的创业与创新精神对中国经济增长的影响 [J]. 经济研究, 2009, 44 (10): 99-108.

[35] 李笋雨. 对外开放对中国经济增长的影响 [J]. 金融研究, 2000 (12): 25-32.

[36] 李杏. 企业家精神对中国经济增长的作用研究——基于SYS-GMM的实证研究 [J]. 科研管理, 2011, 32 (1): 97-104.

[37] 李一中. 国内外创业教育研究综述 [J]. 高校社科动态, 2009 (2): 31-36.

[38] 李政. 后危机时代中国创业型经济发展战略探析 [J]. 学习与探索, 2010 (1): 170-172.

[39] 李志刚, 刘银龙. "连次创业"现象的扎根方法研究 [J]. 内蒙古大学学报 (人文社会科学版), 2006 (2): 79-83.

[40] 刘东菊. 创业教育与大学生就业 [J]. 东北大学学报 (社会科学版), 2006 (4): 292-296.

[41] 刘国光, 李京文. 中国经济大转变: 经济增长方式转变的综合研究 [M]. 广州: 广东人民出版社, 2001.

[42] 刘晓玲, 熊曦. 外商直接投资、进出口贸易与区域经济增长——以湖南省为例 [J]. 管理世界, 2016 (2): 184-185.

[43] 刘元芳, 陈衍泰, 余建星. 中国企业技术联盟中创新网络与创新绩效的关系分析——来自江浙沪闽企业的实证研究 [J]. 科学学与科学技术管理, 2006 (8): 72-79.

[44] 龙小宁, 黄小勇. 公平竞争与投资增长 [J]. 经济研究, 2016 (7): 147-157.

[45] 陆静. 金融发展与经济增长关系的理论与实证研究——基于中国省际面板数据的协整分析 [J]. 中国管理科学, 2012, 20 (1): 177-184.

[46] 陆铭, 陈钊, 万广华. 因患寡, 而患不均——中国的收入差距、投资、教育和增长的相互影响 [J]. 经济研究, 2005 (12): 4-14.

[47] 逯进, 苏妍. 人力资本、经济增长与区域经济发展差异——基于半参数可加模型的实证研究 [J]. 人口学刊, 2017, 39 (1): 89-101.

[48] 罗震, 王国红, 马慧. 创业企业导入期融资策略的演化博弈分析 [J]. 大连理工大学学报 (社会科学版), 2013, 34 (4): 72-76.

[49] 马光荣, 杨恩艳. 社会网络、非正规金融与创业 [J]. 经济研究, 2011, 46 (3): 83-94.

[50] 马卫东, 游玲杰, 胡长深. 企业家精神、开拓能力与组织绩效——基于苏北地区企业的实证分析 [J]. 企业经济, 2012 (8): 37-41.

[51] 马晓静, 周亚军. 企业家精神与中国经济增长——基于系统广义矩估计 [J]. 企业经济, 2013 (4): 48-53.

[52] 孟庆强. 外商直接投资、人力资本与经济增长关系研究 [J]. 统计与决策, 2016 (4): 174-176.

[53] 木志荣. 我国大学生创业教育模式探讨 [J]. 高等教育研究, 2006 (11): 79-84.

[54] 倪师军, 曹俊兴, 邓斌. 关于素质教育、创新教育及创业教育的思考 [J]. 成都理工大学学报 (社会科学版), 2004, 12 (4): 1-5.

[55] 钱强. 当前高校创业教育的问题与对策探究 [J]. 中国高教研究, 2005 (8): 92-93.

[56] 施险峰. 新时期培养大学生创新创业能力的实践与探索 [J]. 管理观

察，2009（11）：8-9.

[57] 时鹏程，许磊. 论企业家精神的三个层次及其启示［J］. 外国经济与管理，2006，28（2）：44-51.

[58] 唐国华. 企业家才能配置与经济增长——基于省际面板数据的经验研究［J］. 科学学与科学技术管理，2012（11）：110-116.

[59] 王弟海. 健康人力资本、经济增长和贫困陷阱［J］. 经济研究，2012，47（6）：143-155.

[60] 王巍，曹文佳，路春艳. 城镇居民就业、工资与收入差距的动态关系分析——以面板数据模型为工具［J］. 中国管理科学，2015，23（1）：696-700.

[61] 王霄，胡军. 社会资本结构与中小企业创新——一项基于结构方程模型的实证研究［J］. 管理世界，2005（7）：116-122，171.

[62] 王宇，焦建玲. 人力资本与经济增长之间关系研究［J］. 管理科学，2005，18（1）：31-39.

[63] 王子先，余明勤，杨元伟，陈淮. 市场化改革与中国企业家成长——2008·中国企业家队伍成长与发展15年调查综合报告（下）［J］. 管理世界，2008（12）：103-113.

[64] 卫维平. 基于结构方程模型的企业家精神与企业绩效关系研究［D］. 天津大学硕士学位论文，2008.

[65] 吴友石，王振岩，李幸平. 鼓励自主创业，提高大学生就业能力的对策［J］. 河北北方学院学报（社会科学版），2009，25（3）：40-42，45.

[66] 肖建忠，唐艳艳. 企业家精神与经济增长关系的理论与经验研究综述［J］. 外国经济与管理，2004（1）：2-7.

[67] 熊彼特. 经济发展理论［M］. 西安：陕西师范大学出版社，2007.

[68] 徐静，赵静，吴慈生. 企业家文化资本与企业家精神［J］. 管理世界，2016（3）：180-181.

[69] 徐铁辉. 新时期高校创业教育初探［J］. 湖南农业大学学报（社会科学版），2007（2）：70-71.

[70] 徐献红. 金融危机下的大学生创业能力培养［J］. 经济师，2009（8）：103-104.

[71] 薛红志,张玉利,杨俊.机会拉动与贫穷推动型企业家精神比较研究 [J].外国经济与管理,2003(6):2-8.

[72] 严成樑.社会资本、创新与长期经济增长 [J].经济研究,2012,47(11):48-60.

[73] 严毛新.我国高校创业教育发展目标及实现路径研究 [J].中国高教研究,2009(3):88-89.

[74] 杨俊,张玉利,杨晓非,等.关系强度、关系资源与新企业绩效——基于行为视角的实证研究 [J].南开管理评论,2009,12(4):44-54.

[75] 杨隽萍,唐鲁滨,于晓宇.创业网络、创业学习与新创企业成长 [J].管理评论,2013,25(1):24-33.

[76] 杨勇,朱乾,达庆利.中国省域企业家精神的空间溢出效应研究 [J].中国管理科学,2014,22(11):105-113.

[77] 杨宇,沈坤荣.社会资本、制度与经济增长——基于中国省级面板数据的实证研究 [J].制度经济学研究,2010(2):34-51.

[78] 姚先国,温伟祥,任洲麒.企业集群环境下的公司创业研究——网络资源与创业导向对集群企业绩效的影响 [J].中国工业经济,2008(3):84-92.

[79] 姚先国,张海峰.教育、人力资本与地区经济差异 [J].经济研究,2008(5):47-57.

[80] 叶茂林,郑晓齐,王斌.教育对经济增长贡献的计量分析 [J].数量经济与技术经济研究,2003,20(1):89-92.

[81] 俞仁智,何洁芳,刘志迎.基于组织层面的公司企业家精神与新产品创新绩效——环境不确定性的调节效应 [J].管理评论,2015,27(9):85-94.

[82] 袁红林,蒋含明.中国企业家创业精神的影响因素分析——基于省级面板数据的实证研究 [J].当代财经,2013(8):65-75.

[83] 查博,郭菊娥,晏文隽.风险投资三方委托代理关系——基于创业企业家过度自信与风投公司监督努力 [J].系统管理学报,2015,24(2):190-199.

[84] 张茉楠.创业型经济将改变中国经济增长轨迹 [J].现代审计与经济,2009(6):18.

[85] 张延锋,刘益,李垣.战略联盟价值创造与分配分析 [J].管理工程

学报, 2003, 17 (2): 20-23.

[86] 张晖明, 张亮亮. 企业家资本与经济增长: 一个文献综述 [J]. 上海经济研究, 2011 (9): 40-54.

[87] 张宇. 空间经济视角下的外资依赖与中国经济增长 [J]. 经济学 (季刊), 2010, 9 (4): 1211-1238.

[88] 赵昕东. 基于协整系统内共同因子的真实 GDP 估计 [J]. 数理统计与管理, 2013, 32 (6): 1115-1123.

[89] 周方召, 刘文革. 宏观视角下的企业家精神差异化配置与经济增长——一个文献述评 [J]. 金融研究, 2013 (12): 127-139.

[90] 周惠民, 逯进. 城镇化、人力资本与经济增长的耦合演化 [J]. 统计与决策, 2018, 34 (20): 130-134.

[91] 周文辉, 王昶, 周依芳. 瓶颈突破、行动学习与转型能力——基于三家内向型中小制造企业的转型案例研究 [J]. 南开管理评论, 2015, 18 (2): 73-82.

[92] 朱承亮, 师萍, 岳宏志等. 人力资本、人力资本结构与区域经济增长效率 [J]. 中国软科学, 2011 (2): 110-119.

[93] 朱承亮, 岳宏志, 李婷. 中国经济增长效率及其影响因素的实证研究: 1985~2007年 [J]. 数量经济技术经济研究, 2009 (9): 52-63.

[94] 朱晓丹. 大学生创业意识与能力培养体系构建的研究 [J]. 北方经贸, 2007 (11).

[95] 朱秀梅. 基于高技术产业集群的环境不确定性、社会网络与知识外溢关系的实证研究 [J]. 中国青年科技, 2007 (1): 54-59.

[96] 朱秀梅, 李明芳. 创业网络特征对资源获取的动态影响——基于中国转型经济的证据 [J]. 管理世界, 2011 (6): 105-115.

[97] 祝春梅. 略论大学生创业创新能力的培养 [J]. 佳木斯大学社会科学学报, 2007 (1).

[98] 庄子银. 企业家精神、持续技术创新和长期经济增长的微观机制 [J]. 世界经济, 2005 (12): 32-43, 80.

[99] 左晶晶, 谢晋宇. 社会网络结构与创业绩效——基于270名科技型大学生创业者的问卷调查 [J]. 研究与发展管理, 2013, 25 (3): 64-73.

[100] Abeysingh T., Rajaguru G. Quarterly Real GDP Estimates for China and ASEAN4 with a Forecast Evaluation [J]. Journal of Forecasting, 2004, 23 (6): 431-447.

[101] Abramson Pr., Ellis S., Inglehart R. Research in Context: Measuring Value Change [J]. Political Behavior, 1997, 1 (19): 41-59.

[102] Adler P. S. Social Capital: Prospects for a New Concept [J]. Academy of Management Review, 2002, 27 (1): 17-40.

[103] Aghion P., Bolton P. An Incomplete Contracts Approach to Financial Contracting [J]. The Review of Economic Studies, 1992, 59 (3): 473.

[104] Aghion P., Howitt P. A Model of Growth Through Creative Destruction [J]. Econometrica, 1992, 60 (2): 323-351.

[105] Alfred Marshall. Principles of Economics [M]. Beijing: China Social Sciences Pub., 1990.

[106] Alvarez S. A., Barney J. B. Discovery and Creation: Alternative Theories of Entrepreneurial Action [J]. Strategic Entrepreneurship Journal, 2007, 3 (6): 11-26.

[107] Alvarez S. A., Barney J. B. How Do Entrepreneurs Organize Firms under Conditions of Uncertainty? [J]. Journal of Management, 2005, 31 (5): 776-793.

[108] Anderson A., Jack S. The Articulation of Social Capital in Entrepreneurial Networks: A Glue or a Lubricant? [J]. Entrepreneurship & Regional Development, 2002 (14): 193-210.

[109] Andersson M., Koster S. Sources of Persistence in Regional Start-up Rates—Evidence from Sweden [J]. Journal of Economic Geography, 2011 (11): 179-201.

[110] Andrews R. Exploring the Impact of Community and Organizational Social Capital on Government Performance: Evidence from England [J]. Political Research Quarterly, 2011, 64 (4): 938-949.

[111] Anheier H. K., Gerhards J., Romo F. P. Forms of Capital and Social Structure in Cultural Fields: Examining Bourdieu// Social Topography [J]. American Journal of Sociology, 1995, 100 (4): 859-903.

[112] Arrow, K. J. Observations on Social Capital [J]. Social Capital: A Multifaceted Perspective, 2000: 3 – 5.

[113] Audretsch D., Fritsch M. Linking Entrepreneurship to Growth: The Case of West Germany [J]. Industry & Innovation, 2003, 10 (1): 65 – 73.

[114] Audretsch D. B., Bonte W., Tamvada J. P. Religion, Social Class, and Entrepreneurial Choice [J]. Journal of Business Venturing, 2013, 28 (6): 774 – 789.

[115] Audretsch D. B., Keilbach M. Does Entrepreneurship Capital Matter? [J]. Entrepreneurship Theory & Practice, 2010, 28 (5): 419 – 429.

[116] Audretsch D. B. Entrepreneurship Capital and Economic Growth [J]. Oxford Review of Economic Policy, 2007, 23 (1): 63 – 78.

[117] Autrey L. J. C. Research and Development for Increased Productivity and Environment Protection in the Mauritian Sugar Industry [J]. Revue Agricole et Sucrière de Lile Maurice, 1998, 77 (1): 38 – 40.

[118] Backstrom L., Leskovec J. Supervised Random Walks: Predicting and Recommending Links in Social Networks [C]. WSDM'11 Proceedings of the Fourth ACM International Conference on Web Search and Data Mining. Hong Kong, China, 2011: 635 – 644.

[119] Bacq S., Eddleston K. A. A Resource – Based View of Social Entrepreneurship: How Stewardship Culture Benefits Scale of Social Impact [J]. Journal of Business Ethics, 2018, 152 (3): 589 – 611.

[120] Baker, We. Market Networks and Corporate – Behavior [J]. American Journal of Sociology, 1990, 96 (3): 589 – 625.

[121] Barney J. Firm Resources and Sustained Competitive Advantage [J]. Journal of Management, 1991, 17 (1): 99 – 120.

[122] Barro R. Economic Growth in Across – section of Countries [J]. Quarterly Journal of Economics, 1991 (2): 407 – 443.

[123] Batabyal A. A., Beladi H. Human Capital, Knowledge Spillovers, and One Kind of Eemi – endogenous Regional Economic Growth [J]. Letters in Spatial & Resource Sciences, 2013, 6 (3): 121 – 135.

［124］Baumol W. J. Entrepreneurship: Productive, Unproductive, and Destructive ［J］. Journal of Business Venturing, 1996, 11 (1): 3 –22.

［125］Baumol W. J. Entrepreneurship: Productive, Unproductive, and Destructive ［J］. Journal of Political Economy, 1990, 98: 893 –921.

［126］Behrman J. R., Wolfe B. L., Blau D. M. Human Capital and Earnings Distribution in a Developing Country: The Case of Prerevolutionary Nicaragua ［J］. Economic Development and Cultural Change, 1985, 34 (1): 1 –29.

［127］Belliveau, Ma, Oreilly, Ca, Wade, J. B. Social Capital at the Top: Effects of Social Similarity and Status on Ceo Compensation ［J］. Academy of Management Journal, 1996, 39 (6): 1568 –1593.

［128］Bertrand M., Mullainathan S., Miller D. Public Policy and Extended Families: Evidence from Pensions in South Africa ［J］. World Bank Economic Review, 2003, 17 (1): 27 –50.

［129］Beugelsdijk S., Noorderhaven N. G., Arts W., et al. Opening the Black –box of Regional Culture. Entrepreneurial Attitude and Economic Growth in 54 European Regions ［J］. Transactions of the Institute of British Geographers, 2004, 34 (2): 128 –136.

［130］Beugelsdijk S., Noorderhaven N. Entrepreneurial Attitude and Economic Growth: A Cross – section of 54 Regions ［J］. The Annals of Regional Science, 2004, 38 (2), 199 –218.

［131］Bishop C. M. Pattern Recognition and Machine Learning (Information Science and Statistics) ［M］. Berlin: Springer, 2007.

［132］Bjørnskov, Christian. The Multiple Facets of Social Capital ［J］. European Journal of Political Economy, 2006, 22 (1): 22 –40.

［133］Bliemel M. J., et al. An Integrated Approach to Studying Multiplexity in Entrepreneurial Networks ［J］. Entrepreneurship Research Journal, 2014, 4 (4): 367 –402.

［134］Bourdieu P. Handbook of Theory and Research for the Sociology of Education ［M］. Greenwood Pros, 1986: 241 –258.

［135］Bourdieu P. Registered Capital ［J］. Actes De La Recherche En Sciences Sociales, 1980 (31): 2 - 3.

[136] Bourdieu P. The Field of Cultural Production, or: The Economic World Reversed [J]. Poetics, 1983, 12 (4): 311 - 356.

[137] Bourdieu P. Handbook of Theory and Research for the Sociology of Education [M]. New York, 1986: 241 - 258.

[138] Boxman E. A., De Graaf P. M., Flap H. D. The Impact of Social and Human Capital on the Income Attainment of Dutch Managers [J]. Social Networks, 1991, 13 (1): 51 - 73.

[139] Brehm J., Rahn W. Individual - Level Evidence for the Causes and Consequences of Social Capital [J]. American Journal of Political Science, 1997, 41 (3): 999 - 1023.

[140] Bruyat C., Julien P. A. Defining the Field of Research in Entrepreneurship [J]. Journal of Business Venturing, 2001, 16 (2): 165 - 180.

[141] Bucci A., Torre D. L. Population and Economic Growth with Human and Physical Capital Investments [J]. International Review of Economics, 2009, 56 (1): 17 - 27.

[142] Burgelman R. A. Designs for Corporate Entrepreneurship in Established Firms [J]. California Management Review, 1984, 26 (3): 154 - 166.

[143] Burt R. S. A Note on Social Capital and Network Content [J]. Social Networks, 1997, 19 (4): 355 - 373.

[144] Burt R. S. Social Contagion and Innovation: Cohesion versus Structural Equivalence [J]. American Journal of Sociology, 1987, 92 (6): 1287 - 1335.

[145] Burt R. Social Capital, Structural Holes and the Entrepreneur [J]. Revue Francaise De Sociologie, 1995, 36 (4): 599.

[146] Butler J. E., Hansen G. S. Network Evolution, Entrepreneurial Success, and Regional Development [J]. Entrepreneurship and Regional Development, 1991 (3): 1 - 16.

[147] Cattell V. Poor People, Poor Places, and Poor Health: The Mediating Role of Social Networks and Social Capital [J]. Social Science & Medicine, 2001, 52 (10): 1501 - 1516.

[148] Chandler G., Jansen E. The Founders Self - Assessed Competence and Venture Performance [J]. Journal of Business Venturing, 1992, 7 (3): 223 - 236.

[149] Chang S., Zhang X. Mating Competition and Entrepreneurship [J]. Journal of Economic Behavior & Organization, 2015 (116): 292 - 309.

[150] Christine Tamásy. Handbook of Research on Entrepreneurship and Regional Development: National and Regional Perspectives [J]. Regional Studies, 2012, 53 (7): 362 - 364.

[151] Claibourn, Michele P., Paul S., Martin. Trusting and Joining? An Empirical Test of the Reciprocal Nature of Social Capital [J]. Political Behavior, 2000, 22 (4): 267 - 291.

[152] Coleman J. S. Social Capital in the Creation of Human Capital [J]. American Journal of Sociology, 1988 (94): 95 - 120.

[153] Coleman, James S. Commentary: Social Institutions and Social Theory [J]. American Sociological Review, 1990, 55 (3): 333 - 339.

[154] Dasgupta P. The Social Analyst: A. K. Dasgupta (July 16, 1903 - January 14, 1992) [J]. Economic & Political Weekly, 2003, 38 (28): 2916 - 2918.

[155] DeFilippis, James. The Myth of Social Capital in Community Development [J]. Housing Policy Debate, 2001, 12 (4): 781 - 806.

[156] Delmar F., Mckelvie A., Wennberg K. Untangling the Relationships Among Growth, Profitability and Survival in New Firms [J]. Technovation, 2013, 33 (8 - 9): 276 - 291.

[157] Dempster A. P., Laird N. M., Rubin D. B. Maximum Likelihood from Incomplete Data via the EM Algorithm [J]. Journal of the Royal Statistical Society, 1977, 39 (1): 1 - 38.

[158] Deng W. S., Lin Y. C., Gong J. A Smooth Coefficient Quantile Regression Approach to the Social Capital - economic Growth Nexus [J]. Economic Modelling, 2012, 29 (2): 197.

[159] Denison E. F. Why Growth Rates Differ? Postwar Experience in Nine Western Countries [J]. Revue Economique, 1967 (9).

[160] Do C. B., Batzoglou S. What Is the Expectation Maximization Algorithm? [J]. Nature Biotechnology, 2008, 26 (8): 897 – 899.

[161] Dore R. P. Human Capital Theory, The Diversity of Societies and the Problem of Quality in Education [J]. Higher Education, 1976, 5 (1): 79 – 102.

[162] Duranton G., Puga D. Nursery Cities: Urban Diversity, Process Innovation, and the Life Cycle of Products [J]. American Economic Review, 2001: 1454 – 1477.

[163] Durlauf S. N., Fafchamps M. Social Capital in Handbook of Economic Growth [M]. New York: Cambridge University Press, 2005: 459 – 479.

[164] Durlauf S. N. Bowling Alone: A Review Essay [J]. Journal of Economic Behavior & Organization, 2002, 47 (3): 259 – 273.

[165] Durlauf S. N., Fafchamps M. Social Capital [J]. Social Science Electronic Publishing, 2004.

[166] Dyer J. H., Singh H. The Relational View: Cooperative Strategy and Sources of Interorganizational Competitive Advantage [J]. Academy of Management Review, 1998, 23 (4): 660 – 679.

[167] Edward Bellamy. Equality [M]. London: Echo Library, 1987.

[168] Edwards B., Foley M. W. Social Capital and the Political Economy of Our Discontent [J]. American Behavioral Scientist, 1997, 40 (5): 669 – 678.

[169] Eisenhardt K. M., Schoonhoven C. B. Resource – based View of Strategic Alliance Formation: Strategic and Social Effects in Entrepreneurial Firms [J]. Organization Science, 1996, 7 (2): 136 – 150.

[170] Eisenhardt K. M. Making Fast Strategic Decisions in High – velocity Environments [J]. Academy of Management Journal, 1989, 32 (3): 543 – 576.

[171] Engel Y., Kaandorp M., Elfring T. Toward a Dynamic Process Model of Entrepreneurial Networking under Uncertainty [J]. Journal of Business Venturing, 2017, 32 (1): 35 – 51.

[172] Faggio G., Silva O. Self – employment and Entrepreneurship in Urban and Rural Labour Markets [J]. Journal of Urban Economics, 2014 (84): 67 – 85.

[173] Fang X., Hu P. J., Li Z., et al. Predicting Adoption Probabilities in So-

cial Networks [J]. Information Systems Research, 2013, 24 (1): 128-145.

[174] Fernandez R. M., Castilla E. J., Moore P. Social Capital at Work: Networks and Employment at a Phone Center [J]. American Journal of Sociology, 2000, 105 (5): 1288-1356.

[175] Freund J. E. A Bivariate Extension of the Exponential Distribution [J]. Publications of the American Statistical Association, 1961, 56 (296): 971-977.

[176] Friedman N. Learning Belief Networks in the Presence of Missing Values and Hidden Variables [C]. Fourteenth International Conference on Machine Learning. Morgan Kaufmann Publishers Inc., 1997: 125-133.

[177] Friedman N. The Bayesian Structural EM Algorithm [J]. Proceedings of 14th Conference on Uncertainly in Artificial Intelligence. 1998, 58 (6): 129-138.

[178] Fukuyama F. Social Capital and the Global Economy [J]. Foreign Affairs, 1995, 74 (5): 89-103.

[179] Fukuyama F. The Illusion of Exceptionalism [J]. Journal of Democracy, 1997, 8 (3): 146-149.

[180] Gabbay S. M., Zuckerman E. W. Social Capital and Opportunity in Corporate R&D: The Contingent Effect of Contact Density on Mobility Expectations [J]. Social Science Research, 1998, 27 (2): 189-217.

[181] Gabbay S. M., Leenders R. T. A. J. Social Capital of Organizations [J]. International Encyclopedia of the Social & Behavioral Sciences, 2001, 4 (12): 181-185.

[182] Ghoshal T. S., Tsai W. P. Social Capital and Value Creation: The Role of Intrafirm Networks [J]. The Academy of Management Journal, 1998, 41 (4): 464-476.

[183] Gittell M., Ortegabustamante I., Steffy T. Social Capital and Social Change: Women's Community Activism. [J]. Urban Affairs Review, 2000, 36 (2): 123-147.

[184] Glaeser E. L., Kerr W. R. Local Industrial Conditions and Entrepreneurship: How Much of the Spatial Distribution Can We Explain? [J]. Journal of Economics & Management Strategy, 2009, 18 (3): 41.

[185] Glaeser E. L., Henderson V., Inman R. P. The Future of Urban Research: Nonmarket Interactions [J]. Brookings – Wharton Papers on Urban Affairs, 2000, 2000 (1): 101 – 149.

[186] Glaeser E. L. Entrepreneurship and the City [J]. Social Science Electronic Publishing, 2007 (32 – 33): 1626.

[187] González – Pernía J. L., Peña – Legazkue I. Export – oriented Entrepreneurship and Regional Economic Growth [J]. Small Business Economics, 2015, 45 (3): 505 – 522.

[188] Gradstein, Mark, Moshe Justman. Human Capital, Social Capital, and Public Schooling [J]. European Economic Review, 2000, 44 (4): 879 – 890.

[189] Granovetter M. Economic Action and Social Structure: The Problem of Embeddedness [J]. American Journal of Sociology, 1985, 91 (3): 481 – 510.

[190] Granovetter M. The Economic Sociology of Firms and Entrepreneurs [M]. New York: Russell Sage Foundation, 1995.

[191] Granovetter M. The Strength of Weak Ties [J]. American Journal of Sociology, 1973, 78 (6): 1360 – 1380.

[192] Grootaert C., Van Bastelaer T., Puttnam R. The Role of Social Capital in Development (An Empirical Assessment) // Social Capital and Social Cohesion: Case Studies from Cambodia and Rwanda [M]. London: Cambridge University Press, 2001.

[193] Grootaert, Christiaan. Social Capital, Household Welfare, and Poverty in Indonesia [M]. The World Bank, 1999.

[194] Guiso L., Sapienza P., Zingales L. The Role of Social Capital in Financial Development [J]. American Economic Review, 2000: 94 (3): 526 – 556.

[195] Gulati R., Sytch M. Dependence Asymmetry and Joint Dependence in Inter – Organizational Relationships: Effects of Embeddedness on a Manufacturer's Performance in Procurement Relationships [J]. Administrative Science Quarterly, 2007, 52 (1): 32 – 69.

[196] Hamers L. H. Similarity Measures in Scientometric Research: The Jaccard Index versus Salton's Cosine Formula [J]. Information Processing & Management,

1989, 25 (3): 315 - 318.

[197] Han J., Kamber M. Data Mining: Concepts and Techniques [J]. Data Mining Concepts Models Methods & Algorithms Second Edition, 2011, 5 (4): 1 - 18.

[198] Hanifan L. J. The Rural School Community Centre [J]. Annals of the American Academy of Political and Social Sciences, 1916 (67): 130 - 138.

[199] Hansen A. C. The Use of National Savings in Sustainability Analysis [M]. Environmental Policy and Societal Aims, 1999.

[200] Hargadon A., Sutton R. I. Building an Innovation Factory [J]. Harvard Business Review, 2000, 78 (3): 157.

[201] Harpham T. Urbanization and Mental Health in Developing Countries: A Research Role for Social Scientists, Public Health Professionals and Social Psychiatrists. [J]. Social Science & Medicine, 1994, 39 (2): 233 - 245.

[202] Harriss J., Renzio P. D. Policy Arena: "Missing Link" or Analytically missing? The Concept of Social Capital. An Introductory Bibliographic Essay [J]. Journal of International Development, 1997, 9 (7): 919 - 937.

[203] Hébert R. F., Link A. N. In Search of the Meaning of Entrepreneurship [J]. Small Business Economics, 1989, 1 (1): 39 - 49.

[204] Heckerman D. A Tutorial on Learning with Bayesian Networks [C]. Nato Advanced Study Institute on Learning in Graphical Models, 1998.

[205] Helbo - Hansen H. S., Jensen B., Nørreslet J., et al. The New Man in the Jungle: Chaos, Community and the Margins of the Nation - State [J]. Callaloo, 1995, 18 (1): 133 - 156.

[206] Helliwell, John F., Robert D. P. Economic Growth and Social Capital in Italy [J]. Eastern Economic Journal, 1995, 21 (3): 295 - 307.

[207] Hite J. M., Hesterly W. S. The Evolution of Firm Networks: From Emergence to Early Growth of the Firm [J]. Strategic Management Journal, 2001, 22 (3): 275 - 286.

[208] Hite J. Patterns of Multidimensionality among Embedded Network Ties: A Typology of Relational Embeddedness in Emerging Entrepreneurial Firms [J]. Strate-

gic Organization, 2003 (1).

[209] Holcombe R. G. Entrepreneurship and Economic Growth [J]. The Quarterly Journal of Austrian Economics, 1998, 1 (2): 45 – 62.

[210] Hopcroft J., Lou T., Tang J. Who Will Follow You Back? Reciprocal Relationship Prediction [J]. Acm International Conference on Information & Knowledge Management, 2011: 1137 – 1146.

[211] Hyden G. The Social Capital Crash in the Periphery: An Analysis of the Current Predicament in Sub – Saharan Africa [J]. Journal of Socio – Economics, 2001, 30 (2): 161 – 163.

[212] Semih Akçomak, Weel B. T. Social Capital, Innovation and Growth: Evidence from Europe [J]. European Economic Review, 2006, 53 (5): 544 – 567.

[213] Ishise H., Sawada Y. Aggregate Returns to Social Capital: Estimates Based on the Augmented Augmented – Solow Model [J]. Journal of Macroeconomics, 2009, 31 (3): 376 – 393.

[214] Jack S. L. The Role, Use and Activation of Strong and Weak Network Ties: A Qualitative Analysis [J]. Journal of Management Studies, 2005, 42 (6): 1233 – 1259.

[215] Jackson C. J. Gray's Reinforcement Sensitivity Theory: A Psychometric critique [J]. Personality & Individual Differences, 2003, 34 (3): 533 – 544.

[216] Jensen M. C., Meckling W. H. Theory of the Firm: Managerial Behavior, Agency Costs and Ownership Structure [J]. Social Science Electronic Publishing, 1976, 3 (4): 305 – 360.

[217] Johannisson B. Networking and Entrepreneurial Growth in Sexton D. L. and Landstrorn H. (eds.) [J]. Handbook of Entrepreneurship, 2000.

[218] Kasseeah H. Investigating the Impact of Entrepreneurship on Economic Development: A Regional Analysis [J]. Journal of Small Business and Enterprise Development, 2016, 23 (3): 896 – 916.

[219] Kim Y. C., Rhee M. The Contingent Effect of Social Networks on Organizational Commitment: A Comparison of Instrumental and Expressive Ties in a Multinational high – technology Company [J]. Sociological Perspectives, 2010, 53 (4):

479-502.

[220] Knack S., Keefer P. Does Social Capital Have an Economic Payoff? A Cross-Country Investigation [J]. Quarterly Journal of Economics, 1997, 112 (4): 1251-1288.

[221] Knack, Stephen, Philip Keefer. Does Social Capital Have an Economic Payoff? A Cross-country Investigation [J]. The Quarterly Journal of Economics, 1997, 112 (4): 1251-1288.

[222] Knight F. H. Risk, uncertainty and Profit [M]. Houghton Mifflin Company, 1921: 682-690.

[223] Knoke D. The New Institutionalism in Sociology [J]. Social Forces. 1999, 77 (4): 1694-1696.

[224] Krackhardt D., Hanson J. R. Informal Networks: The Company Behind The Chart. [J]. Harvard Business Review, 1993, 71 (4): 104.

[225] Krackhardt D. The Strength of Strong Ties: The Importance of Philos in Organizations [M]. Boston: Harvard Business School Press, 1992: 216-239.

[226] L. Warren. A Systemic Approach to Entrepreneurial Learning: An Exploration Using Storytelling [J]. Systems Research and Behavioral Science, 2004 (21): 3-16.

[227] La Porta, Rafael, et al. Legal Determinants of External Finance [J]. The Journal of Finance, 1997, 52 (3): 1131-1150.

[228] Lai H. C., Gibbons P. T. Corporate Entrepreneurship: The Roles of Ideology and Social Capital [J]. Group & Organization Management an International Journal, 1997, 22 (1): 10-30.

[229] Lam L. L. Beyond Credibility of Doing Business in China: Strategies for Improving Corporate Citizenship of Foreign Multinational Enterprises in China [J]. Journal of Business Ethics, 2009, 87 (1): 137-146.

[230] Lans T., Blok V., Gulikers J. Show Me Your Network and I'll Tell You Who You Are: Social Competence and Social Capital of Early-stage Entrepreneurs [J]. Entrepreneurship & Regional Development, 2015, 27 (7-8): 458-473.

[231] Larson A. Network Dyads in Entrepreneurial Settings: A Study of the Gover-

nance of Exchange Relationships [J]. Administrative Science Quarterly, 1992, 37 (1): 76 – 104.

[232] Lechner C., Dowling M. Firm Networks: External Relationships as Sources for the Growth and Competitiveness of Entrepreneurial Firms [J]. Entrepreneurship & Regional Development, 2003, 15 (1): 1 – 26.

[233] Lee H. D., Sihai D. Z. High – dimensional Classification via Nonparametric Empirical Bayes and Maximum Likelihood Inference [J]. Biometrika, 2016, 103 (1): 67.

[234] Lee S., Hershberger S. A Simple Rule for Generating Equivalent Models in Covariance Structure Modeling [J]. Multivariate Behavioral Research, 1990 (25): 313 – 314.

[235] Li Z., Fang X., Bai X., et al. Utility – based Link Recommendation for Online Social Networks [J]. Management Science, 2017, 63 (6): 1938 – 1952.

[236] Liben – Nowell D., Kleinberg J. The Link – prediction Problem for Social Networks [J]. Journal of the American Society for Information Science and Technology, 2007, 58 (7): 1019 – 1031.

[237] Lin N., Dumin M. Access to Occupations Through Social Ties [J]. Social Networks, 1986, 8 (4): 365 – 385.

[238] Lin N., Ensel W. M., Vaughn J. C. Social Resources and the Strength of Weak Ties Structural Factors in Occupational Status Attainment [J]. American Sociological Review, 1981, 46 (4): 393 – 405.

[239] Lin N. Social Networks and Status Attainment [J]. Annual Review of Sociology, 1999, 25: 467 – 487.

[240] Lin N. Social Capital: A Theory of Social Structure and Action [M]. London: Cambridge University Press, 2001.

[241] Lin N. Social Resources: A Theory of Social Capital [J]. Revue Francaise De Sociologie, 1995, 36 (4): 684.

[242] Loon. J. J., Boomsma J. V. Structure and Diversity of Ant Communities in Successive Coastal Dune Valleys [J]. Journal of Animal Ecology, 1982, 51 (3): 957 – 974.

[243] Loury G. A Dynamic Theory of Racial Income Differences in P. A. [M]. Lexington: Lexington Books, 1977: 153 – 186.

[244] Loury G. C. Incentive Effects of Affirmative Action [J]. Annals of the American Academy of Political & Social Science, 1992 (523): 19 – 29.

[245] Lu J., Zhai Q., Zhou H. Human Capital, Economic Growth and the Spatial Spillover Effects: An Empirical Study Based on the Provincial Panel Data of China [J]. Population and Development, 2014 (2): 1.

[246] Lucas R. E. On the Mechanics of Economic Development [J]. Journal of Monetary Economics, 1988, 22 (1): 3 – 42.

[247] Maluccio, John A., Lawrence Haddad, Julian May. Social Capital and Income Generation in South Africa, 1993 – 1998 [J]. FCND Discussion Papers, 2003, 36 (5): 54 – 81.

[248] Mamuneas T. P., Savvides A., Stengos T. Economic Development and the Return to Human Capital: A Smooth Coefficient Semiparametric Approach [J]. Journal of Applied Econometrics, 2006, 21 (1): 111 – 132.

[249] Martens M. L., Jennings J. E., Jennings P. D. Do the Stories They Tell Get Them the Money They Need? The Role of Entrepreneurial Narratives in Resource Acquisition [J]. Academy of Management Journal, 2007, 50 (5): 1107 – 1132.

[250] Matejovsky L., Mohapatra S., Steiner B. The Dynamic Effects of Entrepreneurship on Regional Economic Growth: Evidence from Canada [J]. Growth and Change, 2014, 45 (4): 611 – 639.

[251] Mcclenaghan P. Social Capital: Exploring the Theoretical Foundations of Community Development Education [J]. British Educational Research Journal, 2013, 26 (5): 565 – 582.

[252] Mckelvie A., Haynie J. M., Gustavsson V. Unpacking the Uncertainty Construct: Implications for Entrepreneurial Action [J]. Journal of Business Venturing, 2011, 26 (3): 273 – 292.

[253] Mclachlan G. J., Krishnan T. The EM Algorithm and Extensions. Second Edition [M]. Hoboken: John Wiley & Sons, 2008.

[254] McMullen J. S., Shepherd D. A. Entrepreneurial Action and the Role of

Uncertainty in the Theory of the Entrepreneur [J]. Academy of Management Review, 2006, 31 (1): 132 – 152.

[255] Milgram M. S. The Small World Problem [J]. Psychology Today, 1967, 1 (1): 61 – 67.

[256] Miller C. C., Burke L. M., Glick W. H. Cognitive Diversity among Upper – echelon Executives: Implications for Strategic Decision Processes [J]. Strategic Management Journal, 1998, 19 (1): 39 – 58.

[257] Miller D., Friesen P. H. Strategy – making and Environment: The Third Link [J]. Strategic Management Journal, 1983 (4): 221 – 235.

[258] Miller D. The Correlates of Entrepreneurship in Three Types of Firms [J]. Management Science, 1983, 29 (7): 770 – 791.

[259] Mitchell, Clyde J. Social Networks in Urban Situations [M]. Published for the Institute for Social Research, University of Zambia, by Manchester U. P. 1969.

[260] Modiglian, Miller M. H. The Cost of Capital, Corporation Finance and the Theory of Investmient [J]. American Economic Review, 1959, 49 (4): 655 – 669.

[261] Mueller P. Exploring the Knowledge Filter: How Entrepreneurship and University – industry Relationships Drive Economic Growth [J]. Research Policy, 2006, 35 (10): 1499 – 1508.

[262] Nahapiet J., Ghoshal S. Social Capital, Intellectual Capital, and the Organizational Advantage [J]. Academy of Management Review, 1998, 23 (2): 242 – 266.

[263] Narayan, Deepa, Lant Pritchett. Cents and Sociability: Household Income and Social Capital in Rural Tanzania [J]. Economic Development and Cultural Change, 1999, 47 (4): 871 – 897.

[264] Nguyen, Claire L., Bryant E. The Social Dimension of Network Ties between Entrepreneurial Firms: Implications for Information Acquisition [J]. Journal of Applied Management and Entrepreneurship, 2003 (8): 12 – 20.

[265] Oecd P. E. Measuring Capital – OECD Manual Measurement of Capital Stocks, Consumption of Fixed Capital and Capital Services (Complete Edition – ISBN

9264187022)[J]. Sourceoecd Emerging Economies, 2001.

[266] Onyx J., Edwards M., Bullen P. The Intersection of Social Capital and Power: An Application to Rural Communities [J]. Rural Society, 2007, 17 (3): 215 – 230.

[267] Paxton P. Is Social Capital Declining in the United States? A Multiple Indicator Assessment [J]. American Journal of Sociology, 1999, 105 (1): 88 – 127.

[268] Pedroni P. Critical Values for Cointegration Tests in Heterogeneous Panels with Multiple Regressors [J]. Oxford Bulletin of Economics and Statistics, 1999, 61 (S1): 653 – 670.

[269] Peng M. W., Luo Y. Managerial Ties and Firm Performance in a Transition Economy: The Nature of A Micro – macro Link [J]. Academy of Management Journal, 2000 (43): 486 – 501.

[270] Portes A., Sensenbrenner J. Embeddedness and Immigration: Notes on The Social Determinants of Economic Action [J]. American Journal of Sociology, 1993, 98 (6): 1320 – 1350.

[271] Portes A., Landolt P. Social Capital: Promise and Pitfalls of Its Role in Development [J]. Journal of Latin American Studies, 2000, 32 (2): 529 – 547.

[272] Portes A. Social Capital: Its Origins and Applications in Modern Sociology [J]. Annual Review of Sociology, 1998, 24 (1): 1 – 24.

[273] Powell, Andrew. Argentina's Avoidable Crisis: Bad Luck, Bad Economics, Bad Politics, Bad Advice [C]. Brookings Trade Forum, 2002.

[274] Premaratne S. P. Entrepreneurial Networks and Small Business Development: The Case of Small Enterprises in Sri Lanka [J]. Doctoral Dissertation of Eindhoven University of Technology, 2002.

[275] Pritchett L., Summers L. H. Wealthier is Healthier [J]. Journal of Human Resources, 1996, 31 (4): 841 – 868.

[276] Putnam R. D., Leonardi R., Nanetti R. Y. Explaining Institutional Success: The Case of Italian Regional Government [J]. The American Political Science Review, 1983, 77 (1): 55.

[277] Putnam R. D. Tuning in, Tuning out: The Strange Disappearance of So-

cial Capital in America [J]. Political Science & Politics, 1995, 28 (4): 664 - 683.

[278] Putnam R. D. Bowling Alone: America's Declining Social Capital [J]. Journal of Democracy, 1995, 6 (1): 65 - 78.

[279] Putnam R. D. Making Democracy Work: Civic Traditions in Modern Italy [M]. Princeton: Princeton University Press, 1993.

[280] Putnam R., Light I., Briggs X. D. S., et al. Using Social Capital to Help Integrate Planning Theory, Research, and Practice: Preface [J]. Journal of the American Planning Association, 2004, 70 (2): 142 - 192.

[281] Ramos - Rodríguez A. R., Medina - Garrido J. A., Ruiz - Navarro J. Determinants of Hotels and Restaurants Entrepreneurship: A Study Using GEM Data [J]. International Journal of Hospitality Management, 2012, 31 (2): 579 - 587.

[282] Richard O. C., Barnett T., Dwyer S., Chadwick K. Cultural Diversity in Management, Firm Performance, and the Moderating Role of Entrepreneurial Orientation Dimensions [J]. Academy of Management Journal, 2004, 47 (2): 255 - 266.

[283] Robison L. J., Flora J. L. The Social Capital Paradigm: Bridging Across Disciplines [J]. American Journal of Agricultural Economics, 2003, 85 (5): 1187 - 1193.

[284] Romer P. M. Growth Based on Increasing Returns Due to Specialization [J]. The American Economic Review, 1987, 77 (2): 56 - 62.

[285] Romer P. M. Increasing Returns and Long - run Growth [J]. Journal of Political Economy, 1986, 94 (5): 1002 - 1037.

[286] Romo F., Schwartz M. Corporate Profits and Cooptation - Networks of Market Constraints and Directorate Ties in the American - Economy - Burt, Rs [J]. Contemporary Sociology - A Journal of Reviews, 1987, 16 (1): 19 - 21.

[287] Ronald H. C. The Problem of Social Cost [J]. Journal of Law and Economics, 1960, 11 (3): 1 - 44.

[288] Rosenbusch N., Brinckmann J., Bausch A. Is Innovation Always Beneficial? A Meta - analysis of the Relationship between Innovation and Performance in SMEs [J]. Journal of Business Venturing, 2011, 26 (4): 441 - 457.

[289] Rothstein B., Stolle D. The State and Social Capital: An Institutional Theory of Generalized Trust [J]. Comparative Politics, 2008, 40 (4): 441-459.

[290] Salancik G. R., Pfeffer J. Uncertainty, Secrecy, and the Choice of Similar Others [J]. Social Psychology, 1978, 41 (3): 246-255.

[291] Salgado-Banda H. C. C. Entrepreneurship and Economic Growth: An Empirical Analysis [J]. Journal of Developmental Entrepreneurship, 2007, 12 (1): 3-29.

[292] Sandefur R. L., Laumann E. O. A Paradigm for Social Capital [J]. Rationality and Society, 1988, 10 (4): 481-501.

[293] Schiff M. Love the Neighber: Trade, Migration, and Social Capital [J]. European Journal of Political Economy, 2002, 18 (1): 87-107.

[294] Schildt H. A., Sillanpää A. The Field of Entrepreneurship: A Bibliometric Assessment [C]. Conference Paper, Babson Kauffman Entrepreneurship Research Conference Glasgow, 2004.

[295] Schumpeter J. A., Nichol A. J. Robinson's Economics of Imperfect Competition [J]. Journal of Political Economy, 1934, 42 (2): 249-259.

[296] Schutjens V., Stam E. The Evolution and Nature of Young Firm Networks: A Longitudinal Perspective [J]. Small Business Economics, 2003, 21 (2): 115-134.

[297] Semih Akcomak, Baster Weel. Social Capital, Innovation and Growth: Evidence from Europe [J]. European Economic Review, 2009, 53: 544-567.

[298] Shane S. A. A General Theory of Entrepreneurship: The Individual-opportunity Nexus [M]. Edward Elgar Publishing, 2003.

[299] Sharma P., Chrisman J. J. Toward a Reconciliation of the Definitional Issues in the Field of Corporate Entrepreneurship [J]. Entrepreneurship Theory & Practice, 1999, 23 (3): 11-27.

[300] Sharma P. Entrepreneurship, Economic Growth and Inclusive Entrepreneurship Policy Initiative of Government of India [J]. A Publication of TRAMS Asian Research Journals Marketing and Management Research, 2013, 2 (1): 2279-0667.

[301] Shields G., Sherr M. E., King W. Informal Versus Formal Social Net-

works among the Eledrly Aad the Role of Religion [J]. Nacsw Convention Proceedings, 2003.

[302] Smith – Doerr L., Owen – Smith J., Koput K. W., et al. Networks and Knowledge Production: Collaboration and Patenting in Biotechnology//Corporate Social Capital and Liability [M]. Berlin: Kluwer Academic Pub., 1999.

[303] Smitka M. J. Knowledge Works: Managing Intellectual Capital at Toshiba [J]. Journal of Japanese Studies, 1999, 25 (2): 368 – 372.

[304] Song L., Augustine D., Yang J. Y. Environmental Uncertainty, Prospector Strategy, and New Venture Performance: The Moderating Role of Network Capabilities [J]. International Entrepreneurship and Management Journal, 2016, 12 (4): 1103 – 1126.

[305] Stephens H. M., Partridge M. D., Faggian A. Innovation, Entrepreneurship and Economic Growth in Lagging Regions [J]. Journal of Regional Science, 2013, 53 (5): 778 – 812.

[306] Stolle D., Rochon T. R. Are All Associations Alike? Member Diversity, Associational Type, and the Creation of Social Capital [J]. American Behavioral Scientist, 1998, 42 (1): 47 – 65.

[307] Strauss A. L., Corbin J. M. Basics of Qualitative Research: Grounded Theory Procedures and Techniques. [J]. Modern Language Journal, 2006, 77 (2): 129.

[308] Su Y., Liu Z. The Impact of Foreign Direct Investment and Human Capital on Economic Growth: Evidence from Chinese Cities [J]. China Economic Review, 2016 (37): 97 – 109.

[309] Tajfel H. Social – psychology of Inter – group Relations [J]. Annual Review Psychology, 1982, 33 (1): 1 – 39.

[310] Taylor B. Trade Unions and Social Capital in Transitional Communist States: The Case of China [J]. Policy Sciences, 2000, 33 (3/4): 341 – 354.

[311] Temple J., Johnson P. A. Social Capability and Economic Growth [J]. The Quarterly Journal of Economics, 1998, 113 (3): 965 – 990.

[312] Timmons J. A., Bygrave W. D. Venture Capital's Role in Financing In-

novation for Economic Growth [J]. Journal of Business Venturing, 1986, 1 (2): 161 – 176.

[313] Tsai W., Ghoshal S. Social Capital and Value Creation: The Role of Intrafirm Networks [J]. Academy of Management Journal, 1998, 41 (4): 464 – 476.

[314] Uphoff N., Wijayaratna C. M. Demonstrated Benefits from Social Capital: The Productivity of Farmer Organizations in Gal Oya, Sri Lanka [J]. World Development, 2000, 28 (11): 1875 – 1890.

[315] Uslaner, Eric M. The Moral Foundations of Trust [M]. Lordon: Cambridge University Press, 2002.

[316] Uzzi B. Embeddedness in the Making of Financial Capital: How Social Relations and Networks Benefit Firms Seeking Financing [J]. American Sociological Review, 1999, 64 (4): 481 – 505.

[317] Uzzi B. Social Structure and Competition in Interfirm Networks: The Paradox of Embeddedness [J]. Administrative Science Quarterly, 1997, 42 (1): 35 – 67.

[318] Valliere D., Peterson R. Entrepreneurship and Economic Growth: Evidence from Emerging and Developed Countries [J]. Entrepreneurship & Regional Development, 2009, 21 (5 – 6): 459 – 480.

[319] Villanueva J., Van de Ven A. H., Sapienza H. J. Resource Mobilization in Entrepreneurial Firms [J]. Journal of Business Venturing, 2012, 27 (1): 19 – 30.

[320] Vinod H. D., Kaushik S. K. Human Capital and Economic Growth: Evidence from Developing Countries [J]. The American Economist, 2007, 51 (1): 29 – 39.

[321] Vissa B. Agency in Action: Entrepreneurs' Networking Style and Initiation of Economic Exchange [J]. Organization Science, 2012, 23 (2): 492 – 510.

[322] Walker G., Kogut B., Shan W. Social Capital, Structural Holes and the Formation of an Industry Network [J]. Organization Science, 1997, 8 (2): 109 – 125.

[323] Warren, Lorraine. A Systemic Approach to Entrepreneurial Learning: An Exploration Using Storytelling [J]. Systems Research and Behavioral Science, 2004, 21 (1): 3 – 16.

[324] Wasserman, Faust. Social Network Analysis: Structural Balance and Tran-

sitivity [M]. London: Cambridge University Press, 1994.

[325] Watson, Wilson R. G. Embeddings in Connected Spaces [J]. Houston Journal of Mathematics, 1993, 19 (3): 469-481.

[326] Wennekers S., Thurik R. Linking Entrepreneurship and Economic Growth [J]. Small Business Economics, 1999, 13 (1): 27-56.

[327] Whiteley, Paul F. Economic Growth and Social Capital [J]. Political Studies, 2000, 48 (3): 443-466.

[328] Wiklund J. D. Shepherd. Knowledge-based Resources, Entrepreneurial Orientation and the Performance of Small and Medium-sized Business [J]. Strategic Management Journal, 2003 (24): 1307-1314.

[329] Witteloostuijn A. V., Pennings J. M., Lee K. Human Capital, Social Capital, and Firm Dissolution [J]. The Academy of Management Journal, 1998, 41 (4): 425-440.

[330] Wong P. K., Ho Y. P., Autio E. Entrepreneurship, Innovation and Economic Growth: Evidence from GEM Data [J]. Small Business Economics, 2005, 24 (3): 335-350.

[331] Woolcock M. Social Capital and Economic Development: Toward a Theoretical Synthesis and Policy Framework [J]. Theory and Society, 1998, 27 (2): 151-208.

[332] Yamagishi T. The Provision of a Sanctioning System in United States and Japan [J]. Social Psychology Quarterly, 1988, 51 (3): 265-271.

[333] Yamagishi T., Cook K. S., Watabe M. Uncertainty, Trust, and Commitment Formation in the United States and Japan [J]. American Journal of Sociology, 1998, 104 (1): 165-194.

[334] Zahra S. A., Garvis D. M. International Corporate Entrepreneurship and Firm Performance: The Moderating Effect of International Environmental Hostility [J]. Journal of Business Venturing, 2000, 15 (5): 469-492.

[335] Zhang J. The Problems of Using Social Networks in Entrepreneurial Resource Acquisition [J]. International Small Business Journal, 2010, 28 (4): 338-361.